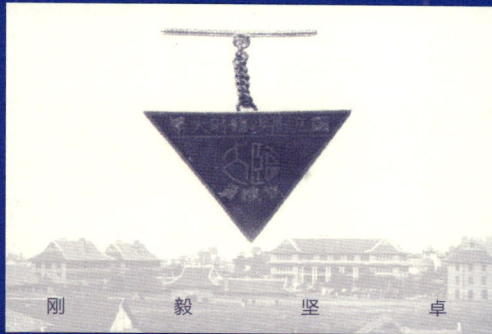

剛　毅　堅　卓

弦歌不辍——
长沙临时大学纪实

XIANGE   CHANGSHA
BUCHUO   LINSHI DAXUE
  JISHI

中共长沙市委党史研究室   主编

湖南人民出版社·长沙

《弦歌不辍——长沙临时大学纪实》编辑部

主　　编：李卫政　曾向阳

副主编：李　敏

成　　员：廖　军　王长盈　肖　洁　孙逸桦

　　　　　罗业永　罗　香　杨　岚

多难兴邦，殷忧启圣。

2020年1月20日，习近平总书记考察位于昆明的国立西南联合大学（以下简称西南联大）旧址。在了解了西南联大结茅立舍、弦歌不辍的光荣历史后，他深有感触地说，国难危机的时候，我们的教育精华辗转周折聚集在这里，形成精英荟萃的局面，最后在这里开花结果，又把种子播撒出去，所培养的人才在革命建设改革的各个历史时期都发挥了重要作用。这充分体现了以习近平同志为核心的党中央对教育事业的特别关注和对继承发扬西南联大精神的高度重视。

西南联大诞生于抗战烽火中，存在的时间虽不足九年，却创造了教育史上无数个"之最"，被誉为"中国教育史上的珠穆朗玛峰""世界教育史上的奇迹"。作为西南联大的前身，长沙临时大学筚路蓝缕、栉风沐雨，筑垒起这座"珠穆朗玛峰"的坚实基座，在西南联大辉煌历史中占有不可或缺的篇章。

烽火中华弦歌在。长沙临时大学的历史意义非同小可,历史贡献不可小觑,必须对西南联大在长沙的这段历史进行深入挖掘。

2022年9月,中共长沙市委党史研究室开始"西南联大与长沙"课题研究工作,着手编撰《弦歌不辍——长沙临时大学纪实》,同步启动《长沙临时大学文献档案资料汇编》编纂工作和《西南联大与长沙》专题展工作,以期对长沙临时大学的历史进行全方位研究、多视角呈现。

目前,作为"西南联大与长沙"课题首项研究成果,《弦歌不辍——长沙临时大学纪实》付梓出版,填补了将长沙临时大学作为独立主体研究的空白。

"暂驻足衡山湘水",八音合奏。《弦歌不辍——长沙临时大学纪实》立足于文献史料,辅之以人物轶事,总结了长沙临时大学这段珍贵史实,凸显了长沙在中国教育史上的历史贡献。通过它,我们仿佛听到湘江之滨、岳麓山下、南岳山头,芸芸大师在谆谆教诲,莘莘学子在朗朗诵读;仿佛看到湘黔滇迢迢长路上三百多"旅行者"披荆斩棘的壮游,读到了一篇篇书写在山野田陌间、研习并重的高质量论文;仿佛置身其中,与他们一同经历如歌年华、激情岁月。通过它,我们感悟到三校彰显的"大学之大"和三校师生的"八音和鸣",探寻到西南联大一联到底和华夏文脉绵延不绝的成功密码。

"绝徼移栽桢干质",壮怀难折。《弦歌不辍——长沙临时大学纪实》着笔于教育传承,着眼于救亡图存,客观阐释了长沙这座抗战文化名城的历史地位,彰显了中华民族伟大抗战精神。通过它,我们感受到了三所大学汩汩流淌的红色血脉、三校师生烈火般燃烧的爱国之心和长沙这片沃土的红色底蕴。通过它,我们领悟了西南联大"刚毅坚卓"的不屈精神和百折不挠、坚忍不拔、抗战必胜的坚定信念。

薪火相传，弦歌不辍。我们相信，不久的将来，关于长沙临时大学历史研究的深度、广度和高度将进一步拓展，长沙临时大学这所特殊大学将日益为人们所关注，其独特贡献和历史地位将日益为人们所重视。我们深信，长沙临时大学必将成为长沙的骄傲，成为长沙历史文化的独特名片。我们更有理由坚信：大师并未远去，精神仍在传承，国脉必将永续！

"教育是国之大计、党之大计。"习近平总书记告诫我们，"教育要同国家之命运、民族之前途紧密联系起来。"在全面建成社会主义现代化强国、全面推进中华民族伟大复兴的伟大工程中，我们要心怀"国之大者"，紧握教育这个"国之重器"，努力建设教育强国。长沙临时大学在中国教育史上谱写了璀璨华章，长沙将不断赓续和传承"刚毅坚卓"之精神，在"教育强国""教育强省"的时代号角声中砥砺前行，再攀教育之巅！

目 录

第一章

辞却五朝宫阙
一张移动的课桌搬到长沙

　　"我的家在东北松花江上……九一八，九一八，从那个悲惨的时候，脱离了我的家乡……"这首如泣如诉的歌，唱出了四万万五千万中华儿女的悲怆。1935年12月，日本侵略的魔爪一步步伸向华北，清华学生率先发出"华北之大，已安放不得一张平静的书桌了"的振聋发聩的呐喊。七七事变，点燃了全民族抗战的熊熊烈火。之后，侵华日军公然违反国际公法，对中国教育机构进行疯狂的摧毁。

　　万里长征，辞却了五朝宫阙。为保全国脉，平津等地各大高校的课桌被迫大规模向内地移动，长沙成为清华、北大、南开三校凄风苦雨迁徙之旅的第一站。

第一节　华北之大
已安放不得一张平静的书桌

　　1931 年的九一八事变是日本军国主义蓄意制造、企图武力征服中国的肇端。1935 年 12 月，日本侵略魔爪不断向华北延伸，清华大学救国会《告全国民众书》发出"华北之大，已安放不得一张平静的书桌了"的悲愤呐喊！同时也埋下了北京大学、清华大学、南开大学南迁长沙的伏笔。

九一八事变　东北被践踏

　　明治维新后，日本走上侵略扩张的军国主义道路，中国则是它觊觎已久的"肥肉"。尤其是甲午战争清军惨败，极大地刺激了日本侵占中国领土的贪欲。随后，日本以朝鲜半岛为跳板，对中国的东北、华北步步紧逼。

　　1927 年 6 月到 7 月，日本首相田中义一在东京主持召开"东方会议"，确立了"把满洲从中国本土分裂出来，自成一区，置日本势力之下"的侵略方针。田中起草了一份秘密奏折给天皇，奏折内称：如欲征服中国，必先征服满蒙；如欲征服世界，必先征服中国。

　　一开始，日本与自称"中华民国陆海军大元帅"的奉系军阀首领张作霖有合作关系，但渐渐地，日本将张作霖视为其在东北扩张的障碍。1928 年 6 月，日本关东军制造皇姑屯事件，炸毁张作霖乘坐的列车，使张作霖不治身亡。日本希望借此造成东北群龙无首的局面，进而趁机占领整个东北。

　　然而，张作霖长子、被推上东三省保安总司令位置的张学良的行动令日本始料未及。1928 年 12 月 29 日，张学良联名张作相、万福麟、翟文选等人，通电全国，称："仰承先大元帅遗志，力谋统一，贯彻和平……宣布遵守三民主义，服从国民政府，改易旗帜。"宣布从即日起，东三省一律改悬南京国民政府的青天白日满地红旗。

随后，张学良进一步对日本采取不合作态度，加之 20 世纪 30 年代初世界经济危机的影响，日本政治和经济危机叠加。内外交困下，日本法西斯势力决意冲破华盛顿体系对日本的束缚，趁英美忙于应付危机、蒋介石大规模"剿共"之际，挑起矛盾争端，蓄意制造了一系列反华事件，欲夺取东北，以摆脱困境并图谋争霸世界。

1931 年 6 月，日本制造中村事件，声称东北军士兵谋财害命杀死日军大尉中村，威逼中国交出关玉衡[①]，并在日本和韩国民众中煽风点火，诬陷中国"损害日韩移民"。

7 月，日本警察又借万宝山事件[②]，以护侨为名，开枪打死打伤中国农民数十人。事后，日本歪曲事实真相，在朝鲜各地煽动反华风潮，致使旅朝华侨死伤数百人，财产损失无数。

接下来又有更严重的九一八事变。

9 月 18 日晚 10 时许，盘踞在中国东北的日本关东军按照精心策划的阴谋，由精通爆破的岛本大队川岛中队河本末守中尉率数人，在沈阳北大

---

① 关玉衡，时任兴安屯垦公署军务处长兼第三团团长。1931 年 5 月，日军大尉中村震太郎等人以考察农业为名潜入兴安屯垦区，窃取当地军事情报，25 日被屯垦军三团士兵捕获。在审讯中，中村等狂妄蛮横，甚至大打出手。为防止中村等逍遥法外，关玉衡下令将中村等人秘密处决。

② 1931 年 4 月，中国人郝永德未经政府批准，骗取万宝山村附近 12 户农民的土地，并违法转租给 100 多名朝鲜人耕种水稻。这些朝鲜人开掘水渠，截流筑坝，侵害了当地农户的利益，引起马家哨口 200 余农民上告。吉林省政府批示："令朝侨出境。"然而，日本驻长春领事田代重德派遣日本警察制止朝鲜人撤走，且限令于 1931 年 7 月 5 日前完成筑渠。7 月 1 日，中国农民愤而填渠毁坝。

营以南的柳条湖附近，将南满铁路一段路轨炸毁。然后在此布置假现场，栽赃中国军队破坏铁路。以此为借口，日军独立守备队便堂而皇之向中国东北军驻地北大营发起进攻，制造了震惊中外的九一八事变。

19 日凌晨，日军在沈阳外攘门向中国军队发起进攻。很快，沈阳这座东北大都市沦陷了。

至 19 日上午 10 时，日军先后攻占奉天、四平、营口、凤凰城、安东等南满铁路、安奉铁路沿线 18 座城镇。20 日，长春陷落。

随后，吉林、齐齐哈尔、锦州、哈尔滨……东三省全面沦陷。

九一八事变爆发后，南京国民政府采取"军事上不抵抗""外交上不与日本直接交涉"的基本方针，指望国际联盟及"非战公约国"出面对日本施压。

这样一来，日本的侵略欲望更加膨胀。短短 4 个多月的时间里，辽宁、吉林和黑龙江省，相当于日本国土面积 3.5 倍的中国东北 128 万平方公里的土地全部被日军占领，每一个村庄都插上了日本太阳旗。

为了对中国东北全面进行政治、经济、文化侵略，1932 年，日本建立了傀儡政权——伪满洲国，开始了对东北长达十余年的殖民统治，并把侵略魔爪一步步伸向华北。

面对日益深重的民族危机，中华儿女奋起抗争。

1935 年 12 月，日本授意成立"冀察政务委员会"，而国民党政府继续采取妥协退让政策，同意成立该委员会。北平、天津大中学校联合发出通电，强烈反对日本提出的所谓"华北自治"，由此爆发声势浩大的抗日爱国运动，即"一二·九"运动。

"一二·九"运动期间，受当时在中共北平市委工作的何凤元（原清华大学党支部书记）指示，清华大学中文系三年级学生、共产党员、学生进步刊物《清华周刊》总编辑蒋南翔执笔清华大学救国会《告全国民众书》。文中剀切陈情，悲愤地发出"华北之大，已安放不得一张平静的书桌了"的振聋发聩的呐喊。

日军骑兵侵入齐齐哈尔火车站

卢沟桥事变　平津沦陷

1937年7月，蓄谋已久的枪声在卢沟桥响起，日本全面侵华战争爆发。

7月7日晚11时许，北平西南宛平（今并入北京）城外突然响起数声枪声。宛平城内中国守军发现大量日军已包围宛平城，一名翻译向宛平守军喊话，声称日军丢失一名士兵，要求入宛平城搜查。[①] 驻守宛平城的第二十九军第二一九团第三营营长金振中拒绝了日军的无理要求，并当即将情况报告上级。

这时，第二十九军副军长兼北平市市长秦德纯指示宛平守军：卢沟桥是中国领土，日本军队事前未得我方同意在该地演习，这已经是违背国际公法，侵害我国主权。他们走失士兵，我们不负任何责任。但是，念及双方的友谊，如果士兵确实失踪，可等到天亮后，令该地军警代为搜寻，如查有日本士兵，即行送还。

---

① 这个时期，宛平守城官兵奉命在每天日落之时关闭城门，非经第二十九军军部许可，不许任何人在夜间进城。

实际上，那个"失踪"的士兵志村菊次郎于次日0时15分就归队了。但日军第一联队长下令所部隐瞒此事，仍以士兵失踪为借口，一面派员与中国方面交涉，坚持要进入宛平城，一面鸣枪示警，准备战斗。为防止事态扩大，秦德纯只得与日本驻北平特务机关长松井太久郎商定，双方派代表连夜赶赴宛平城谈判。

7月8日凌晨4时许，宛平县县长王冷斋等人与日方代表在宛平城内县署大厅谈判，双方代表决定出城到实地调查。凌晨5时30分左右，双方代表刚离开县署还未出城，日军便突然发动轰击，第一炮就击中县署大厅。

蒋介石在庐山获此消息后，于8日至10日连续三天致电宋哲元，令其速从山东赶赴保定坐镇指挥，固守宛平城，并限期完成国防工事，以备事态扩大。

7月9日，中国外交部向日本政府提出严重抗议，又派员与日本驻华使馆进行多次交涉，要求日军停止违法背信行动，不要扩大事态。

卢沟桥事变的消息传到日本东京，一开始，日本陆军参谋本部认为这时日本还未做好立即发动全面侵华战争的准备，因而主张对卢沟桥事变持"慎重""不扩大"的态度。但在当时日本军政上层占有压倒态势的强硬派则认为，这是征服中国的一个好机会，且狂妄断定事变大约用一个月时间就可以解决。

很快，日本内阁会议通过了紧急派遣陆军占领华北平津地区及建立战时体制的通盘计划。

7月21日，日军炮击宛平城、卢沟桥，进犯大红门。

26日晚10时，日本中国驻屯军司令官香月清司向所属各部日军下达了总攻北平、天津的命令。

28日拂晓，日军陆军与空军协同作战，向宛平城、衙门口、八宝山、北苑、南苑等二十九军各阵地发动全面进攻。日军的进攻重点是中国守军

日军进占卢沟桥

的薄弱环节——南苑军营。

28日上午，日本空军对南苑军营发动了第二次狂轰乱炸。因南苑军营建在华北平原上，根本无险可守，多年建筑的工事迅速被日军摧毁。

29日，日军铁蹄踏进北平。

30日，日军占领天津。

8月8日，日军举行占领北平的"入城式"。约5000名日军荷枪实弹从永定门直入紫禁城太和殿。古都北平就这样被日军占领了。

椎心泣血　高等学府遭劫掠

高等教育机关是一个民族文化和意志的支撑，更是一个国家最有价值的资源。日本对中国的高等院校和文化机构怀恨已久，七七事变后，侵华日军更是公然违反国际公法，在军事进攻的同时，有计划、有目的地摧残、劫掠、毁灭中国的著名教育机构，企图从精神上征服中国教育及中国知识分子。

南开大学首遭劫难

天津沦陷后，南开大学成为中国全民族抗战爆发后第一所被日寇化为焦土的中国高等学府，也是损失最严重的学校。

南开大学师生素有强烈的反日、排日的传统，因此，日本侵略者早就怀恨在心，欲除之而后快。

1931 年九一八事变之后，日本特务、浪人便不断到南开大学骚扰，驻扎海光寺的日本侵略军常常携着枪带着炮来到南开校园演习、打靶。

1937 年 7 月 7 日，卢沟桥事变爆发。天津成为日本中国驻屯军司令部所在地，日军强迫天津警察局命令南开大学全体学生立即离校，否则，将在这里采取"自由行动"。

7 月 29 日凌晨，日军首先对南开大学开炮，然后派飞机对南开校园轮番轰炸，使校园建筑"六去其四"。

"轰炸之不足，继之以焚烧。" 30 日下午，100 多名日军骑兵和数辆满载煤油的汽车闯入南开大学，在校园及其附近到处纵火。

经此浩劫，南开整个校园几乎被夷为平地，师生财物损毁殆尽，大批珍贵图书被日军掠走。据当时中央通讯社报道：7 月 30 日下午 2 时，"日炮队亦自海门（光）寺向南大射击，其中四弹，落该院图书馆后，刻已起火"。

"两日来，日机在天津投弹，惨炸各处，而全城视线，犹注意于八里台南开大学之烟火。缘日方因二十九日之轰炸，仅及两三处大楼，为全部毁灭计，乃于三十日下午三时许，日方派骑兵百名，汽车数量，满载煤油到处放火。秀山堂、思源堂（均系该校之课堂）、图书馆、教授宿舍及附近民房，尽在烟火之中。烟火十余处，红黑相接，黑白相间，烟云蔽天，翘首观火者，皆嗟叹不已。"[①] 至 8 月 1 日晨，"火犹未熄"[②]。

当时，校长张伯苓（张百苓）因公务不在天津，南开大学秘书长黄钰生等人果断决定进行疏散，组织部分师生护校，同时紧急整理图书及仪器运往租界。但由于受到日军阻拦，装车准备运送的全校 90% 的物资中，仅有一半被运出。

---

① 金以林：《近代中国大学研究（1895—1949）》，中央文献出版社 2000 年版，第 227—228 页。

② 《申报》1937 年 8 月 1 日。

南开大学被日军轰炸前后照片

　　这场劫难，使南开大学损失惨重，南开园尽为废墟，教学楼、图书馆、教师住宅和学生宿舍大部分被焚毁，仪器设备被破坏殆尽，珍贵的图书典籍和成套的外文期刊遭洗劫，重达 13000 余斤刻有《金刚经》全文的校钟亦被劫掠。据 1943 年 9 月 25 日《私立南开大学抗战期间损失报告清册》统计，南开大学损失的房屋、图书、仪器设备等物资，按战前价值估算共计法币 663 万元（根据 1936 年 5 月的《中美白银协定》，法币与美元挂钩，

项目	名 称	数 量	战前价值（元，法币）
			1943年9月25日造
房屋地产	地皮		400000
	秀山堂	1	100000
	思源堂	1	300000
	图书馆	1	150000
	第一宿舍	1	60000
	第二宿舍	1	40000
	女生宿舍	1	30000
	教员宿舍	1	40000
	工厂实验室	4	110000
	百树村教员住宅	22	180000
	其他	4	30000
图书	中文图书	10万册	800000
	西文图书	4.5万册	1800000
	成套报刊		500000
仪器标本机器	化学系		60000
	物理系		500000
	算学系		50000
	电工系		300000
	生物系		150000
	化工系		150000
	矿科		200000
	打字机计算机	25	30000
	其他		50000
家具	木器		180000
	铁床	500	10000
	暖气炉管	4	40000
	电气设备		10000
	自来水管		20000
	煤气设备	2	60000
	图书馆钢铁书架		40000
其他	花木金鱼		10000
	大铜钟	1	12000
	房租地租		218000
共计			6630000

私立南开大学抗战期间损失报告清册

（南开大学档案）

私立南开大学抗战期间损失报告清册

100 法币等于 30 美元）。①

北京大学遭逢厄难

1937 年 7 月底北平沦陷后，北京大学虽然未被轰炸，但同样被日军盘踞和蹂躏。

北京大学创立于 1898 年，初名京师大学堂，校址设在北京景山东街（原马神庙）和沙滩（故宫东北）、红楼（现北京五四大街 29 号）等处，是中国近代史上正式设立的第一所国立综合性大学。

北平陷落后，日军便宣布对北京大学进行全面管制。

8 月 25 日，日本宪兵搜查了北大校长办公室。汉奸组织的地方维持会还约了北大等校负责人前往谈话，实行日式管制。

9 月 3 日，日军进驻北大第二院和灰楼新宿舍，在文学院院长室外挂起"南队长室"标牌。

昔日美丽的北大校园成了敌人的马厩、兵营、伤兵医院。北大的红楼

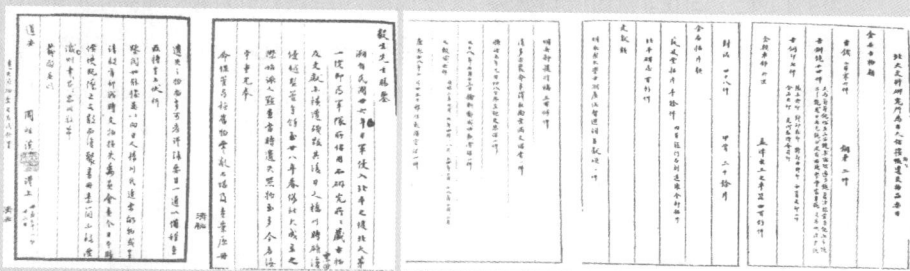

北京大学中文系教师周祖谟给学校秘书长郑天挺的信及所列文物遗失清单

---

① 另一说，初步统计财产损失 300 万元（法币），占当时全国高等学校全部战争损失的 1/10。

一度成了日军宪兵队队部，楼内地下室也成了宪兵队本部"留置场"（拘留所），许多爱国志士被关押在这里，遭受非人迫害。

北大图书馆本来是中国大学图书馆的执牛耳者，1937年前有藏书244440册。[1]卢沟桥事变发生后，为了防止日军的轰炸和破坏，图书馆工作人员将原收藏在书库第4层的善本书转移到第1层钢架的最下一格，以确保安全。日本宪兵进入北大后，对北大藏书进行了查禁和掠夺，北大图书、仪器和教材大量被毁，损失达60万元[2]之巨。

10月18日，北平地方维持会把"保管"北大的布告挂在第二院门口。从此，北大完全落入日伪之手。

清华大学未能幸免

尽管有美国背景，日军的蹂躏也没放过清华大学[3]。

清华学校"因地处平西，毗连宛平，当七七之夜，敌人进攻卢沟桥，枪炮之声，校内清晰可闻"，但在日军"不扩大"的烟幕下，从卢沟桥事变发生至7月14日的一周时间内，清华校园内尚显平静。人们在观望、判断事态的严重程度和发展走向，并对事件的和平解决还抱以希望。

7月11日，胡适得到清华大学教务长潘光旦传出的有关清华的消息，密电转告梅贻琦："清华平安，仅有日兵官来问有无军器，并欲购校马，并劝告校款勿外汇……职员出入无阻，携物者须经检查……人心稍安。"[4]

---

① 马嘶：《1937年中国知识界》，北京图书馆出版社2005年版，第336页。

② 当时一般以美元计。

③ 清华大学前身为清华学堂。1900年（庚子年），清政府在与八国联军开战后战败。1901年（辛丑年），中国被迫签署丧权辱国的《辛丑条约》，条约中的赔款史称"庚子赔款"。后发现美国在上报战争损失过程中存在虚报现象。中国经过多方交涉，据理力争，迫使美国等国将多余庚子赔款退还。美国退款用于设立一所留美预备学校。1909年6月，清政府设立游美肄业馆，以清华园兴建校舍。1911年4月，肄业馆改名为"清华学堂"，1912年更名为清华学校，1928年正式更名为国立清华大学。

④ 清华大学校史研究室：《清华大学史料选编第三卷（上）》，清华大学出版社1994年版，第1页。

1937 年 7 月 29 日下午，即有日军在清华园内穿行。数次来校搜查后，日军开始强占部分校舍，劫掠校产，直至 1938 年底将校产保管委员会人员驱逐出校，侵占了全部清华园。图为清华大学机械工程馆内空留的机座，机器则荡然无存

日军侵占前的清华大学

　　然而，很快，清华大学也被日军掠夺、占领。清华大学校产保管委员会试图保护校产但未成功，学校成为日军的兵营和伤兵医院。清华园内，包括工字厅、甲乙丙所、科学馆、大礼堂、图书馆等在内的各主要建筑物均遭到严重破坏，其破坏程度在 40% 以上，有的甚至达 100%。图书损失过半，实验仪器、生物标本、办公用品荡然无存。①

　　清华大学校长梅贻琦（梅月涵）曾于 1938 年 6 月 27 日手拟一份关于校产损失情况的呈文，其中估算"房舍损失共值三百五十万元以上"。

　　1935—1936 年华北地区危机深重，朱自清时任清华大学图书馆委员会主席兼代理图书馆主任。在他的主持下，清华大学曾秘密将中西文藏书、刊物、卡片等装成 500 余箱，准备搬迁工作。朱自清在 1935 年 11 月 19

---

　　① 马嘶：《1937 年中国知识界》，北京图书馆出版社 2005 年版，第 334 页。

日的日记里写道："学校决心迁移各种物品，今晚开始包装书籍。"参与此项工作的马文珍曾在《挽歌词：佩弦[1]先生千古》一诗中，回忆当年朱自清主持装箱工作时的情形："图书馆里的灯火辉煌照耀，千万卷藏书都在发抖……你背着手走来了，是那么严肃而忧愁……"师生们躲过日军严密检查，将这些贵重书籍辗转运存到汉口的上海银行第一仓库，以便将来运往新校址。这些珍贵的图书，后来成为长沙临时大学、西南联合大学师生们难得的学习用书。

到1938年9月12日，清华校管委的工作人员也被逐出校园。1939年春，校内各系馆大多被日军改为伤病员住房，图书馆被改作伤兵医院，新体育馆被改为马厩，新南院竟然成了日军俱乐部，气象台成了豢养军马、军犬的场所。

北大、清华惨遭涂炭，北平只剩下有基督教背景的燕京大学和有天主教背景的辅仁大学两座"孤岛"。

为了达到奴化中国青年、实现思想控制的目的，北平沦陷不久，日伪当局便提出"北大复校"，建立伪北大。未及撤到后方的学生拒入伪北大，纷纷报考燕京大学。后来，燕京大学和辅仁大学也未能幸免遭劫。

---

① 朱自清字佩弦。

② 清华大学校史研究室：《清华大学史料选编第三卷（上）》，清华大学出版社1994年版，第351页。

③ 当时全国专科以上学校有108所，其中北平14所、上海25所、河北（主要指天津）8所、广东7所。

全国高校同遭涂炭

全民族抗战爆发前，中国的学校多集中在少数几个大城市和东部、南部沿海，沿江地区③。日本发动全面侵华战争，对教育和文化资源的掠夺和摧毁，先发动于文化名城平津，继而是学校林立的淞沪，接着又深入长江和沿海一带，且以高等教育机关为主要目标。

自 1937 年 8 月 13 日至 10 月 15 日，上海有 14 所高等院校被毁或被日军占领，详情如下①：

上海 14 所高校被毁情况及损失估计

校　名	被毁情况	损失估计（元）
同济大学	全部被炸毁	1864018
暨南大学	局部被炸毁	
大同大学	局部被炸毁	10000
沪江大学	校舍被日军占领	1679749
音乐专科	校舍被日军占领	171632
上海商学院	校舍被日军占领	20100
上海法学院	全部被毁	21000
正风文学院	局部被毁	
同德医学院	大部被毁	150000
持志学院	大部被毁	500000
复旦大学	大部被毁	1200000
商船学校	全部被毁	406760
东南医学院	全部被毁	230000
市立体育专科	校舍被日军占领	

---

① 《大公报》1937 年 10 月 17 日。

日军对"瞄准"的高校狂轰滥炸，大礼堂、图书馆、体育馆、教室、学生宿舍均遭到严重毁坏。"敌军此种蓄意破坏文化建设之行为，实不啻对整个世界文化宣战，狰狞面目，暴露益显"[①]。

根据当时教育部编定的《敌人摧残我文化事业录》记载，卢沟桥事变发生至 1937 年 10 月，全国总计有 23 所高校被轰炸。到 1938 年 8 月底，在全国 108 所高等院校中，有 91 所遭到日军破坏，其中 25 所因损失惨重、实在难以恢复而被迫停办；教职员工减少 17%，学生减少 50%；高等教育机关直接财产损失（包括校舍、图书、仪器设备等）达 3360 余万元。[②]"此项教育机关，关系我国文化之发展。此项损失，实为中华文化之浩劫。"

---

① 《申报》1937 年 9 月 3 日。
② 统计数据根据季啸风主编的《中国高等学校变迁》（华东师范大学出版社 1992 年版）一书的资料得出。

第二节 为保国脉
北大清华南开迁长沙

教育为民族复兴之本。在中华民族生死存亡之际，如何保住高校命脉已经上升到国家战略的高度。为了保全文明之种子、教育之根基，大部分高校被迫向内地迁移。其中，北京大学、清华大学和南开大学一并迁往长沙，并顽强地生存和发展，为中华民族文化命脉的传承保存了生生不息的火种。

上百高校迁往内地

九一八事件后的短短几个月时间，日本就逐步占领了东北全境。本已相当激烈的国内矛盾愈发激化，尤其是大批知识分子强烈要求国民党当局改革内政，实行民主，共纾国难。为了缓和日益紧张的国内矛盾，国民党政府同意在 1932 年 2 月召开主要由知识界和职业界领袖参加的"国难会议"，共商国是。

1932 年 1 月，日本军队在上海发动"一·二八"事变，东南又告急。考虑到国民政府各个机关继续留在南京风险很大，在对广州、武汉、成都、洛阳等几个城市反复权衡后，国民党当局于 1 月 30 日发表《国民政府移驻洛阳办公宣言》，宣布"为完全自由行使职权，不受暴力胁迫起见，已决定移驻洛阳办公"。随后，南京各个机关的 1000 多人，陆陆续续迁往洛阳。

在洛阳，国民党当局又制定了《确定行都和陪都地点案》，决定以洛阳为行都①，以西安为陪都，定名为西京。按照这一规划，一系列的基础建设和工程也开始提上日程。

4月7日，延期的国难会议在洛阳召开，有140余人参加会议。会议重点讨论御侮（抗战）与政治改革，虽然并未直接产生实质性成效，却使知识界精英得以与国民党军政大员直接交流和联系，促成了国民党与知识界的部分和解。后来一批学界名流在政府内任职，催生出旷日持久的政学结合浪潮，也在一定程度上纾缓了社会各界对国民党当局的压力。

随着日寇急欲吞并华北并将挑起更大战端的企图彻底暴露，中华民族已经到了危难的关头。由于西安事变的和平解决，国共两党矛盾也逐渐缓和，全国各阶层人民抗日热情愈发高涨。对日态度必须强硬，对日应战势在必行。为广泛听取意见，国民党决定邀请各党派、各民主团体、各界名人，分批前往庐山共商国是，以团结各方共赴国难。

经前期筹备，决定从1937年7月15日至8月15日，分三期邀请各界人士参加谈话，征询对内政外交的意见。相关人员分为政治、外交、财经、教育四组，国民党政府中央及各部要员也相应分到各组，听取意见，答复疑难。

会议初定参加者分为来宾和陪客两种。来宾绝大多数是教育界和学术界的知名人士，包括清华大学校长梅贻琦、北京大学校长蒋梦麟、浙江大学校长竺可桢等名校校长和知名教授、知名学者，以及新闻出版界人士、工商界人士、在野党代表等。国民党军政要员方面，除了蒋介石、汪精卫为会议召集人以外，其他所有高级官员包括部委领导均为陪客。

6月23日起，全国一批知名的大学教授及各阶层与各党派领袖，相继

---

① 1932年5月《淞沪停战协定》签订，东南地区的战争结束。随着局势的不断变化，6月，部分机关开始陆续迁回南京。11月，正式出台《自洛阳还都南京令》。

收到了一份由国民政府寄来的特殊函件^①，受邀前往庐山，一边避暑，一边商议国事。

很多人接到邀请函后便于 7 月初开始动身前往庐山。然而，就在这时，卢沟桥事变爆发，致使一部分人未能成行，一部分无法如期到达，会议被迫延期。

7 月 15 日，大部分参加第一期庐山谈话会的来宾报到。

16 日上午，谈话会开幕式在庐山图书馆召开，蒋介石、汪精卫、冯玉祥等军政要员及与会代表参加会议。代表们重点对教育、言论、党派等方面发表各自的观点。由于华北事态愈发严重，有代表提出应当随事实转移，将会议的重点转到如何应付紧急国难的问题。

17 日，正式会议召开。蒋介石在会上发表了著名的"最后关头"演说^②，指出："再没有妥协的机会，如放弃尺寸土地与主权，便是中华民族的千古罪人。""如果战端一开，那就是地无分南北，人无分老幼，无论何人，皆有守土抗战之责任，皆应抱定牺牲一切之决心。"

17 日下午，蒋介石会见了周恩来率领的中共代表团，举行了第四次国共会谈，双方确定了合作框架及主要细节。谈判中中国共产党所表现的合作诚意在很大程度上促使蒋介石下定全面扩战的决心。

因战事紧迫，19 日，第一期庐山谈话会比预期提前 5 天结束。第二期庐山谈话会于 7 月 28 日、29 日举行，仅进行了两天。原计划的第三期庐山谈话会被取消。

同时，根据在野党派的建议，国民党决定邀请包括中国共产党人在内的各界代表人士，组成一个战时政策的最高咨议机构——国防参议会。

---

① 函件中有两份请柬，一份比较简略，由汪精卫和蒋介石签署；另一份略长，国民党中央政治会议秘书长张群署名。

② 这个内部演讲后来进行大幅度修订，以《庐山谈话会第二次共同谈话席上蒋委员长致词》为题发表。

1937 年 8 月 11 日，国民党中央政治会议决定撤销五届二中全会和三中全会后组织的"国防会议"与"国防委员会"，设立全国国防最高决策机关"国防最高会议"，下设"国防参议会"。12 日，国民党中央常务委员会制定了《国防最高会议组织条例》。首批被聘任的参议员共 16 人，即张耀曾、张君劢（张嘉森）、梁漱溟、曾琦、胡适（胡适之）、蒋百里（蒋方震）、陶希圣、傅斯年（傅孟真）、张伯苓、蒋梦麟（蒋孟邻）、李璜、沈钧儒、黄炎培、马君武、毛泽东、晏阳初。他们都是军事、外交、教育等方面颇有声望的名人，且多为中国共产党、全国各界救国联合会、中国青年党、中国国家社会党、职教派、乡村建设派等主要在野党派和社会团体的代表人物①。

8 月 17 日上午，国民政府国防最高会议参议会第一次会议在南京召开，邀请首批被聘任的参议员 16 人参加②。当时在延安的中共领袖毛泽东由周恩来代表出席。会议简单交流了一下对时局的看法后，主要是集中讨论文化教育问题，尤其将平津地区教育、学术界何去何从上升到国家战略的高度，予以深入讨论。

在民族生死存亡之际，保护平津地区教育、文化界知识分子与民族精英，越来越重要和紧迫。如何保住高校命脉？中央研究院院长蔡元培、南开大学校长张伯苓、北京大学教授胡适、北平研究院院长李煜瀛、同济大学校长翁之龙、北京大学校长蒋梦麟、中央大学校长罗家伦、沪江大学校长刘湛恩、清华大学校长梅贻琦、中央研究院史语所所长傅斯年等 102 人，联合发表声明，揭露日本破坏我国教育机关的罪行，提出了"教育为民族复兴之本"的口号，要求政府采取果断措施，将一些高校迁往内地办学。声明说："北自北平，南迄广州，

---

① 为了便于开展工作，参议员以个人专长分为政治、外交、教育、财经四个小组。
② 实际到会者为李璜、蒋百里、梁漱溟、陶希圣、傅斯年、胡适。

东起上海，西迄江西，我国教育机关被日方破坏者，大学、专门学校23处，中学、小学则不可胜数……诚所谓中国30年建设之不足，而日本一日毁之有余也。……日方此种举动，每以军事必要为借口，殊不知此种教育机关，分布各地，往往距军事区域非常辽远，且绝与军事无关。日人之蓄意破坏，殆即以其为教育机关而毁坏之，且毁坏之使其不能复兴，此外皆属遁辞耳。"①

最后，会议接受蒋梦麟、梅贻琦、张伯苓等人的建议，将沦陷区绝大多数高校迁往内地。

于是，中国知识分子开始了最为悲壮的大撤退，战时中国教育开启新的一页。

临时大学第一区选址长沙

根据《设立临时大学计划纲要草案》，教育部同意将一些重要的高校迁往内地，并正式决定选择适当地点，筹建临时大学若干所，且暂先设置了三所：临时大学第一区设在长沙，第二区设在西安②，第三区地址待定③。

长沙之所以成为临时大学第一区选址的不二选择，源于当时长沙独特的物质条件。

---

① 高平叔：《蔡元培全集》第7卷，中华书局1989年版，第191页。

② 1937年9月2日，教育部部长王世杰签发第16390号令，聘请李书华、徐诵明、李蒸、李书田、童冠贤、陈剑翛、周伯敏、臧启芳、辛树帜为西安临时大学筹备委员会委员。10月18日，西安临时大学正式成立。11月15日，举办开学典礼，开始上课。1938年4月3日，国民政府教育部发布训令：西安临时大学逐渐向西北陕甘一带移布，并改称国立西北联合大学（简称"西北联大"）。5月2日，西北联大在城固校本部举行开学典礼。7月中旬，教育部指令西北联大改组为五所独立的国立大学。

③ 实际上，第三区起初准备设在福建，但很长一段时间都没有建立。直到1942年1月15日，国民政府教育部决定在浙江省境内筹设国立东南联合大学。1943年7月底，存在了1年5个月的国立东南联合大学解散。

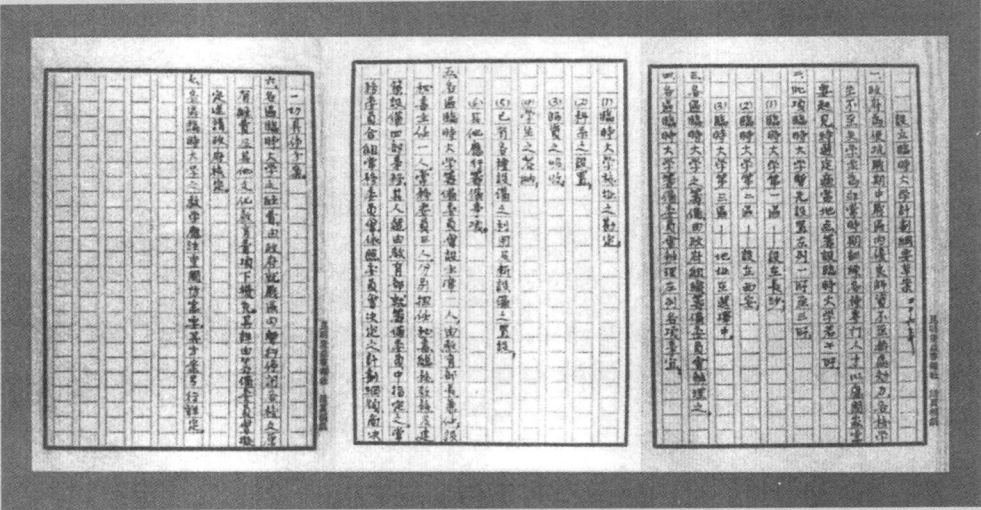

国民政府教育部于 1937 年 8 月制定的《设立临时大学计划纲要草案》（抄件）

早在 1935 年华北事变之时，清华大学为防不测，未雨绸缪，着手择地岳麓山西侧的左家垅，为特种研究所修筑校舍，抢先布局在长沙办学。

华北事变，北平局势危急。为避战火、防止突发的不利情况，清华内部开始商议让学校远离战火。

那么，清华的迁移地点选在哪？有人认为西安是历史古都，交通便利，易守难攻，粮食补给也较方便，应优先考虑。时任清华大学历史系主任的蒋廷黻则提议将清华大学南迁到湖南长沙。他说：我认为日本的侵略决不会远及湖南。尤有进者，湖南生产稻谷，即使日本想要封锁中国，清华教职员和学生也不致挨饿。

11 月，中央研究院总干事丁文江受教育部部长王世杰之托到湖南考察，为清华大学分校选址长沙探寻路径。

西安相比湖南长沙还是靠近战火前线，且当时的陕西不是完全由国民党所控制，西安的环境和气候也不如长沙那么适宜北方人居住……综合所有的考量，在与国民政府、湖南省政府积极沟通下，清华大学最终果断决定在湖南筹设分校，在北平本部停建文学院、法学院大楼，40 万元基建款项转投长沙岳麓山，筹建一套新校舍，以作为华北战事爆发的退路。

1936 年 2 月，清华大学校长梅贻琦与工学院院长顾毓琇（顾一樵）等赴湖南，视察湖南教育情况，并就清华大学在长沙筹设分校事宜与湖南省政府主席何键商洽，双方签订合作协议。主要内容为：

一、湖南省政府为便利国立清华大学拨用庚款在湘办学起见，愿以湖南省立高级农业职业学校左家垅新校址赠与国立清华大学。

二、湖南省政府依国立清华大学之需要允备价收买湖南省立高级农业职业学校新校址南部邓家湾王家坟一带及西部田亩一并赠与国立清华大学。

三、国立清华大学应国家之需要，愿在湘举办高等教育及特种研究事业。
…………

《世界日报》1936年3月19日对此事作了详细报道，称：清华大学校长梅贻琦，月前曾偕该校工学院长顾毓琇等赴湘，视察该省教育情况，并进行筹设分校事宜，此项消息业志本报，该校虽一度否认，但迄今此事已成公开之秘密。湘省年来之农业甚为发达，收获良好，尤以各项果品为最，惟因均采取旧法，致害虫丛生，每年收获之农产品，多损坏而不能运销外埠。故当该校与湖南省政府主席何键商洽设立分校事时，何对清华在湘设校事，异常欢迎，并请首先筹设农学院，以便改良湘省农业，该校对此亦表同意，拟首先设农业研究所，然后逐渐改成完全之农学院。至于校舍问题，该校原拟购圣经大学旧址，后因索价六十万，故该校不能购买，而由何键拨空地一百余亩①，自造房舍，现正详绘图样，天暖后即开始动工。闻该校校长梅贻琦，以各项事宜待再与教部详商，日内将南下赴京，并转往长沙一行云。

　　合作协议签订之后，清华大学紧锣密鼓地展开了在湘办学的前期工作。

　　1936年8月8日，清华大学向教育部呈报《在湘举办高等教育及特种研究所需各项建筑设计图样及招标简章说明书》等文件②。在校园规划图里，该图名称为"长沙清华分校总地盘图"。在校园总体规划里，共有理工馆等十几处主要建筑物以及若干小型建筑，涵盖了教学科研楼馆、学生宿舍、图书馆、礼堂、运动场等。8月22日，教育部回复指令，准予清华大学在湘举办特种研究所需各项建筑设计图样及招标简章等备案。8月29日，梅贻琦校长致函长沙分校承建商六合贸易工程公司，要求理工馆、文法馆和男生宿舍先行施工。

　　获得教育部批准，清华大学在长沙的校舍1936年正式动工兴建。当

---

①　即长沙河西左家垅原湖南省立高级农业职业学校地块。

②　该文件清单中，有地盘图1张、理工馆图样8张、工场及电力厂图样3张、农业馆画样4张、女生宿舍图样3张、教职员宿舍图样4张、男生宿舍图样2张、文法馆图样6张、会堂图样1张、招标简章1份、工程说明书2份。

年底，文法馆、理工馆两幢教学楼和一幢男生宿舍先期开工，预计1938年初全部完工交付使用。[①] 后由于长沙的春季多雨潮湿，加之理工馆地质结构复杂，坚硬的风化石影响了施工进度，使得后来的长沙临时大学未能在清华长沙校园内上课。[②]

1936年12月9日，清华大学第117次评议会通过决议，确定学校在湘举办特种研究计划。[③] 计划包括农业研究、金属学、应用化学、应用电学、粮食调查、农村调查6项内容。后来战局恶化，为了满足抗战之急需，也考虑到学生的安全，1937年1月6日，清华大学召开第120次评议会，确定"本校在湘以举办各种研究事业为原则，不设置任何学院学系或招收学生"。"研究项目以确能适应目前国家需要及能有适当研究人才者为原则"。该项研究工作经费预算前三年分别为第一年15万元，第二年20万元，第三年25万元，以后每年25万元。

清华大学当初在长沙总体规划了一个布局完整、功能齐全的校园，即在岳麓山下修建六所校舍，分别是甲所（理工馆）、乙所（文法馆）、丙所（教职员宿舍）、丁所（学生宿舍）、戊所（工场）、己所。甚至，在湖南大学省立改国立的过程中，时任行政院院长蒋介石曾一度有将湖南大

---

① 1938年长沙临时大学迁到昆明后，国立清华大学在昆明的办事处机构人员名录中仍有"长沙工程处"。

② 在国立长沙临时大学筹建时，两栋教学楼的基建尚未竣工，所以并未为国立长沙临时大学派上用场。建成后又因1938年4月11日日本飞机轰炸大部被毁。最初，两栋建筑沿袭清华大学对其的命名，分别被称为甲所、乙所。1953年中南矿冶学院接收以后，对这两栋建筑进行了修葺，将其改称为选矿楼、机电楼，后又改名和平楼、民主楼。

③ 驻长沙期间，清华大学在长沙筹备建立理工研究所，注重金属学及应用电学研究。当时称其为应用电学研究所，后来为对外保密起见，称其为特种研究所第三部，此即清华大学无线电研究所的前身。1937年11月，清华大学无线电研究所成立，超短波研究室设在长沙，真空管研究室设在武汉。

学与清华大学合并的提议。①

可见，在当时来说，清华大学在长沙的分校具备了诸多得天独厚的办学条件。

除了清华大学与长沙的历史渊源，长沙还具有其他独特优势：其一，长沙作为湖湘文化的重要发源地之一，本土文化源远流长，学术氛围浓郁，开放包容、兼收并蓄理念深厚。其二，长沙地理条件优越，不仅是湖南的省会，而且纵横南北、控制东西，为湖南、湖北、四川、贵州、云南、广西、广东七省的铁路、公路枢纽。其三，当时长沙作为战略大后方，相对沦陷区比较安全，物资也较为丰富，基本上可以保障三校师生的教学和生活需求。

因此，当北京大学、清华大学和南开大学动议南迁时，长沙也就成为三校落户的最佳选址。

最后，几乎是没有任何悬念，国民政府教育部决定，清华大学、北京大学、南开大学南迁至长沙，并联合组成国立长沙临时大学。②

---

① 1936年4月，时任行政院院长蒋介石接到湖南大学希望改国立的请呈后答复说："湖南大学改归国立甚善，最好能与清华合并。"湖南教育厅厅长朱经农当即声述"双方历史关系不同，似不便合并"，合并之事便作罢。1937年6月30日，国民政府行政院第319次会议议决湖南大学改归国立，7月7日，国民政府行政院发布第1497号指令，正式批准湖南大学由省立改为国立，成为民国第十五所国立大学。抗战胜利以后，清华大学复员北平。校方利用长沙闲置的校产创办长沙清华中学，梅贻琦校长亲自担任学校董事长。1952年，长沙清华中学并入省立一中，改名为长沙市一中。
② 简称长沙临时大学、长沙临大。

第三节 倍道而进
快速筹建长沙临时大学

自庐山国事问题谈话会后，因战事吃紧，交通不便，加之长沙临时大学筹备在即，蒋梦麟、张伯苓、梅贻琦三位校长没有立即返回平津，而是暂时留在南京，共同商议长沙临时大学组建事宜。相关筹备工作也随之快速展开。

加速组建筹委会

早在 1937 年 8 月 3 日，教育部即公布了《战区内学校处置办法》，规定北平、天津等已发生战事的战区，"于战事发生或迫近时，量予迁移，其方式得以各校为单位，或混合各校各年级学生统筹支配暂时归并，或暂时附设于他校"。

为应对变局，结合庐山谈话会期间有关教育问题的讨论意见，国民政府教育部组织参加庐山谈话会的北大、清华、南开等平津地区主要高校负责人集合于南京，共同协商，提出合组大学动议，并开始进行相关筹备工作。

8 月 14 日，清华大学校长梅贻琦接到教育部密电，称："政府拟在长沙设临时大学，特组织筹备委员会，敦请先生为委员，定于 8 月 19 日下午四时在本部召开预备会，届时务希出席为盼。"

与此同时，北京大学校长蒋梦麟、南开大学校长张伯苓等也接到了同样内容的电报。

8 月 19 日，教育部召集来南京的教育界人士参会，专门讨论设立临时大学的问题。

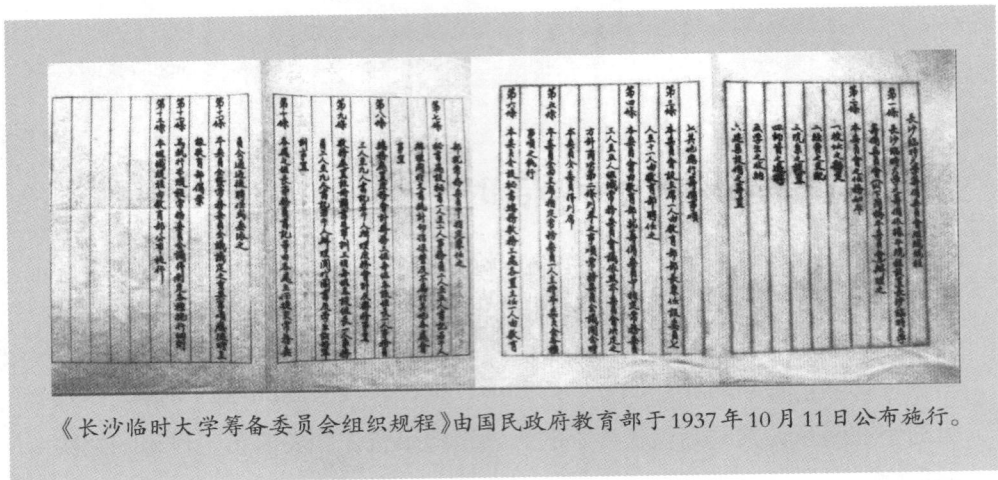

《长沙临时大学筹备委员会组织规程》由国民政府教育部于1937年10月11日公布施行。

随后，方案一步步细化，第一、第二区临时大学拟组合的学校基本敲定，三个区的选址工作也在抓紧落实中。基本拟定北京大学、清华大学、南开大学迁到临时大学第一区——长沙，北平大学、北平师范大学、北洋工学院迁到临时大学第二区——西安。同时，初步拟定在福建设立第三所临时大学——国立东南临时大学。

根据《设立临时大学计划纲要草案》，各区临时大学筹备委员会

---

　　① 王学珍：《国立西南联合大学史料（一）总览卷》，云南教育出版社1998年版，第53页。

设主席一人，由教育部部长兼任；设秘书主任一人、常务委员三人，分别负责秘书、总务、教务及建筑设备四部分事务，其人选由教育部在筹备委员中指定。常务委员组成常务委员会，决定计划纲领，商决一切具体方案。

为了有效推进长沙临时大学筹备工作，8月28日，教育部高等教育司又向张伯苓、梅贻琦、蒋梦麟发出关于任命长沙临时大学负责人的密谕。

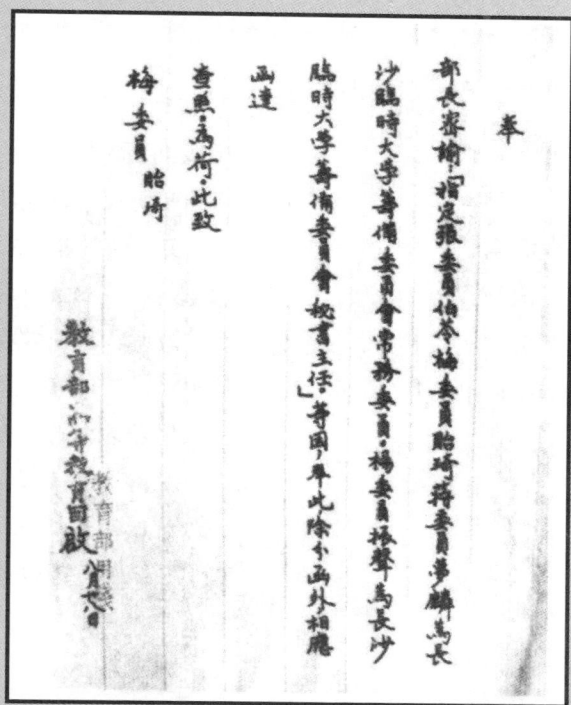

教育部关于任命长沙临时大学负责人的密谕

根据教育部关于成立"长沙临时大学筹备委员会"及任命长沙临时大学负责人的密谕，南开大学校长张伯苓、清华大学校长梅贻琦、北京大学校长蒋梦麟三人被指定为长沙临时大学筹备委员会常务委员。另外每校各增加一名教授代表为委员，北大为胡适，清华为顾毓琇，南开为何廉（何淬廉）。此外，有国民参政会参政员、中央研究院史语所所长傅斯年，湖南大学校长皮宗石（皮皓白），湖南省教育厅厅长朱经农为委员。

同时，为便利工作的沟通协调，长沙临时大学筹备委员会由教育部部长王世杰兼任主任委员，教育部次长周炳琳（周枚荪）为秘书主任。但周炳琳因公务难于脱身赴长沙，其秘书主任一职由既与清华、北大都有渊源，又在南开有诸多朋友的教育部代表杨振声（杨今甫）代理，直接参与长沙临时大学的筹备，成为实际上协助梅贻琦开展筹备工作的得力助手。

为了使常委会议的决议及时执行到位，不出现推诿、脱节现象，8月29日，王世杰又电告张伯苓、蒋梦麟、梅贻琦和杨振声，指出常委中宜推一人"负执行责"。同时，考虑到一个人太辛苦，建议可以采取每两个月一轮的轮值制。

接下来，就是常委中推谁"负执行责"的问题。

当时，张伯苓、梅贻琦、蒋梦麟并不同时在长沙，无法经常坐在一起商议，大家又互相谦让，以致"负执行责"之人一时难以确定。

时任南京政府国防参议会参议

员、即将以北京大学文学院院长身份赴欧美作国民外交工作的胡适，既是蒋梦麟的好友，和张伯苓、梅贻琦也有良好关系，适合做三方的沟通协调

---

　　① 王学珍：《国立西南联合大学史料（一）总览卷》，云南教育出版社1998年版，第54—55页。

1937 年 9 月 27 日，王世杰为请同心协力办好长沙临时大学的电文

王世杰关于成立长沙临时大学的请示草拟件

历史回音

伯苓、月涵两先生：

......

......伏乞两公以大事为重，体恤孟邻兄此意，不要客气，决定推伯苓先生为对内对外负责的领袖，倘有伯苓先生不能亲到长沙之时，则由月涵兄代表。如此则责任有归，组织较易推行。千万请两公考虑。

......

弟 胡适

（南京 北京路 69 号）[①]

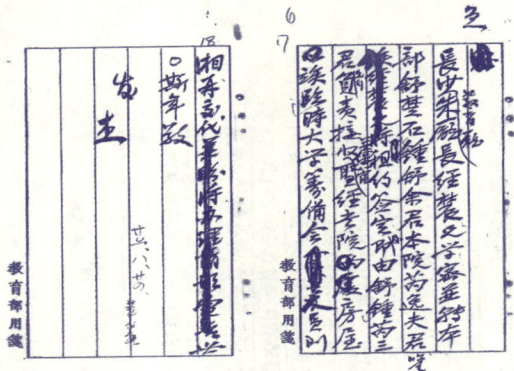

王世杰签发的傅斯年给湖南省教育厅厅长朱经农等人关于筹备长沙临时大学事宜的呈报件

工作。于是，8月30日，胡适出面"解围"，就临时大学筹备相关事宜向张伯苓、梅贻琦两位致函，既转达蒋梦麟意愿又表达自己的主张，推荐张伯苓为"对内对外负责的领袖"；如果张伯苓也不能亲自到长沙主持一切，则由梅贻琦一人全权代表。

张伯苓接信后明确表示请梅贻琦全权代表。

恭敬不如从命。就这样，梅贻琦成为"负执行责"的首位人选。并且，因张伯苓、蒋梦麟当时在重庆国民政府均有任职，也不愿干扰梅贻琦"负执行责"，所以较少到校。因此，长沙临时大学校务实际上由梅贻琦一人主持，原拟的两个月一轮的轮值制度未能如期执行，遇有重大事

[①] 王学珍：《国立西南联合大学史料（一）总览卷》，云南教育出版社 1998 年版，第 55 页。

情，则三人共同协商办理。

9月8日，应教育部要求，中英庚款委员会决定给长沙、西安各拨25万元作为两所临时大学开办费。

9月10日，国民政府教育部发出第16696号令，正式宣布："以北京大学、清华大学、南开大学和中央研究院的师资设备为基干，成立长沙临时大学；以北平大学、北平师范大学、北洋工学院和北平研究院等院校为基干，设立西安临时大学。"且原则上规定收纳原校学生约70%，其他学校借读生及新招学生约为30%。

随之，筹备工作紧张有序地全面展开。

9月13日，长沙临时大学筹备委员会正式举行第一次会议，决定校址勘定、经费支配、院系设置、师资遴聘、学生收纳、建筑设备筹置及其他重要事项。

长沙临时大学的校务也由筹备委员会常务委员负责，蒋梦麟负责总务，梅贻琦负责教务，张伯苓负责建筑和设备。

27日，教育部部长王世杰致电张伯苓、蒋梦麟、

历史回音

①杨报告已电催各校重要教职员来湘。

②与北平图书馆合作办法原则通过，详细办法由常委会与袁商定。

③与中研院分用房舍——中研院用南岳一所，圣校一所，教室一间、地下一层。

④一年级新生（北大、清华在武汉考取者、南开由高中保送者）共约一百人收入，但归并院系。

⑤学生用军事管理办法。

⑥课程厘订应注意纲要第七条——注重国防需要。

⑦定双十节为开学日期。

......①

---

① 王学珍：《国立西南联合大学史料（一）总览卷》，云南教育出版社1998年版，第57页。

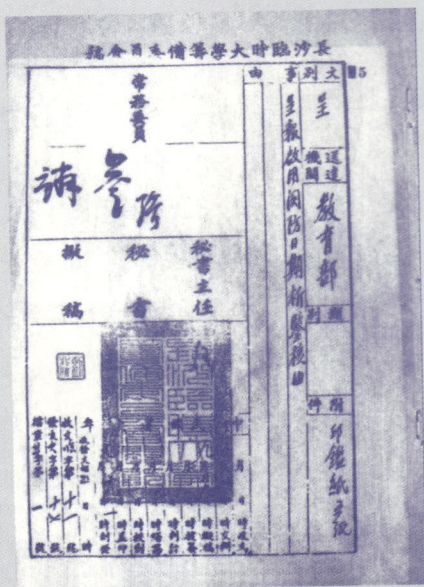

张伯苓、梅贻琦、蒋梦麟签发关于启用长沙临时大学筹备委员会关防的呈文

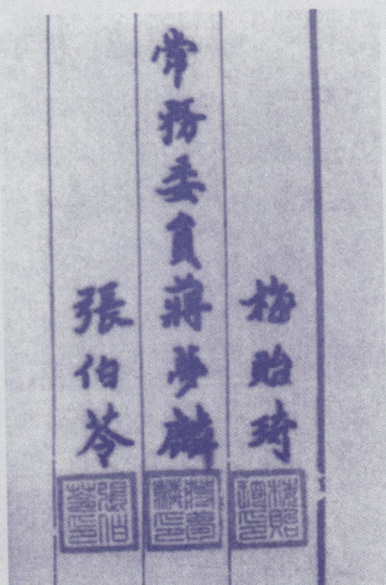

张伯苓、梅贻琦、蒋梦麟共同签署文件的签名式样

长沙临时大学筹备委员会关防印模

> 兹刊发该大学筹备委员会木质关防一颗，文曰："长沙临时大学筹备委员会关防。"附发印鉴用纸五张，希即领收，并将启用关防日期连同印鉴，报部备查。此令……
>
> 　　　　　常务委员张、蒋、梅[1]

梅贻琦三位常委，希望长沙临时大学"借公等之经营，必能创一文化中心"，"为教界树立新范"。

9月28日，长沙临时大学关防正式启用，开始行使筹备委员会职能职责。

长沙临时大学开学后，鉴于长沙临时大学筹备工作业已结束，1937年11月15日，长沙临时大学筹备委员会举行第26次会议，议决向教育部呈请宣布解散其机构。从此，长沙临时大学筹委会完成了它的历史使命，工作机制顺利转接至长沙临时大学委员会。

尽力创造办学条件

长沙临时大学从1937年8月底决定成立到10月25日举行开学典礼，仅仅花了两个月时间。之所以如此高效，离不开较充分的前期准备和湖南各方面的大力支持。

湖南省政府积极促成清华大学在湘办学

为保证长沙临时大学的教学工作正常开展，湖南各界为学校的建设和师生们的生活提供了极大便利。

按照1936年2月湖南省政府与清华大学合作协议的要求，湖南省将湖南省立高级农业职业学校左家垅新校址赠与清华大学，并根据清华大学需要，购买湖南省立高级农业职业学校部分用地一并赠与清华大学。

---

[1]　王学珍：《国立西南联合大学史料（一）总览卷》，云南教育出版社1998年版，第57页。

今中南大学校园的民主楼、和平楼，原为清华大学在长沙所建

清华大学得到这一百多亩地后，开始建造甲、乙、丙三楼①，准备作为将来的研究所、文法学院、理工学院和男生宿舍之用。后因战事干扰、长沙雨季较长、工地地质结构复杂等因素延误了施工进度，直到长沙临时大学开学，甲、乙、丙三楼仍无法交付使用。湖南大学便尽其所能，将实验室借给长沙临时大学工学院，还有少数同学寄宿于湖南大学。

湘雅医学院与清华大学友好合作

清华大学在长沙的工程启动后，不少研究人员及其家属先期来到长沙开展工作。考虑到他们的医疗保健需求，梅贻琦专门致函湘雅医学院院长王子玕，希望湘雅医学院的教学医院——湘雅医院能为他们提供可靠、实在的医疗保健服务，使他们享受湘雅医教人员同等医疗优惠服务等。

梅贻琦校长提出此要求时，恰逢湘雅医学院筹建门诊处。于是，梅贻琦、

---

① 甲、乙、丙三楼竣工后，国民革命军税警训练团、长沙清华中学、湖南人民革命大学、中南矿冶学院与中南工业大学先后在此训练或办学。

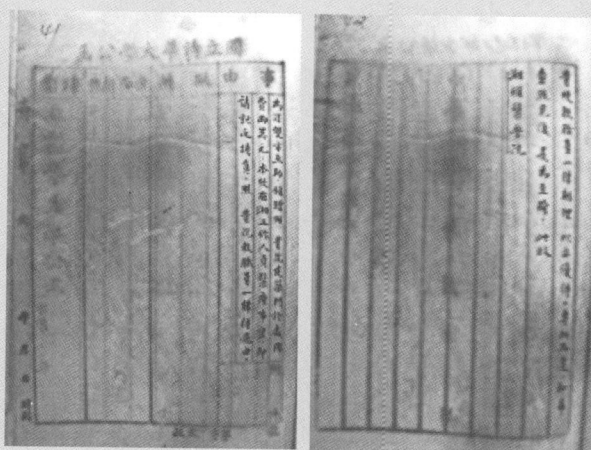

清华大学致湘雅医学院的清字第六九〇号公函

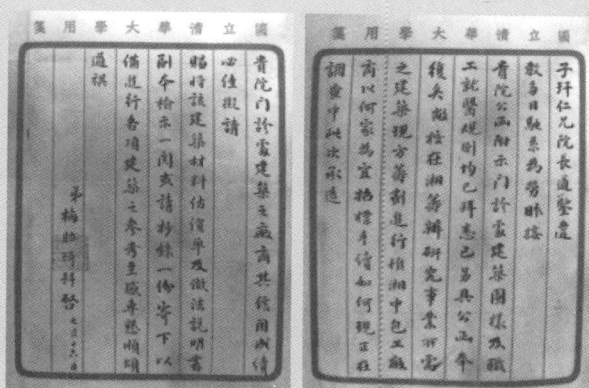

清华大学校长梅贻琦致湘雅医学院院长王子玕的信

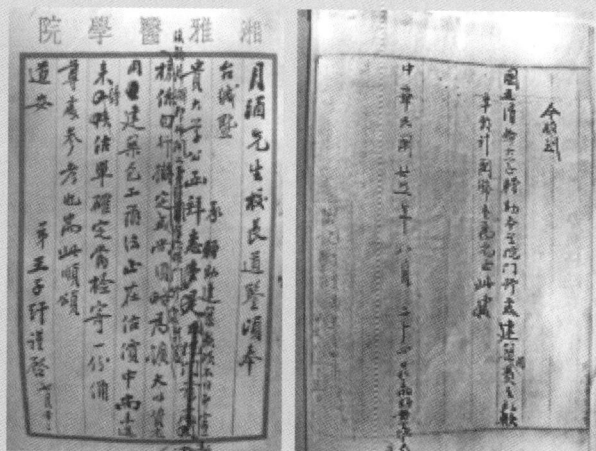

王子玕院长复梅贻琦校长
的信

王子玕院长出具的清华大学
赠助湘雅医学院的收款收据

王子玕围绕门诊处的修建资金、清华在长研究人员的医疗保障等，频繁通信①，商议相关事宜。

清华大学同意资助两万元建设湘雅医学院门诊处。随后，双方又就门诊处建筑招标、建筑材料等相关事宜多次通过信函交流，使得合作项目顺利进行。

清华大学以清字第六九〇号公函致湘雅医学院，称："兹闻贵院建筑门诊处需款，本校为谋双方互助起见，愿赠助该项用费贰万元，俾早观落成。所有本校在湘工作人员医疗事宜，即请贵院就近担负，其待遇请照贵院教职员一律办理，以示优待。"

1936年6月18日，梅贻琦校长致函王子玕院长，希望"贵院门诊处建筑图样，当以先睹为快"。湘雅医学院收到上述函件后，随即同意清华大学的请求，并将门诊处建筑图样及该学院职工就医规则迅速寄达清华大学。

1936年7月16日，梅贻琦校长又致信王子玕院长，对门诊处建筑厂商信用、招标手续、建筑设计图纸、建筑材料估算单及其做法、说明书等具体事宜均亲自过问、认真审定。

王子玕院长收到信后及时回信梅贻琦校长，事无巨细，一一作答。甚至，关于校院间赠助款项的收付，双方都有据可查。

1936年7月，《国立清华大学湖南育群

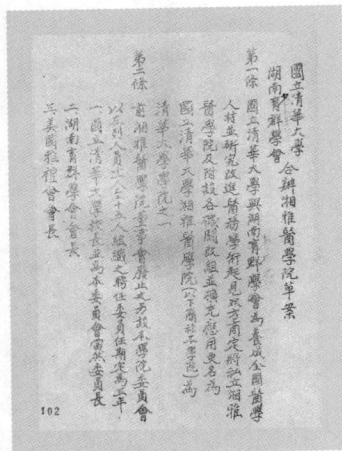

清华大学与湖南育群学会签订的关于合办湘雅医学院的草案

---

① 据湘雅医学院院史记载，从1936年6月到1937年10月，王子玕与梅贻琦往来书信至少有9封。

学会合办湘雅医学院草案》签订，其中至少有16款有关清华与湘雅之间的合作。

至此，清华大学获得了湘雅医学院提供的与湘雅员工相同待遇的医疗保健服务保障。如：

一、职工如有疾病，经医师诊察须住院疗治，不纳医药费，但优待时间不得过三个月……

二、割诊手术、接生等酌收材料费。

三、拍照爱克斯光相片，照最低价格自备交付。

四、本院职工之父母、妻室、儿女如患病住院，疗治时须按照所住病室规定价目五折扣算……

湘雅医学院获得清华大学两万元的捐助，加快了门诊处的修建速度，1937年门诊处竣工并及时服务于抗战将士与百姓难民的伤病救治。

历史回音

（一）国立清华大学教职员及其直系家属（限于夫妻、子女），持有正式证明函件，经本院医师诊察，认为有住院疗治必要时，特别病房照定额五折收费……

（二）住院所需贵重药品，特别检验、X光造影、外科手术以及其他特殊费用均照最低额收费……

（三）清华大学教职员及其家属患急症时，若有必要，得由清华大学请求湘雅医院医师前往会诊，医院不收出诊费。[①]

由于清华大学迁到长沙后教职员人数剧增和湘雅医学院住院条件有限的实际情况，1937年10月13日，王子玕院长致梅贻琦校长信，解释"最近敝院经费更感拮据，不得不略加限制，以资弥补"，说明将对优待条件作适当调整，"区区苦衷并祈鉴谅是幸"。对此，梅贻琦校长予以充分理解和支持，并根据实际情况对相关事项作了适当调整。

---

① 黄珊琦：《老湘雅故事（1901—1951）》，中南大学出版社2012年版，第156页。

1937 年湘雅医学院建筑群。中间为清华大学捐资，1937 年建的门诊处

1942 年 1 月 4 日，湘雅医学院门诊处被日军纵火焚毁。图为修缮后的门诊处

湖南圣经学校成为主校区

战时状态，非常时期。长沙临时大学筹委会坚持"建筑设备之筹置，概以必要者为原则"，校舍只要能敷教学之用，不讲究美感与舒适。尽管筹委会对办学条件没有提过多要求，但湖南省政府及社会各界还是尽最大可能为长沙临时大学提供最好条件。

湖南圣经学校[①] 始建于 1917 年，是美国内地传教会教士葛荫华创办，在民国时期是湖南境内仅次于湖南国货陈列馆的雄伟建筑。整个建筑虽为砖木结构，但规模很大，呈宫殿式。

这时的湖南圣经学校业已停办，房舍空置，教室、宿舍、家具一应俱全，

---

① 位于长沙市韭菜园，现为湖南省地方金融监督管理局办公大楼。

宽敞的地下室还可临时容纳几百人，是现成的防空场所。而且，它位于小吴门与浏阳门之间，地势开阔，也能提供足够的水源。可以说，湖南圣经学校是当时长沙临时大学的最佳选址。

经多次派人实地勘察，经与有关方面相商协调，最后，长沙临时大学筹委会决定充分利用这一资源优势，将之作为主校区。

同时，由于湖南圣经学校校舍不够，经与南岳圣经学校协商，长沙临时大学文学院被安排在距长沙100多公里外的南岳衡山[①]。

即便如此，湖南圣经学校也无法容纳长沙临时大学主校区所有学生住宿，于是学校又租用附近的涵德女子学校[②]和协操坪四十九标营房安置学生。

历史回音

警官学校谈楠荪先生：

　　径启者：本会向湖南省府民政厅借用四十九标房屋，一时尚未空出，惟平津学生到达长沙者不下数百人，且多属外籍学生，旅费极感困难。长居旅舍，势难负担。拟暂假贵校所借之房屋一部分为学生宿舍，期以本月底为止即行交还。特此函达，即希惠允为荷。

　　　　　　　　　　临大筹委会[③]

历史回音

　　兹经本日常委会议决："本校现搬宿舍容量不足，凡住宿舍之学生以曾住四十九标者为限。凡以前不住宿舍之学生，概不得于此时要求改住宿舍。"等语，合行布告，仰各知照。此布。[④]

---

　　① 南岳圣经学校又称湖南秋令圣经学校、南岳衡山圣经分校，始建于1920年。旧址位于南岳衡山集贤峰侧的白龙潭。

　　② 1912年，涵德女子学校创于戥子桥，1914年，迁至都正街，1935年搬至韭菜园。

　　③ 杨立德：《国立西南联合大学史料（六）经费、校舍、设备卷》，云南教育出版社1998年版，第188页。

　　④ 杨立德：《国立西南联合大学史料（六）经费、校舍、设备卷》，云南教育出版社1998年版，第188页。

湖南圣经学校旧照

南岳圣经学校（湖南秋令圣经学校）旧照

关于租借四十九标营房，早在湖南省与清华大学双方签订的《湖南省政府　国立清华大学为在湘举办高等教育及特种研究事业合定办法合作协议》中第五条就有预案，即"遇有必要时，湖南省政府得将旧四十九标房屋借与国立清华大学暂用。"

四十九标位于湖南圣经学校附近，原营房为数栋两层楼房，当时破败不堪，生活设施极其简陋。长沙临时大学租用其中三座营房，并对其稍微

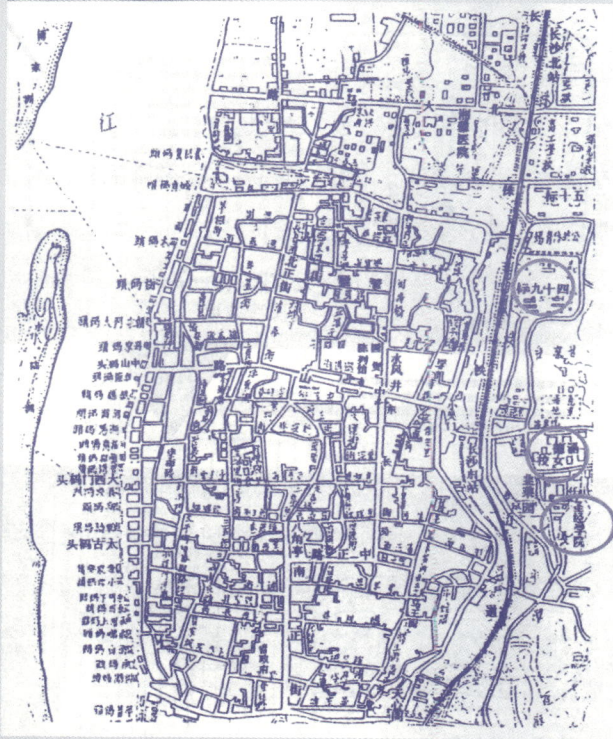

根据图中所显示，涵德女校位于湖南圣经学校附近

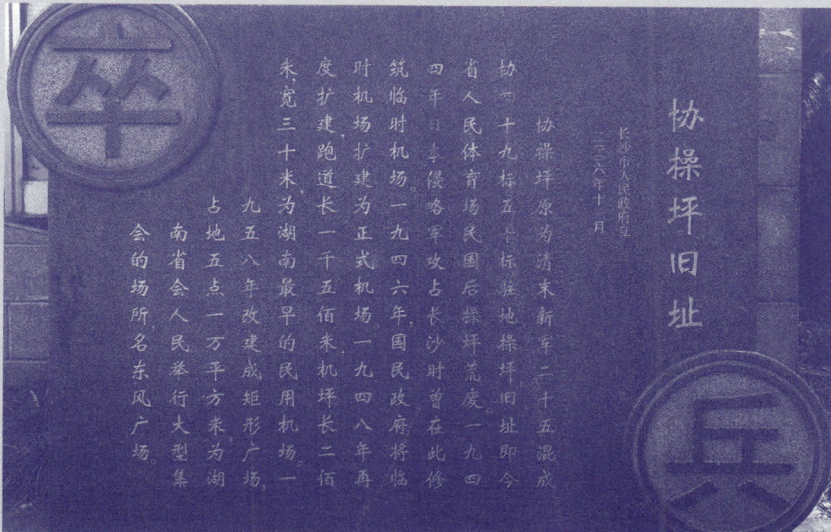

协操坪旧址

长沙市人民政府立
二〇〇六年十月

协操坪原为清末新军二十五混成
协四十九标驻地操坪旧址即今
省人民体育场民国后操坪荒废一九
四年日本侵略军攻占长沙时曾在此修
筑临时机场扩建为正式机场一九
四八年再
度扩建跑道长一千五佰米机坪长二佰
米宽三十米为湖南最早的民用机场一
九五八年改建成矩形广场，
占地五点一万平方米为湖
南省会人民举行大型集
会的场所名东风广场

四十九标营房原址（今东风广场内）

进行整修，作为男生宿舍。

到 1937 年底，因前线下来的伤病员越来越多，四十九标的房源越来越紧张，所住宿舍被严格控制。考虑到四十九标营房是军事用房，而这时长沙的中学都结束了学期教学，大部分中学生都去参加湖南民众训练班，学校便决定，除了原来已寄住在校外亲朋戚友处的，其余全部调到长沙临时大学附近的淑德女中和文艺中学。到 1938 年初，四十九标居住的学生基本都搬出来了。

长沙临时大学一开始可以说是作了较充分的思想准备和物质准备。但随着战事的发展，特别是日军攻陷南京后，将下一个侵略目标瞄准武汉，长沙也危在旦夕，教育部于是决定将长沙临时大学西迁至昆明。

1938 年 2 月 19 日，湘黔滇旅行团全体成员在湖南圣经学校门前集合宣誓，举行开拔仪式。湖南圣经学校作为长沙临时大学主校区的历史使命宣告结束。

"……暂驻足衡山湘水，又成别离。绝徼移栽桢干质，九州遍洒黎元血……"这首雄壮有力、激扬悲壮的西南联大校歌，天下流播，千古传诵，唱出了国立西南联合大学的筚路蓝缕、刚毅坚卓，也唱出了西南联大前身——长沙临时大学的栉风酾雨、八音合奏。

第一节　栉风酾雨
三校师生聚长沙

获悉教育部合组长沙临时大学的消息，奉令担任长沙临时大学筹备委员会常务委员之职的蒋梦麟、梅贻琦、张伯苓三人及杨振声迅即商议北京大学、清华大学、南开大学三校南迁及长沙临时大学筹备事宜。同时，筹委会在《大公报》等多家媒体连续多日发布长沙临时大学即将开学的消息。随后，分散在全国各地的三校师生历尽艰辛，赶赴长沙，开启人生新的里程。

北京大学、清华大学、南开大学三校合组长沙临时大学方案确定后，长沙临时大学开学工作进入紧张筹备阶段。

1937 年 8 月 11 日，蒋梦麟、梅贻琦、张伯苓及杨振声在北平商量三校南迁事宜，确定好南行人员，决定在第一次平津通车时即成行。

8 月 12 日，梅贻琦、杨振声、朱光潜、沈从文①等离开北平，取道天津，转赴南京。8 月 26 日，梅贻琦等一行到南京，随后，登"岳阳丸"号船赶往长沙。9 月 11 日抵达长沙。

到达长沙后，梅贻琦临时居住在位于湘雅新村的湖南省教育厅厅长朱经农家。作为长沙临时大学筹备委员会负责教务的负责人，他迅即为新学校的搬迁、教学忙碌开来。

---

①　为防不测，除梅贻琦外，三人各编造了一个假身份，即杨振声为卖花边的，朱光潜为香港洋行打字员，沈从文为洋行文书。

杨振声作为教育部的代表、长沙临时大学筹备委员会委员兼秘书主任，实际上负筹备工作具体之责。

随即，清华大学在下麻园岭22号设立长沙办事处，在天津、南京、上海、汉口四处清华同学会的协助下，办理清华南下师生职员到长沙开学等事宜。

这时，负责北京大学南迁的樊际昌已到长沙，在韭菜园租好房子作为北大办事处，杨振声等人便暂住其中。

9月20日左右，北京大学校长蒋梦麟抵达长沙。

几位主要负责人到长沙后，长沙临时大学筹备工作全面展开。

11月14日，南开大学校长张伯苓从重庆乘中国航空公司飞机抵达汉口，当晚转乘汽车前往长沙，15日中午到达长沙。因此，长沙临时大学前期筹备工作他未能参加。

11月27日，教育部部长王世杰也来到长沙，帮助协调长沙临时大学相关工作。

确定好开学时间后，筹委会即在北平、上海、广东、湖北、浙江、山东、河北等地登报公告长沙临时大学开学的相关事宜，并由三校分别发函逐个通知。1937年10月8日至24日，《大公报》等多家媒体连续17天发布长沙临时大学即将开学的消息，通知分散在全国各地的北大、清华、南开师生，赶赴长沙报到。

随之，大部分教授分批南下。

1937年8月17日至24日，清华大学著名语言学家赵元任一家先后从南京到达长沙，住在长沙铁佛东街28号。

清华大学教务长潘光旦（原名光亶，又名保同）和秘书长沈履（沈弗斋）安排好校产保管事宜后，换了六七次车船，于9

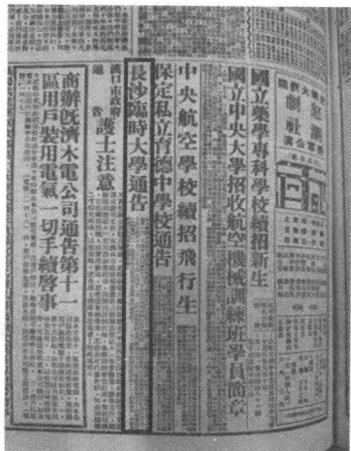

1937年10月8日，长沙临时大学通告（连续刊登至24日）

沈履、潘光旦、吴有训在清华大学办事处（麻园岭）合影

月 28 日抵达长沙，两人一同住在清华岳麓山校区。

天津沦陷前，南开大学秘书长黄钰生（黄子坚）、理学院院长杨石先一直在组织人员将图书、设备等尽可能运出学校，安排留校学生、教师及眷属撤往安全之地。天津沦陷特别是日机轰炸南开校园后，南开大学大多数教授纷纷南下，一部分随经济研究所、化学工程系前往四川重庆，一部分撤至长沙。黄钰生、杨石先最后撤离学校时，个人财物甚至最为珍视的藏书都损失殆尽，黄钰生仅仅带上了一条布裤和一件衬衣，杨石先则只有一套单衣和一台相机。后来，他们与张友熙、方显挺（方显廷）、陈序经、丁佶等其他南开大学教授历尽艰难，于 10 月到达长沙。

路上，他们乘坐的火车得不时给北上运兵的车队让行，有时一等就是八九个小时。一路的风雨兼程，让教授们经历了前所未有的窘迫，更感受到国家危亡时匹夫之责。

患有足疾的梁思成、身患肺病的林徽因，带着年迈的林母，还有一双儿女，一家老老小小的南行之路更加艰难。林徽因后来在给美国好友费慰梅的信中讲述了这次南下经历：由卢沟桥事变到现在，我们把中国所有的铁路都走了一段！最紧张的是由北平到天津、由济南到郑州。带着行李小孩牵着老母，由天津到长沙共计上下舟车十六次，进出旅店十二次。

为解长沙临时大学师源紧缺之急，梅贻琦校长邀约、聘请了一批知名教授、学者到长沙临时大学任教。如英国现代诗人、文艺批评家威廉·燕卜荪，著名文学家沈从文，燕京大学中文系助教陈梦家及夫人赵萝蕤等。

长沙临时大学开学在即，当时清华大学中文系的教授南下长沙的仍很少。为了长沙临时大学各院系的均衡发展，也为了更好地发挥清华大学中文系的资源优势，梅贻琦校长亲自致电老清华人、中文系主任朱自清，恳请他驰援长沙临时大学。于是，朱自清立即将家搬出清华园，告别妻子和孩子们，只身启程。历时十余天，经天津、青岛、济南、汉口，朱自清于10月4日抵达长沙，住在韭菜园湖南圣经学校内。

11月19日，清华大学外文系教授吴宓到达长沙。

11月30日，清华大学社会学家陈达也到达长沙。

临时大学开学之时，上海已经被日军占领，常熟等地相继沦陷，不少教授因交通阻碍，来不及赶到。因此，有些开设的课程暂时没有教授授课。如，北大的罗常培、罗庸、魏建功、郑天挺、陈雪屏、周作仁等直到11月17日才离开沦陷了的北平。历经近一个月，取道青岛、香港，至梧州、贵县、柳州、桂林，由公路入湘，经衡阳，于12月14日才抵达长沙。而比他们先走多日的钱穆、贺麟、陈寅恪等，于11月底先后抵达长沙。

北平、天津两地作为中国高等教育较为发达的地区，在抗战爆发前，已有20多所专科以上学校，有教职员3000人、学生约1万人。仅清华、北大、南开三校原有学生人数就有3000多。平津沦陷后，师生们为躲避战火只得暂走他乡。因为三校学生多为北方籍，或者因为事发突然来不及准备，或因为经济状况不佳，或者因为个人其他原因，以致过半的人不想或无法南下长沙继续学业。

相对北大的犹豫不决（很多师生反对南迁）、南开的无可奈何（学校

北京大学部分教授在长沙临时大学合影

被炸得只剩断壁残垣），清华南迁政策执行得最坚决，来长沙的师生，比北大和南开加起来都要多。

最后，1500 多名师生大多从天津走海上，南下上海，转南京、杭州、武汉等地，经过艰辛跋涉，陆续到达长沙。至 11 月 20 日，长沙临时大学在校学生正式注册的有 1452 人[1]，其中清华学生 631 人、北大学生 342 人、南开学生 147 人，新招学生 114 人，借读生 218 人；教职员共有 255 人，其中清华 153 人、北大 73 人、南开 29 人。

为区别学生来源，报到时在原北京大学、清华大学、南开大学的学生学号前用"P""T""N"加以标识。

这时的长沙临时大学尽管人数较原三校人数大为减少，但教授们来长

---

① 王学珍：《国立西南联合大学史料（四）教职员卷》，云南教育出版社 1998 年版，第 59 页。

沙的比例却非常之高，以致出现了教授比讲师多的现象。

北大、清华、南开等平津各大学及专科学校先期流亡到长沙的学生纷纷成立校友会、留湘同学会，负责联络和接待各地校友。如南开校友会长沙分会于 1937 年 9 月 3 日在长沙的《力报》上刊发消息，通知南开留湘同学"到本市东庆街 30 号登记"，有力推动了长沙临时大学的筹备工作。

第二节　通家之好
　　　　八音合奏和谐曲

"所谓大学者，非谓有大楼之谓也，有大师之谓也。" 长沙临时大学是 14 年抗日战争的产物，卢沟桥事变是它的直接成因，连天炮火是它的日常"伴侣"。尽管湖南各界竭尽全力予以支持，长沙临时大学的办学条件仍然极其有限。然而，就是在这极其艰难的环境下，全体师生共同谱写了"八音合奏"的精彩篇章。

教授会制度独具特色

教授会，又称教授委员会，作为一种大学管理体制，最早萌芽于中世纪的巴黎大学。随后，柏林洪堡大学、牛津大学、剑桥大学等欧美国家的高校纷纷效仿，发展为较为完备的"教授治校"教授会制度。

1912 年，北京大学校长蔡元培主持起草《大学令》，第一次以法令的形式提出在中国的大学建立评议会、教授会制度。

清华大学则很早就播下学术自由、民主管理、教授治校的种子，《清华大学组织大纲》明确赋予教授群体的权力，为清华的"教授治校"奠定了制度基础。

于是，教授会制度逐渐在北大、清华等大学建立起来。而由清华大学、北京大学、南开大学合组而成的长沙临时大学的教授会主席制度尤其独具特色。

作为长沙临时大学实际上主持工作的主要负责人，梅贻琦刚一上任就提出慎选师资、严格考试等五项治校举措。他汲取清华经验，学校不设校首，校务委员会共同主持校务，行政领导主要负责组织、协调、服务，实际上没有实权。

梅贻琦被称为"寡言君子"，采取"无为而治"的治校理念。梅贻琦把自己比作"王帽"，在谈到"王帽"这一角色时，他说，表面上很好看，但实际上是配角，真正的主角是教授群体。

"凡能领学生做学问的教授，必能指导学生如何做人，因为求学与做人是两相关联的。"梅贻琦尊重教授，先后从全国罗致了数十位有才识的教授，并在校内树立了教授的威信。由教授兼任学校教务、训导、总务三大处长和五院院长、系主任，实际上建立了校长领导下的教授治校管理体制。

1937年10月2日，长沙临时大学筹备委员会召开第四次常委会。决议对原北大、清华、南开三校的科系作必要调整，凡过去三校共有的科系、一校内性质相近的科系，均予以归并，以节省开支，提高教学效率。归并后全校设文科、理科、工科、法商科4个学院17个学系，并第一时间公告了各学系的设置和各系主席名单。

（一）文学院：中国文学系主席朱自清，清华教授；

历史回音

长沙临时大学各学系设置

（1937年10月）

敬启者：兹由本会常务委员会第四次及第五次会议议决，临时大学所设学系十七系，并推定各学系教授会主席一人，负责编制课程，分配工作及筹划设备等事宜。兹将学系名称并各系教授会主席名单开列于下，敬请查照，并希惠允担任，从速进行为荷。①

---

② 王学珍：《国立西南联合大学史料（一）总览卷》，云南教育出版社1998年版，第58页。

长沙临时大学各学系主席名单手刻油印件

外国语文系主席叶公超，北大教授；历史社会系主席刘崇鋐，清华教授；哲学心理教育系主席冯友兰，清华教授。

（二）理学院：物理系主席饶毓泰，北大教授；化学系主席杨石先，南开教授；生物系主席李继侗，清华教授；算学系主席江泽涵，北大教授（未到前由北大教授杨武之代理）；地理地质气象系主席孙云铸，北大教授。

（三）法学院：经济系主席陈岱孙，清华教授；政治系主席张佛泉，北大教授；法律系主席戴修瓒，北大教授；商学系主席方显廷，南开教授。

（四）工学院：土木工程系主席施嘉炀，清华教授；机械工程系主席李辑祥，清华教授；电机工程系主席顾毓琇，清华教授；化学工程系主席张子丹，南开教授。

长沙临时大学的实际掌门人梅贻琦充分尊重教授，从不专横独断，而是遇事先倾听教授和学生的意见，集思广益，择善而从，将"大师"的作用发挥到极致。清华、北大、南开的教授开设的课程，各有各的思想和观点，各有不同的讲法。梅贻琦本着学术自由之精神，尊重每位教授，不强求一律，不厚此薄彼。一时间，长沙临时大学名师云集，学术自由与独立思考蔚然成风。

为了办理各项事务，长沙临时大学陆续聘请教授分别组成各种专门委员会，如课程委员会，负责各系课程的设置；图书设计委员会，筹划购买全校所需要图书；理工设备设计委员会，筹划理工科所需教学设备的购置；教室宿舍设备委员会，筹划购置教室及宿舍有关设备；国防工作介绍委员会，介绍学生参加国防服务工作；贷金委员会，负责困苦学生的救济及发放贷金事宜；防空委员会，负责防空工作。

生活越简单，纠纷越少，工作效率越高。

长沙临时大学综合了清华、北大、南开原有的院系设置，将三校的历史、社会学合为一系，哲学、心理、教育合为一系，地理、气象合为一系。各学科人才济济，融洽无间，短长互见，取长补短。后来有清华人回忆：学校的人才从来没有这么盛过，个人的朋友也从没有这么多过。大家不再留念过去的光荣，而是思考如何创造一个崭新的未来。

教授会主席制度的实行，最大限度地发挥了教授的教学才能，展现了他们的学识水平，之后的西南联大更是将之发扬光大，渐入巅峰。

通家之谊　八音合奏

抗战期间，出于对人力、物力、时局、资源的各种考虑，有很多大学都采取联合模式，然而只有西南联大一联到底。这不能不归功于三校的包容精神、三位杰出的校长和教授们的精诚合作。

清华、北大和南开素有"通家之好"之说。无论是校级领导还是教职员工，甚或学生层级，都有着或师生、或同事、或同学、或亲戚、或朋友等千丝万缕的联系，通家之谊自不待言。特别是清华校长梅贻琦曾是南开校长张伯苓的学生，张伯苓和蒋梦麟都师从著名哲学家杜威，清华的冯友兰出身北大，北大的胡适是清华人，南开的黄钰生是清华出身……三所高校内复杂的亲缘关系使得彼此天然具有一种亲近与包容的感情。

清华的"自强不息、厚德载物"，北大的"思想自由、兼容并包"，南开的"允公允能、日新月异"，三校的校风校训共生共荣；南开稳定如山，北大包容如海，清华智慧如云，三校的办学风格相容相融；张伯苓"允公允能"的教育理念，梅贻琦的通才教育，蒋梦麟的平民主义教育，三位校长的办学理念相近相似，五色交辉，相得益彰。八音合奏，终和且平，

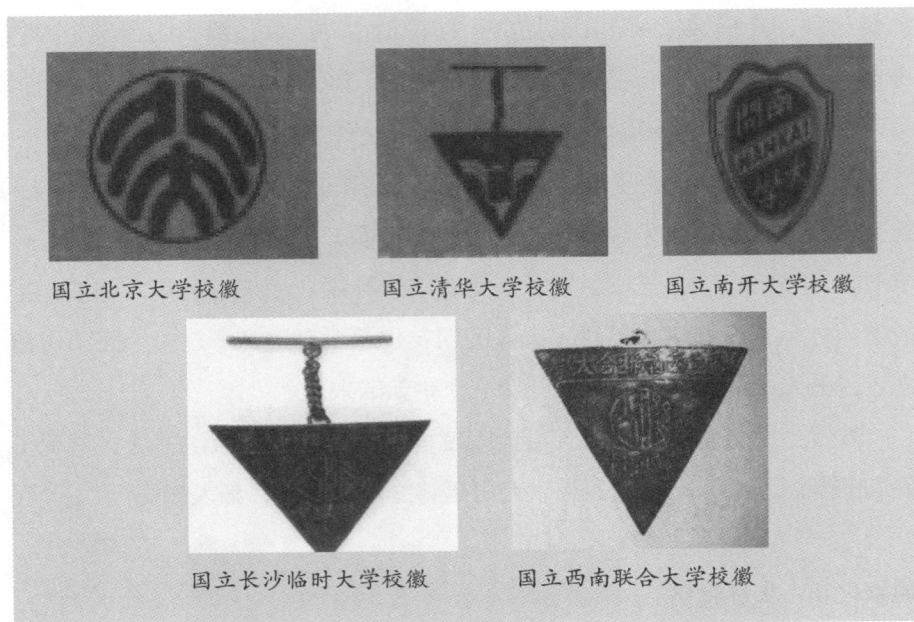

国立北京大学校徽　　　国立清华大学校徽　　　国立南开大学校徽

国立长沙临时大学校徽　　　国立西南联合大学校徽

成就了长沙临时大学弦歌不辍的辉煌历史。

　　三校具有不同的历史与传统，教授名家各有所长，虽人人卓尔不群，且课业有重叠，但合组长沙临时大学后，便合作无间，同无妨异，异不害同。这种合作绝非简单的机构合并或是单纯的院系调整，而是一种心灵的相通、理念的相连。

　　最先动议三校合组时，从北大的独立性出发，时为北京大学校长的蒋梦麟并不十分认同这种形式，有过一番犹豫。但是考虑到当时严峻的战争局势，看到其他两校态度之坚决，他便无条件予以同意。

　　因为只是临时性联合办学，根据教育部《设立临时大学计划纲要草案》，长沙临时大学没有设立校长一职，而是由张伯苓、梅贻琦、蒋梦麟组成常委会，共同负责校务。

　　三人当中，张伯苓年龄最大、资格最老，蒋梦麟职务最高、兼任最多，而梅贻琦则是年龄最小、资历最浅却年富力强的"小字辈"。但实际上，常委会没有职务高低，没有论资排辈，长沙临时大学的各项工作基本上是由梅贻琦主抓。也可以说，真正扛起长沙临时大学大旗的是梅贻琦。个中原因，既有张伯苓和蒋梦麟的谦与让，也有梅贻琦的贤与能，还有三校师生们的合与和。

设立联合大学，虽然是临时之举，但因为三所大学都是中国的顶尖名校，所以难免会牵扯到方方面面的利益，如果处理不好这些事情，难免会不欢而散甚至分道扬镳。因此，领导层的精诚团结和领导人的明智决策便至关重要。由于长沙临时大学一方面实行轮值制，另一方面三人又未完全轮值，因此，选出一位"负执行责"的领导尤为关键。

不管是张伯苓还是蒋梦麟，他们都主持高校工作多年，经验非常丰富，任何一个都能担当大任。但张伯苓担心自己年龄大事务多而难于负起执行之责，便对蒋梦麟说："我的表你戴着，意即'你代表我'。"而蒋梦麟同样担心自己精力不济难于胜任执行之责，便对梅贻琦说："我们三个人中你最年轻，我们全权支持你，你要多担当。"因此，张伯苓和蒋梦麟的让贤，使最年轻、精力最旺盛的梅贻琦成为长沙临时大学实际掌舵人。

梅贻琦勤勉务实，负重前行，是蒋梦麟等人眼中的一匹"骆驼"。他不负张伯苓和蒋梦麟两位校长的嘱托，也不负众望，扛起了主持长沙临时大学全面校务工作的重任。

时局复杂，临时大学又刚刚成立，校务特别繁忙，需要投入大量的时间和精力，这对年近五十的梅贻琦来说是一个很大的挑战。不管是处理各校老师之间的关系，还是管理校务、培养学生，梅贻琦都身体力行，几乎做到了忘我的地步。

梅贻琦低调谦和，文质彬彬，时称"寡言君子"。他恪守"无为而治""教授治校"原则，从不乾纲独断。他曾说，校长的任务就是给教授搬搬椅子、端端茶水的。每次开会，他就找一个不起眼的位置坐下，默默静听，很少

1937年9月10日教育部关于给长沙临时大学筹拨经费的
训令

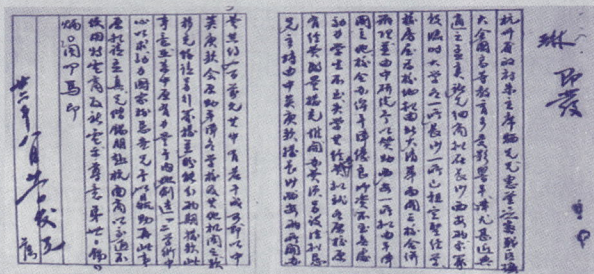

1937年8月21日王世杰等关于长沙临时大学开办经费问
题给浙江省政府主席（朱骝之）的密电

发表观点，从不干涉教授发言，偶尔站起来给大家倒倒水。会议即将结束时，有人问梅贻琦有什么要说的，他回答：吾从众。会后便负责将决议执行到位。

他行事慢而稳，说话习惯性地谨慎斟酌，学生们因此给他作过一首打油诗：大概或者也许是，不过我们不敢说，可是学校总认为，恐怕仿佛不见得。他也欣然接受，一笑了之。正是这种以柔克刚的作风，使他能在纷繁复杂的环境里游刃有余。

梅贻琦公正无私，在师生中信任度很高。长沙临时大学成立后，梅贻琦任校务委员会常委兼主席,在处理三校关系时,给各校杰出的教授委以学校高层管理职务。为了使仅有的资源能更加均衡调配,他尽量做到不偏不倚,一视同仁。当时,清华大学除了拨款,还有清华服务社一些额外的收入,而另外两个学校的经费则显得捉襟见肘,梅贻琦就把清华服务社所得的利润当作额外的月薪发给学校全体教员。他的率先垂范,极大地调动了教授们的工作积极性与主动性。

梅贻琦曾形象地比喻道,三校走在一起,就像一个戏班子,总得有个班底,这个班底就是清华。

当时,清华的师资力量占据了绝对的优势。经费上,清华也有硬实力。清华每年有固定的专项拨款,而南开和北大只能靠政府拨款。1937年9月10日,教育部颁发《关于长沙临时大学经费和常委薪给的训令》,明确"查该会筹备伊始,兹由部先行筹拨经费二万元"。中英庚款董事会允补助临时大学开办费25万。9月17日,教育部又向长沙临时大学筹备委员会常务委员发出《关于长沙临时大学开办费的代电》,明确:"该临时大学经常费为北大、清华、南开三校原有经费七成之半,至开办费则由中英庚款董事会协拨。"可见,清华大学在长沙临时大学中的班底作用是名副其实的。

正是由于校领导、教职员工、学生亲密无间合作,刚毅坚卓克难,长沙临时大学及后来的西南联大才成为中国教育史上一个不可复制的奇迹。

第三节　刚毅坚卓
　　　　大楼失却精神在

　　因为战乱，三校师生从往日繁华的平津来到相对安静的长沙，囊中少了些货币，心中却多了些历史使命感。尽管教学、生活各方面条件有限，大家却极富朝气，求学问的气氛非常浓厚。在这里，师生们研学不辍，教学相长，乐观生活，三校精神融洽于整个校园，充分彰显了"刚毅坚卓"的风采。

在特别的校舍里研学不辍

　　长沙临时大学条件窘迫，教学设备只能敷教学之用，有些学生甚至只能睡兵营地铺，很多人心里不免有些惆怅。但想着从炮火连天的沦陷区来到相对安全的后方，还能有安稳的地方继续上课，师生们心里自然多了几分安心，便感觉将书教好、把书读好就是自己天经地义的本职。

　　初到长沙，行装甫卸，大家即纷纷为着注册、选课、购书等事宜忙碌，为新学业的开始做计划，为长沙临时大学的未来兴奋，甚至有人憧憬长沙成为第二个北平。

　　尽管之前清华大学所建的校舍尚未完工，来不及给长沙临时大学派上用场，但在湖南省教育厅的大力支持下，学校很快在长沙韭菜园附近租到湖南圣经学校和涵德女校以及部分军营，师生们住宿则采取寄住、借住、租住等方式解决。

　　长沙临时大学的筹建，兼顾当年战火下教学设置的临时性与实用性。湖南圣经学校四周有长长的围墙，主要建筑是一座钢筋水泥的四层大厦，

长沙临时大学主校区——湖南圣经学校

承担长沙临时大学理科实验的湘雅医学院医预科理化生物实习楼

一层地下室，用作防空避难所；地面上三层，一楼用作学校的办公室，二、三楼用作理学院、法学院、工学院土木工程系的教室，能容纳900名学生上课。大厦的两侧东西相对，各为三层建筑的楼房，供图书馆办公及教职员住宿。

所有的教室、办公室、图书馆及大部分教职员宿舍都挤在湖南圣经学校，每天近千人在校园里摩肩接踵，在楼道里挤挤挨挨。然而，大家学习的氛围却很浓，求学问的精神都很好。

湖南圣经学校没有实验室，临时筹建实验室又受场地、经费以及时间所限，筹备委员会便将工科学生实验全部安排在岳麓山下湖南大学八字墙校区，并有电机工程系和机械工程系学生借读、寄宿于此。理学院则借用湘雅医学院少量校舍、设备、场地，供理科各系实验、实习。机械工程系航空研究班则在南昌航空机械学校寄宿上课，由长沙临时大学教授设置课程并前往上课。

长沙临时大学在仪器设备方面更是捉襟见肘，甚至连理科实验需要安装水管都无法实现，使得部分理科课程无法正常开设。

在南下的过程中，北大、清华、南开三校基本上没有带仪器设备。因为南开在日军轰炸中失去了几乎全部家底，而北大以不动一草一木为原则，仅物理系将一个来之不易的凹面光栅光谱仪的玻璃和水晶三棱镜等极少量部件带出。幸亏清华未雨绸缪，在1936年将一批书籍、仪器转移出华北，以备不时之需。

长沙临时大学除向湖南大学、湘雅医学院借用一部分仪器设备外，常委会还是克服重重困难，决定在邻近的孤儿院与涵德女校中间的空地上修建化学实验室和物理修械室，后来又买了几套中央研究院物理研究所制造的仪器。这些仪器虽然简陋，却解了理工科实验课的燃眉之急，甚至后来迁到昆明还派上了用场。

为解决教案、图书匮乏之难题，学校也在寻找各种渠道、路径。这时

湖南国货陈列馆旧址

恰逢中央研究院历史语言研究所的书籍运到长沙，杨振声便出面协商，把湖南圣经学校地下室借给他们藏书，同时与之订立图书借用办法。不久，北平图书馆也迁来长沙，杨振声又提出将长沙临时大学的一间办公室让给他们，并与之签定图书合作办法。同时，杨振声发动大家向老师、同学、亲朋戚友借，跑遍满城书店买。

当时，文法学院的同学缺少参考书。湖南省建设厅将湖南国货陈列馆图书室藏书借给长沙临时大学，并为长沙临时大学提供了部分急需的图书。

有的教室没黑板、没粉笔，甚至最开始连桌椅都没有，有的教室狭小，老师、学生只能站着上课、听课，但"皆屏息做札记，大有我清华风气"。有的学生缺课本，图书馆资料也奇缺，教授们不得不凭着他们头脑里的记忆授课。图书阅览室座无虚席，做习题、抄笔记、温课本、拉算尺，不减当年"开矿"气象。书店原本不多的教科书需要预定，常常书一到便被一抢而空。

但随着时局的日益紧张，特别是长沙临时大学西迁"一时谣诼风云"，人们的心情越来越焦虑，极少数人开始苦闷于国家、学校、家庭、个人的未来，再也无法安心读书，自然就不愿意再买书，甚至有人将自己好不容易买到的书又转手出让。

非常时期非常规教学

长沙临时大学刚刚开学时，战时或非常时期的气氛还不是很浓，几个系间或有一两门战备相关的新课，如国防化学现代化等。体育课有爬墙钻洞等训练，只是学生们差不多都穿着黑棉大衣、单布黄制服，很是别扭，也显得很滑稽。

随着战事吃紧，为适应国防需要，长沙临时大学顺势而为，及时增设了不少备战课程。因此，在仅有的一个学期里，临时大学开设的课程很是丰富。如物理系的"实用无线电及实验"，化学系的"国防化学"，土木工程系的"军事运输""军用桥梁""军事卫生工程""飞机场设计"，公共课开设了"军事训练学科与术科"，还增加了"现代日本"……这些课程既探究高深理论，又直接关联战局实践，都是应时而生的学科。

同时，学校规定，女生必须学习救护知识，以便在战时救护战士或平民。

正是这些与时局有紧密关联课程的开设，让长沙临时大学很多学子后来投笔从戎，工科尤多。

除老师授课外，长沙临时大学还经常外请知名人士来学校讲座。比如请湖南省政府主席张治中、《大公报》总编张季鸾以及国民政府军事委员会政治部部长陈诚等来讲战局、形势、军情和战略，也请徐特立来宣讲延安抗战情况，甚至还邀请获释不久的共产党前总书记陈独秀讲国际关系与形势。这些嘉宾的身份不同，政治主张亦不同，但都是围绕抗战这个主题，由此可看出长沙临时大学兼容并蓄的风格。

大敌当前，长沙临时大学还根据战备需求，成立国防服务介绍委员会和国防技术服务委员会，有组织、多渠道地介绍学生参加国防服务工作，并推定黄子坚、樊逵羽、潘光旦、顾一樵、曾昭抡、吴正之、杨石先、

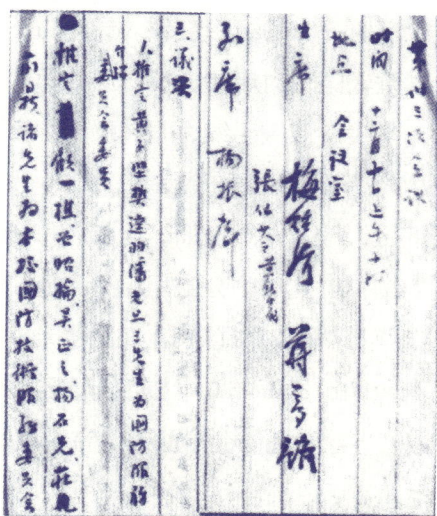

1937年12月10日，长沙临时大学常委会第33次会议决成立国防服务介绍委员会和国防技术服务委员会

南岳分校欢送从军同学参加抗战

庄前鼎等为负责人或组成人员。长沙临时大学又制定、公布关于学生参加国防服务可保留学籍等优待办法。后来又将两个委员会合并为国防工作介绍委员会，吴有训为召集人，负责指导、管理学生，鼓励学生积极投身国防服务。

据不完全统计，长沙临时大学化学系宋平（又名宋延平）等295名学生停学报名加入抗日前线。他们离开学校，投笔从戎，或参加技术部队，或报考空军，或担任美军翻译员，学校一律为他们保留了学籍。没去抗战前线的长沙临时大学学生也怀着巨大的热情开展抗日救亡宣传，为抗战贡献自己的力量。

同期，根据教育部要求，长沙临时大学还组织选送一批教授前往云南、广西、四川等边陲大学担任教员，支援边远地区人才培养。

特殊校园里校纪严明

作为全国最知名的大学，清华大学、北京大学、南开大学素以校风良好、校纪严明著称。

为了造就"明体达用"的通才，北京大学在京师大学堂时期就十分注重对教师学生的品德教育和行为约束。除配置严密的组织管理人员外，还从建校起，即着手制定学堂崇敬先师、学堂大门定时启闭、每日肄业暇时必有体操功夫以养身等各项规章制度，对学生的请假手续、服装仪表、言行举止、卫生习惯等均作了规定，并在办学过程中不断加以完善。

清华大学对学生的管理同样严格又细致，涉及方方面面。比如，每天早上七点起床洗漱，毛巾、脸盆脏了要罚款；七点二十分吃早餐，迟到了也要罚款；实行洗澡签名制，每人一星期至少洗澡两次；禁止在路上走时吃东西；学校规定每两个星期必须写一封家信；钱要存在学校银行，少许零花钱留身上，但每一分钱的使用都要记账，且要记得很专业，要有明细，有资产负债对照表，月底结清要给学校盖章。

南开校训则更加具象化：面必净，发必理，衣必整，纽必结，头容正，肩容平，胸容宽，背容直，气象勿傲、勿暴、勿怠，颜色宜和、宜静、宜庄。堪称"校训天花板"。

三校严苛的校规校纪，到了长沙临时大学一如既往执行。

尽管生活条件艰苦，尽管要常常跑警报，但学校的纪律仍非常严格。全体学生一开学就实行军事化管理。如统一作息时间，统一穿着制服；升旗仪式、晨操定时定点举行；上课后一星期不到校报到注册，本校不再为其保留名额。

经湖南省政府前期联系和一些亲朋戚友的相助，部分老师在长沙城内各处租、借房住。如梅贻琦曾住湘雅医院，陈岱孙住下麻园岭22号（即清华大学办公处），林徽因、梁思成住小吴门外校场坪134号刘宅，顾毓琇、陈福田、王力住上营盘街，陈寅恪借住北门外大王家巷黎锦熙公馆楼上……

大部分教师安排在湖南圣经学校。女生基本上住在条件相对较好的涵德女校的一座楼房，男同学则住在条件简陋的四十九标营房。

尽管师生们住在不同的地方，但作息制度都必须严格遵守。为此，学校成立了宿舍委员会，专门负责开关校门和管理在校外居住的师生。住宿在湖南圣经学校的，无论老师还是学生，晚上九点前必须归校，否则，校门一关，任何人都进不来。除特殊情形，所有男生都要求住四十九标营房。早上升旗礼除女同学外一律须按时到场参加，早操点名迟到或未到作旷课处理，迟到、未到9次以上开除学籍。

考试制度同样极其严格，一门考试不及格就不能毕业。当时有个学生的一门功课考试得了59.5分，眼看着自己无法毕业，这个学生便去找教务长说情。没有获得同意后，这名学生感到委屈，便问教务长：59.5分与60分有什么差别？教务长则严肃回答道：如果59.5分与60分无差别，那么59分与59.5分也无差别，自然与60分也无差别。如此类推，最后零分与60分也无差别了。一席话，将那个同学说得无地自容，只好悻悻然离去。长沙临时大学的校纪之严由此可见一斑。

在加强对原校学生管理的同时，长沙临时大学对借读生、新生同样严格要求。

随着沦陷区域面积越来越大，越来越多的大学生纷纷迁来长沙。为了不让这些学子荒废学业，教育部决定长沙、西安两所临时大学"最新一部院系可先行开学，并酌收一部份他校借读生及若干新生"。同时，教育部电令湖南大学接纳少数长沙临时大学学生及收容来自战区的学生借读。

经严格审查，并举行甄别考试，截至11月20日，长沙临时大学共招收新生114人，接纳借读生218人。对这些学生，同样予以严格管理。这些借读学生也将自己视为长沙临时大学或湖南大学正式学生，自觉成立借读生同学会，把救亡工作写入章程，与长沙临时大学和湖南大学的同学一起读书不忘救国，救国不忘读书，并开展了一系列如火如荼的抗日文化活动。

《申报》关于长沙临时大学筹备暨湖南大学接收借读学生的报道

长沙临时大学学生曾借读
的湖南大学第二院

长沙临时大学学生曾借读的湖南大学科学馆

艰苦环境中的乐观人生

随着长沙临时大学开学日期日益临近，清华、北大、南开三校师生凭着顽强的毅力，历尽种种艰辛，来到长沙这个抗日救亡的特殊战场。

胡适、吴有训、施嘉炀、方显廷、朱自清、闻一多、冯友兰、梁思成、林徽因、吴宓、陈寅恪、潘光旦、金岳霖、叶公超、杨石先……一批耳熟能详的大师名流齐聚长沙，使得长沙的文化气息顿时炽盛无双。

一时间，长沙这座原本相对安静的城市突然活跃起来，各学校师生纷纷莅止，饭馆、小店一下子客人爆满。

离开故土，聚首千里之外的长沙，大家既悲怆又惊喜。一方面庆幸乱离之后得以重逢，一方面互道离别之后的思念，更多的是互相憧憬随之而来的新生活。

师生们都各得其所，恢复了教学和生活。他们在艰难时势中随遇而安，苦中求乐，享受着长沙美食李合盛牛肉、九如斋点心……津津有味；调侃着男生宿舍的条件、师生名字的故事……津津乐道，留下了不少轶闻趣事。

尽管当时湖南当局及社会各界倾囊相助，尽力为长沙临时大学提供良好的教学条件，但仍不尽如人意，尤其是住宿条件较差。

协操坪四十九标营房房顶因年久失修，每逢阴雨天气，外面下大雨，屋里下小雨。为了在下雨天能睡着觉，营房的"标客"[①]们经常睡前在被窝上盖块油布，头部则撑把伞。

每间营房打地铺，要睡 60 个男同学。一天，梅贻琦陪同张伯苓、蒋梦麟到四十九标营房视察男生宿舍。看到宿舍破烂拥挤，光线昏暗，甚至连个像样的洗澡的地方都没有，蒋梦麟心痛不已，说：若是我的孩子，我就不要他住这里。张伯苓的反应却恰恰相反，他认为：现在正值国难当头之际，政府在极度困难中仍能顾及青年学生的学业，已属难能可贵，而且

---

① 住宿男生戏称自己为"标客"。

长沙临时大学借用的四十九标营房

学生正应该接受锻炼，有这样的宿舍安身就很不错了，这是锤炼意志的好机会，若是我的孩子，我一定要他住在这里。两位校长如此"对立"，场面一时陷入尴尬。见状，梅贻琦马上出面打圆场，说如果有条件住大楼自然要住，不必放弃大楼去住破房，如果没有条件，那就该适应环境。

学生住宿的地方差劲，教授们的也好不到哪里去。

湖南圣经学校是长沙临时大学办公和教学所在地，也是郑天挺、陈达、吴宓等教授寄居的地方。很大一部分人则是投亲靠友寻找住所。相较之前的舒适生活，很多人心理落差不小，对长沙的气候环境、生活条件和风俗习惯，都很不适应。有人对长沙的多雨天气"殊为讨厌"，也有人对人力车夫的慢悠悠大加吐槽，还有人对公共场所大声喧哗甚感不爽。但很快大家便都"识时务"，及时调整了心态。不但不抱怨、不消沉，相反，很多人后来回忆说，在那个战火纷飞的年代，能够有这么好的条件，已经非常不容易了。

于是，大家开始入乡随俗，苦中作乐。长沙的美食小吃很有名气，餐馆小店随处可见，这对来自平津地区的师生极具吸引力。当时的政府给学生每月发六元钱伙食费，六七个同学凑上几块钱，在附近的餐馆就可撮上一顿。很快，哪里可以吃到青椒炒肉、嫩豆腐、新鲜青菜和鱼，哪里的新鲜水果最齐，哪里的米粉最好吃，哪里的甜酒冲蛋价钱最公道，哪里的烤红薯最香，这些"美食家"们都能说得头头是道。

杨振声后来回忆，大家都各得其所地恢复了学生生活，天冷后，大家还围着长沙特有的小火缸煮茶谈天。在学生宿舍，学生们围着大饭桌吃"包饭"①，长沙的肥青菜、嫩豆腐、一毛多钱一斤的猪肉、四毛钱一个的角鱼（甲鱼），吃得津津有味，念念不忘。

学生们对长沙晚上九点多钟还有馄饨、荷兰粉、猪血丸子等夜宵吃感到十分惊讶，而教授们则对南阳街的数十家笔庄及玉泉街的书市极感兴趣。李合盛的牛肉、九如斋的点心，是师生们的最爱。挹爽楼、奇珍阁、馝香居、健乐园、曲园、三合酒家、清溪阁是他们常聚餐的地方，天心阁则是他们时不时登高游览的好去处。

威廉·燕卜荪既是英国的一位现代诗人，又是温切斯特公学的一位数学尖子，还是一位典型的"淡定哥"。当经过日本飞机常常出没的地方时，别人都很紧张，他却从从容容拿出张纸开始做他的数学题。但他也有"懵圈"的时候。比如，在吃饭尤其是聚餐时，常常是他吃得很饱了，更好的菜还在一道一道地上，使他觉得"这顿饭在结构上差点劲"。

随着日军侵华范围进一步扩大，原本平静的长沙也变成"后方的前方"，不断遭到日军飞机的空袭。

1937 年 11 月 1 日，长沙临时大学正式上课。② 就在这天，长沙城上

---

① 当时的一种伙食制。双方约定，一方按月支付固定费用，一方按一定标准供给饭菜。
② 1937 年 11 月 1 日成为西南联大的校庆纪念日。

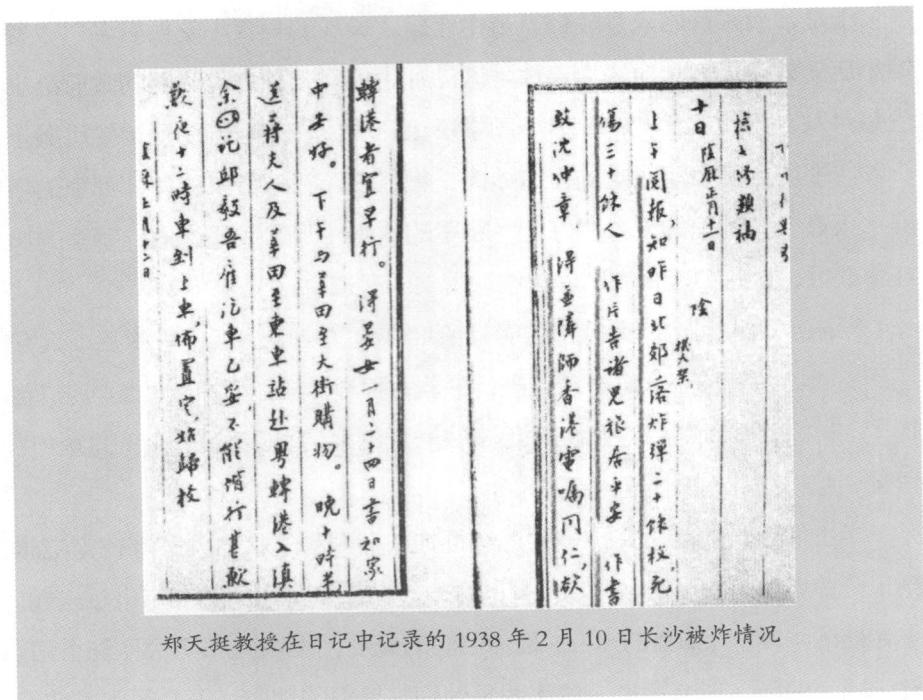

郑天挺教授在日记中记录的1938年2月10日长沙被炸情况

空不断回响着凄厉的空袭警报声，给初来乍到的师生们上了"开学第一课"。

自此，轰炸警报不断，师生们饱受惊吓，教学秩序更是难以维持。后来，日军的飞机不再只是盘旋在空中，而是将炸弹肆无忌惮地投向地面。

离长沙临时大学不远的小吴门及火车东站成为日军轰炸的主要目标。11月24日，长沙首次被炸，小吴门及火车东站附近伤亡惨重。随后，日机飞来的频率越来越高，空袭的次数也越来越多。长沙临时大学租赁的湖南圣经学校属美国的教会学校，因此学校在日军飞机来袭时在前坪挂出一幅巨大的美国国旗，以警示日军不要乱投弹。一开始，日军似乎有所顾忌，但到了后来就肆无忌惮了。

长沙临时大学的师生们站在学校院子里，可以看到嚣张的日本飞机飞得极低，低到甚至能看到飞行员的面孔。

飞机来袭,教室玻璃被震得七零八落。一时间,纸张漫天飞舞,课桌东倒西歪。人们争先恐后挤进地下室,胆子大点的跑到走廊上看飞机来回穿梭,胆小的则被吓得大气都不敢出。而后,师生们又迅速返回教室,继续开始常规上课模式。

因此,在炮火声中学会跑警报也成为长沙临时大学师生们的一门必修课。

第四节 殚精竭虑
校务管理称典范

长沙临时大学及后来的西南联合大学之所以能够一联到底，除了合作无间、刚毅坚卓等根本原因外，常务委员会对校务的严格规范管理也是重要因素。校务管理精细化也为长沙临时大学"为教界树立新范"打了样。

常务委员频繁开会　凡事相商

长沙临时大学前期筹备阶段，北大校长蒋梦麟因身体欠佳，一时无法离开杭州，便全权委托北大教务长樊际昌代为处理相关事宜。南开校长张伯苓也因种种原因①一时无法赶到长沙履职，便全权委托南开秘书长黄钰生代行职责。尽管如此，常务委员会的工作仍开展得有条不紊。清华大学校长梅贻琦最先抵达长沙，并率先投入筹备工作。明确"负执行责"后，梅贻琦更是殚精竭虑，带领常委会成员将教务工作开展得既紧锣密鼓，又井井有条。

据《国立西南联合大学史料》会议记录卷记载，长沙临时大学常务委员会共召开会议58次②。自1937年9月16日至1938年2月23日，包括周末和寒假，150多天，平均不到3天召开一次会议，可见其频率之高。其中，除8次没有记载出席者外，梅贻琦出席46次（另有3次由潘光旦代替，

---

① 张伯苓未能及时赴长的主要原因，一是其年仅25岁的儿子张锡祜在飞往南京对日作战途中驾驶的战斗机不幸失事，壮烈殉国，二是需在南京处理一些公务。

② 《国立西南联合大学史料》记载为57次，可能记录笔误，其中第十四次有1937年10月20日和10月21日两次，故实际为58次。

张伯苓　　　　　　梅贻琦　　　　　　蒋梦麟

杨振声　　　　黄钰生　　　　　樊际昌　　　　　潘光旦

1 次不详)，蒋梦麟出席 36 次，张伯苓出席 10 次。张伯苓、梅贻琦、蒋梦麟三位常务委员无法每次同时出席，三人同时出席的会议至少有 9 次，梅贻琦、蒋梦麟同时出席的有 33 次，其余大部分为梅贻琦组织，樊际昌、黄钰生、杨振声参加。可见，主持长沙临时大学全面工作的重任落在梅贻琦一人身上。

会议内容包括总务、教务、建设及国防等方面。其中，涉及总务的最多，几乎每次会议都有相关议题，含经费预算，资金筹措，工资发放，费用开支，校舍、宿舍、图书馆租借，实验设备、图书添置和借用，成立宿舍委员会、军训队，规定晚上关校门时间，在外居住学生的管理，等等，可以说是事无巨细，包罗万象。如 1937 年 9 月 28 日第二次会议讨论常务委员会各部应成立分组并指定每组负责人员以利事务，议定总务部分暂设事务、会计两组，事务组主任沈茀斋，会计室主任沈叔文；教务部分，暂设注册组，主任潘光旦；建筑及设备之部分，暂设建筑设备组，主任黄子坚；图书及理工设备两个设计委员会直属常务委员会。其次为教务，从院系设立，各院院长、各学系教授会主席推定和各科教师配备、调整，到成立课程委员会，各学系课程编制、讲义印制、试卷拟制，到颁布校历，确定报到注册、开学、上课、考试、放假时间，到制定借读生简章，招录借读生……应议尽议，不厌其烦。

由此可见常委会成员工作之繁重，之细致。

1937 年 11 月 17 日，梅贻琦亲自执笔《长沙临时大学筹备委员会工作报告书》，将筹委会的工作作了一个简洁而又全面的总结，报告国民政府教育部和社会各界。筹委会的工作作风和工作成果深得教育部、社会各界尤其是长沙临时大学师生们的认可。

年度校历不断调整 适应时势

1937 年 9 月 17 日，长沙临时大学筹备委员会举行会议，议决报到

长沙临时大学筹备委员会呈教育部报告

长沙临时大学筹备委员会工作报告书

日期为 9 月 25 日至 10 月 25 日，注册选课时间为 10 月 15 日至 30 日。但由于很多情况在不断变化，校历也在不断调整中。9 月 28 日，常务委员会举行第二次会议，议决三校旧生报到注册时间为 10 月 18 日至 24 日，开学日期为 10 月 25 日，选课日期为 10 月 25 日至 27 日，正式上课日期为 11 月 1 日。

之后又经过多次调整，直到 1937 年 11 月 13 日常务委员会第二十五次会议才正式议决长沙临时大学廿六年度校历，对新旧生报到、注册、选课日期作了区别，对开学、正式上课、放假、考试日期等作了进一步细化、调整。议决称：10 月 18 日至 24 日，北大、清华、南开三校旧生注册；10 月 25 日至 30 日，新生报到注册；10 月 25 日，开学典礼；29 日至 30 日，新旧生选课；11 月 1 日，正式上课；1938 年 1 月 1 日为中华民国开国纪念日，放假一天；1 月 31 日至 2 月 5 日，放寒假；2 月 14 日至 19 日，举行学期考试。计划 1938 年 2 月 21 日至 23 日为第二学期学生注册时间，23 日正式上课，直至 6 月 23 日放暑假。

实际上，由于交通阻断，借读生报到期限延长至 11 月底，教职员的到校时间也予以适当延期。

1937 年 11 月 15 日，在常务委员会第二十六次会议上，蒋梦麟通报北大第一批教授已于 11 月 13 日离开天津，第二批将于 20 日离开天津，但担心交通不便可能 11 月底不能如期到校。据此，议决凡临时大学教职员最迟于 11 月 20 日前动身来校的，因交通特殊情形酌情予以宽限。

因为时局的日益紧张，校历中原定于 1938 年 2 月 14 日至 19 日的期末考试提前到 1 月 24 日至 29 日进行。第二学期的校历也不可能实施了。

1938 年 2 月 5 日，长沙临时大学第 49 次常委会议决："本校英文名称定为 Lin-shih-ta-hsueh（The Associated National Universities: National Peking University, National Tsinghua University and Nankai University）。"可惜英文名不久就随着长沙临时大学西迁昆明

長沙臨時大學

入學證

民國二十六年度適用

學生報到注册入学证及点名记分册

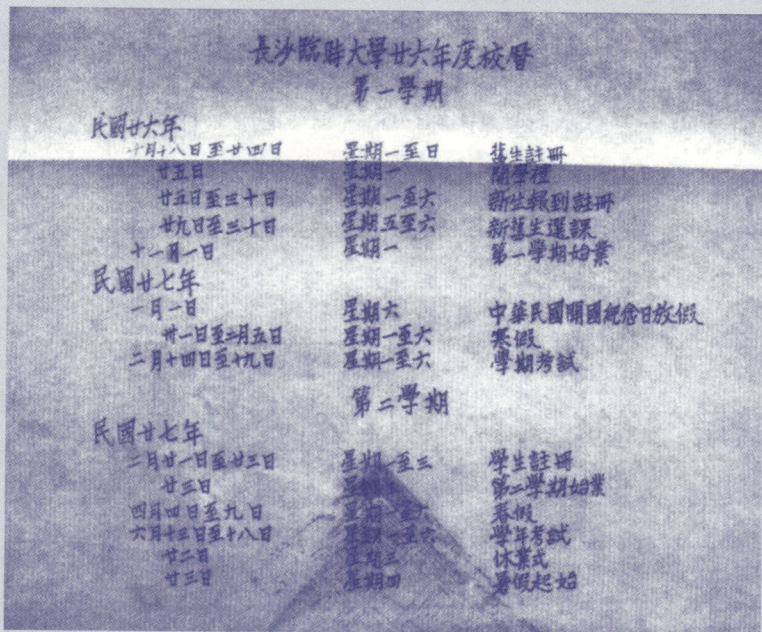

長沙臨時大學廿六年度校曆
第一學期

民國廿六年
　十月十八日至廿四日　　星期一至日　　舊生註册
　　廿五日　　　　　　　星期一　　　　　開學禮
　　廿六日至三十日　　　星期一至六　　　新生報到註册
　　廿九日至三十日　　　星期五至六　　　新生生選課
　　十一月一日　　　　　星期一　　　　　第一學期始業
民國廿七年
　一月一日　　　　　　　星期六　　　　　中華民國開國紀念日放假
　　廿一日至二月五日　　星期一至六　　　年假
　　二月十四日至十九日　星期一至六　　　學期考試

第二學期

民國廿七年
　二月廿一日至廿三日　　星期一至三　　　學生註册
　　廿三日　　　　　　　　　　　　　　　第二學期始業
　　四月四日至九日　　　　　　　　　　　春假
　　六月十三日至十八日　　　　　　　　　學年考試
　　廿二日　　　　　　　星期三　　　　　休業式
　　廿三日　　　　　　　星期四　　　　　暑假起始

长沙临时大学廿六年度校历

而成为一段极其短暂的历史。

各项经费精心管理　毫不懈怠

梅贻琦具备典型的外圆内方的特点。在他去世后，众人在他家的床底下发现了个皮箱，打开一看，里面是他带在身边17年的一个账本，里面一笔一笔，全是清华基金使用账目。现存于中国第二历史档案馆的一卷卷档案、一摞摞账簿、一张张票据、一个个数据为此提供了实证。

在梅贻琦主政下，长沙临时大学的财务制度既精细又缜密。1937年9月16日、17日筹备委员会连续两天召开会议，梅贻琦出席并主持，首先讨论解决"粮草"问题。

第一次会议即着重讨论临时大学开办费问题。之前，教育部以三校原有经费的七成之半数，拨为临时大学之经常费。另函商中英庚款董事会，筹借50万元开办费，该会因一时无法筹足，允诺25万元。因此，第一次会议议决分配用途为：图书费5万元，理工教学基本设备费15万元，其他设备费5万元。

根据1937年9月4日国民政府密字第87号关于所有政府部门节省开支的训令函，国防最高会议常务委员会召开第七次会议，议决，现值非常时期，所有中央及地方各项支出，均应力求紧缩，节省财力，以裕必要之费用……随后制定《国难时期各项支出紧缩办法》，其中第五条规

清华大学上缴长沙临时大学费用的说明

定，"……除军务国防、地方治安、使领馆（勤务费由外交部自行核减）、税警债务、抚恤及关系对外契约或外籍人员薪津各项外，其余党政各费及对于各省市以外之各项补助费自二十六年九月起，一律暂按原预算七成支发……"。

1937 年 10 月，教育部向长沙临时大学筹备委员会正式颁发"关于经费力求紧缩的训令"，要求遵照《国难时期各项支出紧缩办法》办理相关事项。三校原有经费的七成之半数为 35%，分别为北大 27416.65 元、清华 35000 元、南开 9333.33 元，共计 71749.98 元。

实际上，后来中英庚款董事会仅拨 20 万元。据此，1937 年 10 月 1 日第三次会议将此前分配数目，各按比例减去五分之一，即图书费 4 万元、理工教学基本设备费 12 万元、其他设备费 4 万元。从薪资、建筑、设备、图书、营缮到其他各项支出，都按七成安排，并提前赶造预算呈报。尽管经费如此拮据，学校的各项校务工作却始终安排得井然有序。

1937 年 9 月 10 月收支计算书类清单

1937年11月收支对照表

　　同时，本次会议还讨论了湖南圣经学校及南岳圣经学校房舍租用、四十九标营房房舍维修等费用支出，选送教授分赴边远大学担任教学，与其他各校接洽实验合作办法，以及部分人员分工和通知学生按规定报到、注册、选课的日期等具体事宜。

　　10月18日，北大、清华、南开三校学生开始报到。所到学生大多来自战区、沦陷区，生活无着落。常委会10月19日便议决来自战区的学生可以缓缴学费，家境清寒的学生可不限籍贯申请贷金，由学校经常费中节

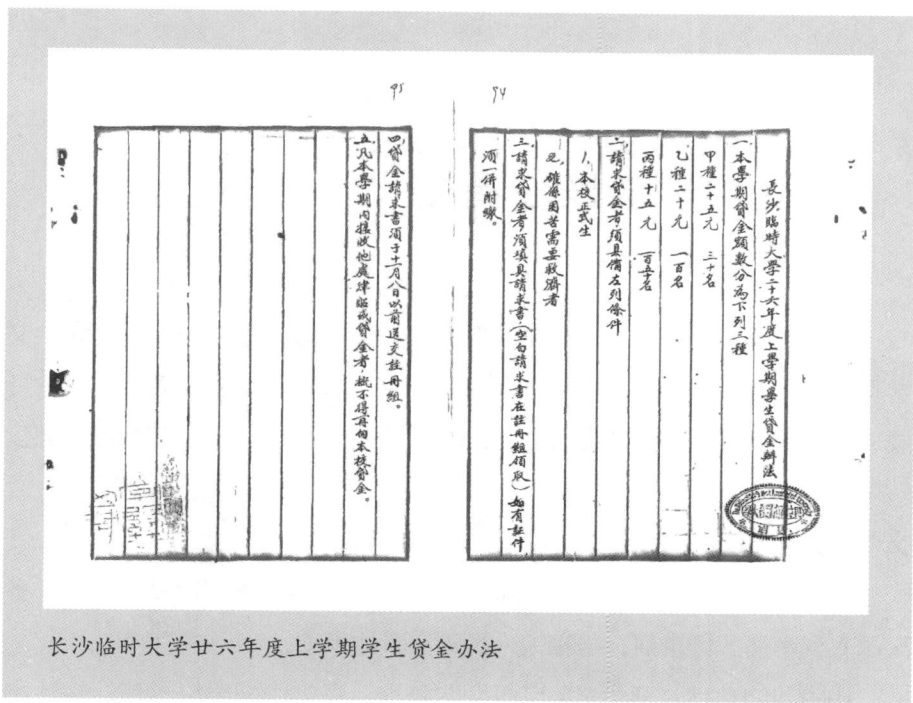

长沙临时大学廿六年度上学期学生贷金办法

省5000元作为贷金，救济困难学生。这实际上是后来种种学生救济名目的首倡。老师们则主动要求缩减工作经费和伙食标准，与学校共渡难关。

　　后来，长沙临时大学师生西迁入滇的相关补贴费用也严格执行到位。

第五节 投止名山
文学院活跃在南岳

由于位于长沙韭菜园的湖南圣经学校校舍不敷分配，长沙临时大学文学院被安排在距长沙 100 多公里的南岳圣经学校。在这里，教授与学生打成一片，既潜心学问，又快乐生活，留下了长沙临时大学期间美好的回忆。

文学院选址南岳

为了文学院迁往南岳，长沙临时大学筹委会与教育部反复沟通，并多次派人到南岳现场勘察，与相关人员落实具体事项。

1937 年 10 月 4 日①，朱自清抵达长沙，马上便被委以重任。长沙临时大学第五次常委会推定朱自清担任长沙临时大学中文系教授会主席（后改称系主任），后又推定他任临时大学贷金委员会召集人、文学院院务委员会书记。他身兼数职，到处奔波，处处都能见到他忙碌的身影。

一接到任命，朱自清便不顾路途劳顿，迅速赶往南岳考察文学院选址。经悉心勘察，即确定南岳圣经学校为临时大学文学院院址。他后又多次到南岳山上勘察地形、查看校舍、明确人员、安排生活，使之尽量好点，再好点。

文学院院务由院务委员会主持，主席吴俊升，书记朱自清，委员有冯友兰、叶公超、刘崇鋐。他们两三天聚会一次，频繁讨论有关院务。郑昕教授在《怀念佩弦先生》一文中感叹道：朱自清先生"始终负着'主委'

---

① 此处朱自清自述时间均为农历。

南岳圣经学校全景旧照

一类的责任，因为他细致、和蔼、勇于任事而且具有一颗公平心"。

为了解决师资力量缺乏问题，朱自清通过写信、致电等多种途径，真心而热切邀请闻一多、王力、许维遹、罗膺中等清华教授从速赶往南岳。

经过多方努力，很多教授来到长沙临时大学南岳分校。最后，长沙临时大学文学院虽然学生只有80多人，却汇聚了20多位教授。

11月3日，朱自清、闻一多、冯友兰等第一批教授10余人乘长途汽车来到南岳山腰集贤峰

历史回音

**长沙临时大学关于文学院
迁南岳的布告
（1937年11月）**

查本校长沙校舍不敷，文学院决定暂迁南岳。该院学生兹定本月十三、十四两日，分队乘坐长途汽车前往。其分队办法、出发时间及集合地点，均交由军训队拟定公布。合行布告，仰文学院各生随时注意为要！此布。①

① 王学珍：《国立西南联合大学史料（一）总览卷》，云南教育出版社1998年版，第59页。

侧白龙潭，议决文学院正式开学的具体事项。

随后，正式对外发布《长沙临时大学关于文学院迁南岳的布告》，广而告之。

因部分学生 11 月 16 日才从长沙出发，以致文学院到 11 月 19 日才正式开始上课。至 1938 年 2 月 16 日，师生们全部离开南岳，文学院在南岳暂驻了三个半月。

由于日军一步步入侵，长沙也危在旦夕，为确保办学安全，长沙临时大学被迫再次西迁。学校常委会经商承教育部同意，决定学校迁往云南昆明办学，要求全体师生于 3 月 15 日之前到昆明校址报到。

1 月 20 日寒假开始，文学院师生陆续从南岳回迁长沙，2 月中旬，回迁工作全部结束，文学院院务委员会完成其历史使命，被长沙临时大学校务委员会撤销。

继续保持浓厚学术空气

投止名山，斯文在兹。

文学院教学条件极差，既无图书也缺教材，开学之初，连个小黑板也提供不了。教授随身带出的参考书不多，讲课时只能凭借原有的讲稿，有时须到南岳图书馆去寻找必要的资料作修订补充。英籍教师燕卜荪讲授莎士比亚时，凭记忆把莎士比亚的作品打印出来分发给学生作教材。

在文学院，教授与学生的比例约 1：4，这样，师生之间接触机会较多，关系也很融洽。夜晚，菜油灯光线暗淡，学生们无法看书也无书可看，只好在宿舍讨论战争局势等内容，有的教授也常去学生宿舍参加讨论、漫谈。交谈中，自然也涉及专业知识、治学方法，因此颇有古代书院的风味。

校园内大师云集，名家荟萃。闻一多、朱自清、王力、罗常培、陈寅恪、雷海宗、钱穆、汤用彤、冯友兰、金岳霖、吴宓等教授学术造诣深厚，授课风格各异。他们想方设法开设了"诗经""新理学""莎士比亚戏剧""楚辞""陶潜诗""佛教史""音韵学史""语音学"等课程，各种学术观点和学术流派纷纷出现、互有交融。燕卜荪、闻一多、吴宓、冯友兰等教授的课，学生必然上演"抢座位"大战。

课余时间，教授们克服重重困难，继续从事过去所开展的著述与研究。

冯友兰一心写作《新理学》，并在钱穆的建议下补充修订。他后来回忆道：（南岳）所见胜迹，多与哲学史有关者。怀昔贤之高风，对当世之巨变，心中感发，不能自已。又以山居，除授课外无杂事，每日皆写数千字。积二月余之力，遂成此书。数年积思，得有寄托，亦一快也。

汤用彤完成了他的《汉魏两晋南北朝佛教史》，闻一多则考订《诗经》和《楚辞》，朱自清继续撰写他的古典文学批评论文，柳无忌编订英国戏剧讲义，钱穆写《国史大纲》摘录笔记，金岳霖完成他个人最满意的一部著作《论道》，陈梦家住在风景如画的"楢庐"完成了《先秦的天道性命》……这些研究到昆明后均结出了硕果。

闻一多曾回忆在南岳的时光：南岳是个偏僻地方，报纸要两三天以后才能看到，世界注意不到我们，我们也就渐渐不大注意世界了。[①]

陈梦家后来在昆明给胡适写信时说道：这五年的苦读，救疗了我从前的空疏不学……亦因了解古代而了解我们的祖先，使我有信心虽在国家危机万伏之时，不悲观，不动摇，在别人叹气空想之中，切切实实从事于学问。

朱自清仍保持他的一贯作风，利用这难得的时光，继续推行新文化，把挖掘、教授中华优秀文化遗产作为自己的责任。

在衡山简陋的校舍里，朱自清不断挑战自己，在既缺教案也缺资料的情况下，他新开设了"宋诗"和"陶渊明"两门课程，着手撰写《沉思翰藻说》。为此，他成为山下图书馆的常客，常常一连几天不间断地查阅《庄子》《淮南子》《列子》《左传》《尚书》等古籍，还阅读了《文字学》《毛

---

① 闻一多《八年的回忆与感想》。

泽东自传》《日本语的欧化——谷崎润一郎〈文章读本〉提要》和泰恩·萨凯《在昨日之前》、陈子展《近三十年中国文学史》等，并写下了大量的读书笔记和书评[①]。备课需用的书籍图书馆实在找不到，他就列出书目写信让夫人陈竹隐寄给他。

同时，朱自清极具爱国情怀。为了支持抗日，他曾在1935年作歌词《维我中华歌》；1936年在《平津文化界对时局的宣言》上签名，呼吁"精诚团结，抵御外侮"。他在1937年写给清华第九级学生的级歌中呐喊："莽莽平原，漠漠长天，举眼破碎河山……莫怕艰难，莫怕煎熬，勠力同心全在咱。"北平沦陷时，有位学生要投笔从戎，前来辞行，朱自清非常支持学生奔赴沙场，保家卫国，并鼓励他：文化人应该挺身而出，一个大时代就要到临，"壮志饥餐胡虏肉，笑谈渴饮匈奴血！"

朱自清还利用课余时间，到文学院隔壁的岳云中学讲演，为山区的学子们带去清新的学风。岳云中学抗敌工作训练班辟有国际情势、民众运动等课目和话剧、歌咏、讲演等抗日团体活动，把南岳文化抗日救亡运动推向高潮。长沙临时大学文学院学生奔赴前线需要路费，朱自清尽管自己经济拮据，仍多次带头捐款。

文学院在南岳的这三个多月，虽然国家、学校、家庭天天在师生们的脑子里打转，但大家是忙碌的、充实的。他们身处深山，暂时听不到抗战的呐喊声，便潜心研究学问。

燕卜荪总是把衡山这座山看作是他理想的学术社区所在。冯友兰也说：我们在南岳的时间，虽不过三个多月，但是我觉得在这个短时期，中国的大学教育，有了最高的表现。那个文学院的学术空气，我敢说比三校的任何时期都浓厚。教授学生，真是打成一片。有个北大同学说，在南岳一个

---

① 如费时4天写成4000余字的《出北平记》，费时5天完成论文《〈文选序〉"事出于沉思，义归于翰藻"说》。

月所学的比在北平一个学期还多。我现在还想，那一段的生活，是又严肃，又快活。

珍视南岳的美好时光

文学院在南岳的生活条件非常艰苦。男生宿舍每室住 5 人，有床无桌，无法写字，只能在教室自修。教师宿舍在山上，每次上课或吃饭，都要走 300 多级台阶。关于南岳的艰难岁月，朱自清曾回忆道：住处至课堂，须走三百四十四级台阶，可谓苦矣。山中风大，雨多，房屋多漏。饭食极坏，同人皆叫苦连天。办学之艰难，可见一斑。

南开大学执教的柳无忌在长沙短暂停留后随着长沙临时大学文学院到了南岳。在南岳的这段时间，他写下了八十天的《南岳日记》。他将从长沙到南岳一路的艰辛记录在日记中，"一辆可容四十旅客的长途汽车，塞得满满的像沙丁鱼。人倒不多，只有二十个，可是大大小小的行李却至少在百件以上"。

闻一多在 11 月 8 日给妻子的信中也多有吐槽，他说："原来希望到南岳来，饮食可以好点，谁知道比长沙还不如……至于饭菜，真是出生以来没有尝过的。饭里满是沙，肉是臭的，蔬菜大半是奇奇怪怪的树根草叶一类的东西。一桌八个人共吃四个荷包蛋，而且不是每天都有的。"[①]

尽管对伙食"叫苦连天"，师生们对南岳的自然、人文环境却是非常满意。哲学大师冯友兰在《三松堂自序》中回忆道：这座校舍正在南岳衡山脚下，背靠衡山，大门前有一条从衡山流下的小河，大雨之后小河还会变成一个瀑布，地方清幽，在兵荒马乱之中，有这样一个地方可以读书，师生们都很满意。

文学院设在衡山半腰，附近有白龙潭、水帘洞、祝融峰等名胜，还有

---

① 闻黎明：《闻一多年谱》，群言出版社 2014 年版，第 265 页。

王船山归隐处等古迹，风景优美，感受不到战火的气息，与长沙相比，确如世外桃源。教授们身处深山，居简陋的校舍，不闻抗战呐喊声，却经常讨论着战事，认真研究着学术。课余之暇，可以到处漫游。

朱自清对南岳这座大山充满着好奇和向往，在文学院的三个多月时间里，他利用闲暇，七次结伴出游，访胜怀古，吟诗作文。1938 年 2 月 16 日清晨，朱自清一行，离开南岳。他恋恋不舍，作绝句抒发自己的情感：

招携南渡乱烽催，碌碌湘衡小住才。

谁分漓江清浅水，征人又照鬓丝来。

第三章
汇聚坚强力量 高擎抗日救亡猎猎旌旗

北大、清华、南开三校不仅有优良的学术风尚，而且有光荣的革命传统。尽管北大、清华、南开来到长沙临时大学的共产党员人数不多，但号召力却非常之强。他们共同组成长沙临时大学党支部，高擎长沙抗日救亡的猎猎旌旗，参与组织湖南文化界抗敌后援会、湖南青年战地服务团，积极领导进步学生开展抗日救亡工作，动员和组织大批知识青年奔赴延安，成为长沙抗战时期文教系统中成立最早、战斗力最强的党支部。

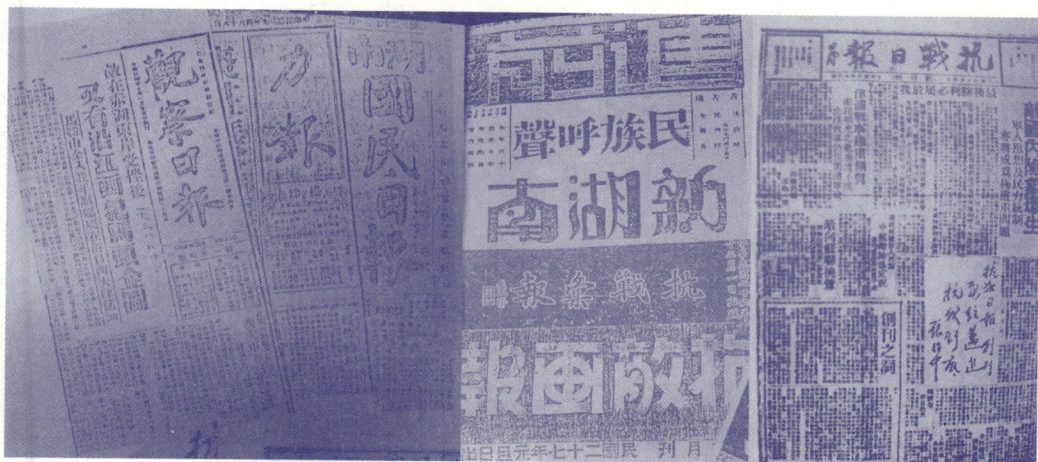

第一节 **红色血脉**
　　　汩汩流淌

　　九一八事变给全国人民敲响警钟，"中华民族到了最危险的时候"越来越成为华夏儿女的共识。北大、清华、南开这三所具有红色基因的高等学府的进步师生汇聚成炬，在中国共产党领导下，再次走在时代前列，担负起为中华民族救亡图存的历史使命。

北大红楼　红色基因的重要发端

　　北平作为当时的全国政治文化中心，具有人才聚集、思想活跃、政治敏锐的独特人文氛围。

　　作为中国最早传播马克思主义的高等学府，北大红楼既是新文化运动的主阵地和五四运动的策源地，又是中国共产党重要的发祥地之一。

　　1916 年 12 月 26 日，蔡元培就任北京大学校长，明确提出"循思想自由原则，取兼容并包主义"的治校方针，促进了北大思想的活跃、新思潮的传播和学术的繁荣，在全社会掀起一股思想解放的潮流。

　　北大红楼位于北京东城区沙滩北街，因大楼外观通体红砖砌筑、红瓦铺顶而得名，是北大文科、图书馆及校部所在地。

　　1917 年冬，李大钊受聘担任北京大学图书馆主任。他以红楼图书馆为阵地，利用图书馆的有利条件，积极添置《共产党宣言》《资本论》《社会主义从空想到科学的发展》《哲学的贫困》《家庭、私有制和国家的起源》《路易·波拿巴的雾月十八日》《法兰西内战》《国家与革命》《共产主义运动中的"左派"幼稚病》等马克思、恩格斯的原著及其他宣传

新文化、新思想的书籍，组织和领导北
大进步青年开展研究、传播马克思主义
的活动。

1917年，陈独秀把在上海创办的《青
年杂志》迁至北大红楼，更名为《新青
年》，成为引领时代青年的一面旗帜。
陈独秀、李大钊等中国共产党的创始人
开始在这里开展革命斗争，中国进入"觉
醒"年代。

1918年秋，毛泽东等自长沙来到北
京，组织新民学会会员和湖南学生赴法
国勤工俭学。经北大伦理学教授杨昌济

《新青年》

介绍，毛泽东认识了李大钊，并在红楼图书馆担任助理员。从此，他就迅
速地朝着马克思主义的方向发展。

1919年，五四运动在北大红楼发端。五四运动所需的游行旗帜都在
红楼制作，《北京全体学界通告》在这里发出，北大学生傅斯年担任总
指挥的五四游行队伍从红楼北面的操场出发，一场伟大的反帝反封建斗
争从此开始。

五四运动后，李大钊曾多次在红楼组织举办马克思主义的辩论会、座
谈会，发表著名的檄文《庶民的胜利》《我的马克思主义观》《法俄革命
之比较观》等，点燃了革命的火种。1920年3月，中国第一个学习和研
究马克思主义的团体——北京大学马克思学说研究会"亢慕义斋"[①]在这
里秘密成立，邓中夏、罗章龙、黄日葵、高君宇、何孟雄、李梅羹等成为
主要成员。

---

① 英文communism译音，即"共产主义小屋"。

五四运动游行队伍向天安门前进

北京大学红楼图书馆旧址

　　北大红楼是中国共产党的重要孕育地之一。1920年3月，李大钊在这里会见了共产国际代表维经斯基，酝酿成立中国共产党。10月，北京共产党早期组织成立，最初的成员为李大钊、张申府、张国焘三人。不久，罗章龙、刘仁静、邓中夏、高君宇、何孟雄、缪伯英、范鸿劼、张太雷等先后加入。

　　党的一大召开时，全国50多名党员中有24人或直接在北大入党，或在北大学习工作过。1922年8月，中国共产党长辛店支部在北大红楼成立。

　　……

094

中国共产党人的红色基因在北大红楼凝聚，革命的火种从北大红楼播撒到全国各地。

清华三院　"一二·九"运动的中坚力量

清华三院同样是一个充满红色氛围的地方。

五四运动的爆发使一向沉静闭塞的清华园沸腾起来，学生们放下书本，投身爱国学生运动。五卅运动、三一八惨案等革命风暴后，更是锻造出清华的一批共产党员。

1926年11月，共产党员王达成到清华大学图书馆工作时，清华已有雷从敏和朱莽两名共产党员。11月的一天，在清华三院，在中共北京市委负责人陈为人的主持下，王达成、雷从敏、朱莽三位中共地下党员组成的清华大学第一个中共支部秘密诞生，王达成任支部书记。

中共清华大学党支部成立后，立即投入革命斗争，积极开展活动，慎重发展党员，先后发展了余冠英、魏明华、李景清、朱理治4位党员。到1927年4月，支部已有党员8名。

1931年，九一八事变爆发，东北沦陷，平津危急，民族危亡的乌云笼罩在华北上空。清华园里，地下党组织团结爱国师生投身洪流，坚持斗争。

1935年初，进步学生掌握了校内重要的宣传阵地——《清华周刊》。这时，正在清华大学中文系三年级学习的蒋南翔已经成为一名中共党员。这年暑假，他当选为《清华周刊》总编辑和清华暑期同学会主席。同年10月，他接任清华大学党支部书记。

1935年秋，山东发生大水灾，北平地下党组织成立"赈济会"，清华学生姚依林被选为秘书长。以此为基础成立的"北平市大中学生联合会"总部就设在清华。

这一时期，日本侵略者为分裂中国，大力鼓吹所谓"华北自治"。12月初，清华全体学生大会和北平各校代表大会相继举行，决定组织请愿游行。

清华大学三院遗址

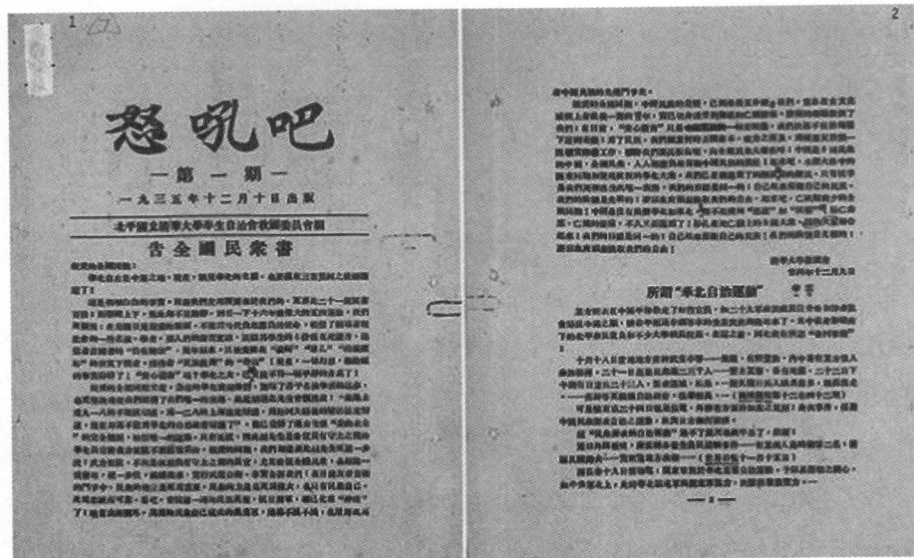

发表在清华救国会《怒吼吧》杂志上的《告全国民众书》

"一二·九"运动前夕，在中共北平市委工作的何凤元从城里赶回清华，要蒋南翔赶紧起草一篇对外宣言。蒋南翔立即躲到清华一院大楼地下室的印刷车间，怀着满腔激情，写出了著名的《告全国民众书》，痛陈华北危机，大声疾呼："华北之大，已安放不得一张平静的书桌了！"

清华园里喊出的这一声爱国救亡的呐喊，振聋发聩，表达了清华学子的共同心声，见诸报端后，更唤醒千百万民众，成了传诵久远的名句，成为一二·九运动的旗号。

八里台畔　南开精神愈奋励

南开大学虽然是一所私立大学，却同样是一个弘扬爱国主义的主阵地。

1898 年南开学校的肇端，就与中国在甲午战争中的战败密切相关。后来，南开大学师生们就一直在与日本对抗。

1915 年，日本欲将"二十一条"强加给中国，南开师生迅速集会声讨日本的侵华罪行，并成立"救国储金会"，带头反对"二十一条"，开展相关反日活动。五四运动期间，南开师生号召民众"警醒国魂""不忘国耻"，吓得日本人惊呼：南开大学是"有名的共产大学"。

1927 年，张伯苓赴东北进行考察，深感"不到东北，不知中国之博大；不到东北，不知中国之危机"。回到天津，张伯苓便开展对东北三省的调查研究，搜集日本侵略中国的罪证。1928 年，组织成立"满蒙研究会"（后更名为东北研究会），向太平洋国际学会和反对帝国主义同盟提供研究报告。日本人大为恼火，称东北研究会"乃受 '赤化'影响"，称南开大学为"排日之根据地"。

1931 年 9 月 18 日，日本关东军占领沈阳，随后，日军侵略范围不断向关内扩展。痛感于国人不觉醒，1935 年 9 月 17 日，被称为"燃志大师"的张伯苓在开学典礼上第一次向全校师生提出"爱国三问"："你是中国人吗？你爱中国吗？你愿意中国好吗？"要求南开大学新老同学

日密队长说："先生们，今天我们要轰炸南开大学。"
外国记者闻声而问："有何理由去轰炸一个世界闻名的教育机关呢？"
"南开大学是反日的基地。我们必须毁掉一切反日的基地。"
"你是什么意思？"
"南开学生是反日的，是共产主义者。他们常常找我们的麻烦。"

——爱波斯坦《人民之战》
新人出版社 1940 年

1940 年波兰记者撰写、新人出版社出版的《人民之战》

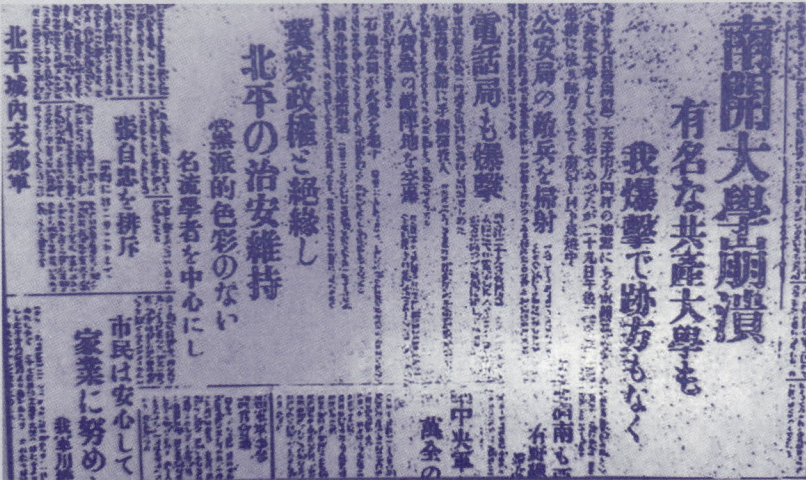

日文报纸称南开是"有名的共产大学"

每日自省。

随后，南开大学师生高举抗日救亡的旗帜，并积极付诸行动。12 月 9 日，"一二·九"运动爆发，南开学生集会响应，提出"反对华北自治""全国团结一致抗日"的口号。

1937 年 7 月南开大学被炸后，张伯苓在接受《中央日报》记者采访时说：敌人此次轰炸南开，被毁者为南开之物质，而南开之精神，将因此挫折而愈益奋励。从此，南开大学师生们的抗日激情愈发高涨。

民族解放先锋队 传承"一二·九"运动精神

日本对东北三省的大规模侵略强烈地震动了中国社会。随着民族危机的逐步加深，中国民众的民族责任感迅速提高。

中国共产党率先高举起武装抗日的旗帜。

1931年9月20日，即九一八事变发生的第3天，中共中央就发表《中国共产党为日本帝国主义强暴占领东三省事件宣言》，明确提出"以武装民众的民族革命战争来抵抗日本帝国主义的侵略"，强烈要求立刻撤退占领东三省的海陆空军。

与此同时，许多爱国知识分子积极发表政见和主张，呼吁全国人民彻底明了国难的真相！人人应视为与己有切肤之痛，以决死的精神，团结起来作积极的挣扎与苦斗！

平津各高校的学生反日运动尤为猛烈。

1935年11月，为赈济河北灾民，彭涛、周小舟、谷景生、姚依林等人倡导北平大中学校学生成立"北平市大中学生联合会"。12月6日，北平学联召开代表会，通过并发表了《北平市学生联合会成立宣言》。就在这天，传来南京国民政府将于12月9日成立"冀察政务委员会"以满足日本帝国主义提出的"华北特殊化"要求的消息，广大同学和各界进步人士极为震惊。12月7日，北平学联决定于9日举行学生大请愿，反对"华北自治"。

随即，平津15所大中学校联合发出通电，反对"华北自治"。

12月9日凌晨，满腔热血的北平学生6000余人举行声势浩大的游行示威。清华大学作为北平市大中学生联合会的总部，无疑成为"一二·九"运动的大本营，清华大批学生则成为中坚力量。

清华学生队伍由黄诚、吴承明等带队，步行至西直门。因清华大学和燕京大学离城较远，当近千名爱国学生到达西直门时，城门已被军警关闭，请愿队伍无法进城。

1935 年 12 月 9 日，清华大学等高校学生在西直门外进行抗日救亡宣传

　　12 月 16 日，1 万余名北平爱国学生再次走上街头，高呼"打倒日本帝国主义""打倒汉奸卖国贼""反对成立冀察政务委员会"的口号，一场声势浩大的抗日救亡大示威爆发了。示威游行队伍共分为 4 个大队，分别由东北大学、中国大学、北京大学、清华大学率领，从不同方向向前门、宣武门前进，途中遭到军警的重重封锁阻拦。在宣武门，游行学生遭到上千名军警的血腥镇压，二三十人被捕，近 400 人受伤。

　　北平学生的爱国斗争，得到了各界爱国人士的支持。

　　12 月 18 日，北京大学、清华大学等 6 所大学的校长，联名要求释放被捕学生。

　　中华全国总工会、共青团中央、各地社团组织及各界知名爱国人士纷纷表示支持。从而迫使反动军警不得不释放被捕学生，延期成立"冀察政务委员会"。

　　"一二·九"运动得到了全国人民的响应。天津、上海、南京、武汉、广州、杭州、西安、开封、济南、太原、长沙、桂林、重庆等城市的爱国学生或举行请愿集会、示威游行，或发表宣言、通电，声援北平学生的爱国行动。

之后，在中国共产党的领导下，平津学生组成南下扩大宣传团第一团、第二团、第三团，深入民众中宣传抗日救国。

为建立一个长期性的抗日群众团体，1936年1月16日，蒋南翔、黄华在燕京大学第三团全体团员大会上提出成立"中国青年救亡先锋团"。2月1日，在北平师范大学文学院召开南下扩大宣传团团员代表大会，决定将中国青年救亡先锋团与民族解放先锋队合并，正式成立民族解放先锋队（简称"民先队"）。

2月16日，民族解放先锋队发表成立宣言，提出动员全国武力驱逐日本帝国主义出境、成立各地民众武装自卫组织、成立各界抗日救国会、铲除汉奸卖国贼、打倒傀儡政权等八项主张。

在党组织领导下，由爱国的北平学生首倡的"一二·九"运动迅速席卷全国，极大地促进了中国人民的觉醒，标志着中国人民抗日民主运动新高潮的到来。正如毛泽东所指出的，"一二·九"运动是动员全民族抗战的运动，它准备了抗战的思想，准备了抗战的人心，准备了抗战的干部。

平津沦陷后，北京大学、清华大学、南开大学三校大部分地下党员、民先队员分赴各地参加抗日活动。留下来的师生辗转南迁，加入长沙临时大学，在战火中，弦诵不绝，薪火相传，为中华民族存续文明的火种。

第二节　临大支部
　　　　长沙抗战一面旗

抗日救亡运动的兴起，给中共地方组织的恢复提供了极为有利的条件。七七事变后，一批共产党员回到家乡长沙，逐渐恢复了党的活动。

北大、清华、南开大批民先队员随校南迁长沙

长沙临时大学将五四运动倡导的爱国、民主、科学的大旗高高举起。

民族解放先锋队的诞生和发展，大大推动了"一二·九"运动的深入。1936年夏天，北平学联号召同学们开展返乡活动，把"一二·九"运动推广到全国去。随着革命形势的发展，民族解放先锋队逐步向全国、向海外拓展，成为全面抗战爆发前全国性甚至波及到海外的一支先进青年骨干力量。到10月间，全国31个城市都已建立民先队，法国的里昂、巴黎，日本的东京也建立了民先队组织。

到七七事变前夕，北平所有大学和绝大多数中学都建立了民先分队，北平主要高校的民先分队几乎都有上百名队员。

一大批从京、津、沪、宁、汉等大城市来长的湘籍青年学生，深受中共抗日主张的影响，在党员同学的组织领导下，积极从事抗日救亡运动，促进了长沙抗战形势的发展。

上海中央局指示特科长沙工作组的刘道衡、赵君实等人，加强青年运动特别是学生运动的联系组织和领导。为此，特科长沙工作组专门设立青年运动党团组织，党团书记赵君实，成员刘乐扬、梁宜苏，作为党的外围组织，进行抗日宣传活动。

1937 年 7 月 8 日，北大学生会暑期工作委员会印发的关于卢沟桥战事的紧急情报

1937 年 7 月 10 日，国立北京大学学生自治会为卢沟桥事变向中央及各地政府、各报馆、法团发出的快邮代电

　　七七事变之前，一部分学校提前放假。从北平、天津、上海等地回到长沙的数百名学生中，有曹国智、曹国枢、肖敏颂等一批中共党员、民先队员，他们积极投入长沙的抗日救亡活动，向人民群众宣传中国共产党抗日救国的方针，以合法或半合法斗争的方法，发动各界筹组抗日团体，开展抗日救亡活动。

　　中共党员、教师谭丕模、李仲融，中共党员、学生于刚、萧敏颂、曹国枢、曹国智、宋绍尧和青年骨干李锐、魏泽同、文潞、张戈、彭秉朴等人，与在长沙的进步青年苏镜、唐荣前、杨荣国、廖申之等会合在一起，决定利用暑假共同进行抗日活动。于刚则通过谭丕模介绍，与特科长沙工作组负责人刘道衡取得联系，互通了情况。

　　7 月间，由北平同学发起，民族解放先锋队组织部部长萧敏颂主持，全国学联代表曹国枢指导，在长沙建立民族解放先锋队组织，成员有 30

多人，编成若干小组分别活动，由李仲融、苏镜等负责。

民先队还组织抗日歌咏队，到处演唱抗日救亡歌曲。建立了一九三六剧社，排演抗日爱国剧目，以民众关心的内容和喜闻乐见的形式进行抗日文艺演出。他们还深入郊区、工厂、街道，向工农进行抗日宣传。

民族解放先锋队是党联系和领导全国青年抗日的纽带，是党宣传和团结民众的得力助手。随着长沙临时大学筹建工作的逐渐展开，北京大学、清华大学等高校的一批民先队员随校南迁到长沙，在长沙临时大学党支部的领导下开展了轰轰烈烈的抗日救亡运动。

成立中共长沙临时大学党支部

自 1927 年马日事变至抗战爆发前夕，由于国民党反动政府的残酷屠杀与镇压，长沙地方的中共组织遭到严重破坏，除湘鄂赣边境的浏阳外，其他地方的中共组织几乎被摧残殆尽。

七七事变前，北大有地下党员 46 人，清华有地下党员 42 人。南开大学虽是私立大学，也于 1936 年 7 月成立了中共南开大学党支部，至 1937 年暑假，共发展党员 13 人。北平沦陷后，为了保证学校抗日救亡工作的顺利开展，中共北平市委特意安排一批党员骨干随校南下。后来，这批学生党员大部分奔赴抗日前线，到长沙临时大学的就只是较少的一部分了。

就是这为数不多的党员，他们到达长沙临时大学后陆续与原来学校的党支部接上组织关系，成为中共长沙临时大学党支部的骨干力量。

由于三校刚刚合并，到长沙复学的三校学生来到长沙临时大学后大多数都不熟悉，加上居住分散，这部分学生党员无法集中，党组织恢复工作一时难以开展。

1937 年 9 月下旬，随校南迁的北大地下党员吴磊伯（湖南临湘人，北京大学地质系学生）、黄启威（湖南长沙人，北京大学经济系学生）等 8 人在长沙黄启威家开会，决定建立党支部，并推举吴磊伯任书记。

10月初，受蒋南翔（时任北方局青年委员会委员）指示，赵石（又名赵儒洵）以清华暑期学生会主席身份来到长沙组建长沙临时大学学生会，助推党组织恢复工作。

赵石刚到长沙后不久，清华同学杨承栋（又名许立群，清华大学物理系后转历史系学生）就告诉他，现在的清华大学党支部书记是丁务淳（又名周宏明，北京大学经济系毕业）。于是，赵石找到丁务淳，说明蒋南翔的指示意见。然后，赵石通过个别串联，找到北大的陈忠经、何锡麟和南开的李某等人，动员三校学生签名成立学生会筹委会，但工作进度仍然很慢，效果不佳。直到筹委会请徐特立到校作了几次时事报告，一部分中共党员、民先队员、筹委会的同学在清华同学曹国枢家中开了一次会后，学生会的筹备工作速度才快起来。筹备工作仿照清华学生会的办法拟定学生会章程，选举代表，召开大会。同时，选举北大的陈忠经任代表会主席，清华的洪绶曾任干事会主席。中共党员在学生会中发挥着中坚作用。

随着斗争形势的发展和时机的不断成熟，在中共湖南省工委①、长沙市工委的领导下，到1937年11月，原北大、清华的党员共同组成中共长沙临时大学党支部，支部书记为丁务淳，支部委员为吴磊伯、郭建（又名郭建恩、郭见恩，女）。不久吴继周（又名周继洲）到校，增补为支委。后来，因丁务淳另有任用，支部书记改为徐贤议，支委改为吴磊伯、吴继周、郭建。

中共长沙临时大学党支部组建时有党员18人，其中原清华党员12人，即丁务淳、吴继周、张华俊、徐贤议、杨少任、黄葳（又名戴中宸，女，教师）、王天眷、熊向晖（又名熊汇荃，清华大学中文系学生）、许立群、郭建、蔡承祖、钟烈淳；原北大党员6人，即徐晃（又名许焕国）、吴磊

---

① 1938年7月，改称中共湖南省委。

伯、陈谨（又名陈纯英，女）、黄启威、关士聪（又名关世聪）、张生力（又名张干胜，湖南临湘人，北京大学教育系学生）。很快，长沙临时大学就吸收了一批积极分子入党，新发展党员 8 人，即池际尚（女）、张韵芝（女）、宋平（清华大学化学系学生）、陈舜瑶（女）、高秉洁（女）、杨赓（又名杨隆誉）、赵石、田方增。以上共计 26 人。

此外，原北大的党员王亚文组织关系不在临时大学支部。他曾参加1927 年秋收起义，长沙临时大学开学后协助恢复中共长沙临时市委。他单独或与丁务淳一道，联系长沙临时大学、湖南大学的地下党组织，发展党员。中共湖南省委及湖南省军委成立后，王亚文担任省军委总干事。另外，原北大党员何锡麟以及在长沙临时大学入党的苏哲文，党的关系也不在长沙临时大学党支部，属湖南省军委领导。以上 3 人，虽组织关系不在临时大学，但仍在临时大学进行革命活动。这样，长沙临时大学共有党员 29 人。

当时，长沙市地下党员总共只有 50 多人，长沙临时大学的党员就占了一半多。长沙临时大学党支部因此成为长沙市抗战期间文教系统成立最早的党支部，也是战斗力最强的党支部。

来到湖南大学借读的长沙临时大学学生中，有一批共产党员和民先队员曾参加过"一二·九"运动。他们一到学校即联络湖大学生开展抗日救亡活动。在当时借读于湖大的中共长沙临时大学党支部书记丁务淳的积极推动下，1938 年 2 月，中共湖南大学党支部正式恢复。

长沙临时大学决定再迁云南后，中共长沙临时大学党组织和中国共产党领导下的学生会，根据新的形势重新安排各方面的工作。除再次请徐特立报告形势、解答问题、帮助安排解决学校南迁事宜外，为了坚定国民党及其武装抗战的决心，党支部决定组织三个团组到国民党军队中去，"帮助友军工作，推动友军进步"。

1938 年 2 月，长沙临时大学西迁昆明后，留在长沙的丁务淳接任中共长沙市工委书记，吴继周任长沙市工委组织部部长，继续领导长沙市 10

多个党支部积极开展抗日救亡工作。

　　长沙地区各市、县中共党组织的建立，包括中共长沙临时大学党支部的建立，结束了过去相当长一段时间内党组织分散、陷于停顿的局面，使党的工作在长沙各市、县的广大地区有组织、有计划地开展，从而写下了党领导长沙抗日救亡运动的新篇章。

第三节　聚火成炬
　　　　文化抗战增热度

　　长沙临时大学党支部成立后，积极组织、领导湖南文化界抗敌后援会、湖南青年战地服务团，创办、发行进步报刊，邀请各界名流到临时大学演讲，动员学生参军参战，成为长沙教育战线抗日救亡的一面旗帜。

领导湖南文化界抗敌后援会

　　自抗战爆发以后，北平、天津、上海、南京等地先后成为战区，田汉、张天翼、廖沫沙、蒋牧良等一大批湘籍教师、学生和文化工作者相继回湘。同时，又有很多学校、机关、团体和企业，也内迁到这时还是大后方的湖南。这些机构和人员大多云集于长沙，使长沙获称"抗战文化城"。

　　几股洪流汇聚于湘江之滨，他们"不作战时古城的难民过客，而作抗日烽火的文化传人"，构成长沙抗战史上一条不可或缺的战线。

　　清华大学、北京大学、南开大学三校师生成建制地迁来长沙，更是使长沙抗战文化城的热度骤增。

　　早在1937年7月18日，湖南省民众国术俱乐部、省民众常识指导会、省民众教育馆、省农民教育馆、省妇联、省会警备司令部、长沙市政府等9个团体聚在又一村国术俱乐部开会，成立"长沙人民抗敌后援会"。

　　7月24日，"长沙人民抗敌后援会"扩大参加单位为"湖南人民抗敌后援会"。在中共湖南省工委和长沙市工委的组织与支持下，抗战后援会得到迅速发展，工人抗敌后援会、农人抗敌后援会、学生抗敌后援会、妇女抗敌后援会、新闻记者抗敌后援会、海员抗敌后援会、职业界抗敌后援会等组织如雨后春笋般成立。

为了进一步团结在长沙的文化界人士，发挥文化宣传在抗日救亡运动中的作用，10月17日，吕振羽、田汉等发起成立湖南文化界抗敌后援会（简称文抗会），讨论通过了以团结抗战、持久抗战为宗旨的《文抗会章程》，选举吕振羽、田汉、翦伯赞、张天翼等为理事。一时间，长沙的救亡社团、救亡活动层出不穷。

11月，湖南文化界抗敌后援会成立党支部，长沙临时大学党支部书记丁务淳担任第一任党支部书记（后李声玄接任）。

长沙临时大学党支部紧密结合湖南文化界抗敌后援会工作节奏，积极配合开展相关工作。如组织讲演队、歌咏队、街头剧团、慰劳队、难民指导委员会、读书会、时事座谈会、战时常识训练班，创办《抗战文化》《农村周报》等刊物，出版《抗战小丛书》等书籍，宣传中国共产党全面抗战路线，慰劳伤兵难民，指导民众开展抗日救亡活动，在省会长沙产生了很大的影响。

在南岳的长沙临时大学文学院则联手岳云中学、南岳乡村师范，发起成立南岳联合抗敌后援会，临时大学担任总务，岳云中学负责宣传，南岳乡村师范负责民众训练。南岳联合抗敌后援会在南岳镇上筹设战时民教馆，临时大学女同学会募款自制棉背心献给前线战士等行动，均有效推动了当地的抗日救亡，成为当时衡山最有力、有人、有工作实绩的民众救亡团体。

为了团结湖南大学、湘雅医学院等高等学校组成抗日救亡阵线，长沙临时大学党支部曾由支委吴磊伯负责筹建长沙市大学生抗敌救国联合会。为了纪念"一二·九"运动两周年，曾由支委郭见恩动员长沙市各校学生参加长沙临时大学举行的讲演会。

借读在湖南大学的临时大学党员也积极配合湖大党支部打开抗日救亡运动新局面。如，组织学生读书会阅读《论持久战》等书籍；发动党员和进步学生深入群众组织，争取党员和进步力量加入学生自治会；组织开展对第 20 集团军战时步兵干部训练班国民党军官的工作，动员他们支持抗战。1938 年初，邀请八路军驻湘代表徐特立、进步人士茅盾来校公开讲演。徐特立在给中共中央的工作报告中特别指出："这里的工作完全是湖大学生同志活动建立起来的。"国民党顽固派也惊呼："共产党在岳麓山挂起了红旗。"

长沙作为抗战文化城，不仅文化名人多，抗日救亡的团体多，抗日救亡的报刊也非常多，文化界的空气因此"热"起来。

早在 1937 年 7 月 9 日，长沙各大报纸即冲破何键政府"不得扰乱视听，有违中央镇静人心之至意"的禁令，纷纷报道卢沟桥事变和中国军队将士英勇抵抗的消息。随后，省会各界纷纷组织救亡团体，开展抗日活动。

张治中接任湖南省政府主席后，言论出版相对自由。于是，北大、清华、南开的师生以及来自上海、南京等地的大批学者、教授、作家和学生密切与长沙本地的文化人结合，利用报纸杂志可以批准先行出版的缝隙，迅速创办了一批报刊，以致长沙时有"报刊世界"之称。

自 1938 年初起，在长沙城内先后创办的报刊有：《湘流》《前进》《前哨》《现阶段》《现实》《民族呼声》《火线下》《时事动态》《联合旬刊》《文艺新地》《中苏》《湖南妇女》《观察日报》《抗战日报》《大众报》《抗战文化》《抗战工人》《荡寇》《抗战青年》《抗战儿童》《抗战教育》《抗战晚报》《妇女半月刊》《农友报》《农村工作周刊》《明日社刊》《动员》《杀敌旬刊》《新湖南》《今天》《战时农村宣传资料》等 30 多种。其中，由共产党人和进步人士创办的有三报六刊，即，《大众报》《观察日报》《抗战日报》和《湘流》《火线下》《民族呼声》《中苏》《时事动态》《今天》。这些报刊大方向一致，都是为抗战加油鼓劲。《力报》等报社甚至派出战地记者上前线采访，采写大量抗战题材的新闻评论。同时，评论、新闻、副刊的质量大为提高，一时间，低级趣味的东西一扫而光。

上述报刊中，在当时影响力最大的为《火线下》和《观察日报》。

1937 年抗日战争爆发后，北京大学法律系学生杨赓（湖南长沙人）回到长沙，就读于长沙临时大学。10 月，他离开学校从事抗日宣传工作，与唐文爕（湖南醴陵人，中国大学学生）、黎澍（湖南醴陵人，曾就读于北平大学）等合办《火线下》三日刊，宣传抗日救国思想。

12 月 13 日，日寇占领南京，残暴杀戮大量中国军民。消息传来，长沙临时大学党支部倡议召开长沙市民反日大会，号召"拿四万万人的行动答复侵略者的趾高气昂，拿四万万人的吼声唤醒'少数同胞'的麻木"。并利用《火线下》进行专栏报道。

1938 年 1 月 25 日，《火线下》与《民族呼声》《大众报》合并，改为《观察日报》。1938 年 5 月，《观察日报》成为中共湖南省工委机关报，是全省抗日救亡运动的理论武器和思想先导。长沙临时大学留在长沙的学生张生力、杨赓、王德昭、汤明德和《观察日报》编辑部黎澍等为撰稿骨干。

1938 年 10 月 1 日，留在长沙的清华中共党员、长沙临时大学支部书记、湖大支部书记、长沙市工委书记丁务淳和湖南省委军事部部长聂洪钧、湖南省盐务局局长赵君迈等创办《时事动态》。

同时，长沙临时大学的党员组织其他学生积极为中共长江局机关报《新华日报》和中共湖南省工委机关报《观察日报》做好发行工作。

1938 年 11 月 13 日的文夕大火使长沙出版业遭到沉重打击，书业最集中的南阳街、玉泉街被烧成一片焦土，东长街、南正街一带严重被焚。除一部分外迁，大部分或停刊，或倒闭，致使长沙出版发行业相当长一段时间内都没有恢复元气。

组织湖南青年战地服务团　动员学生参军参战

从 1931 年九一八事变到 1937 年全面抗战的爆发，在持续 6 年之久的局部抗日阶段，以长沙为中心的抗日救亡运动，使湖南成为全国抗日救亡规模最大、声威最壮、持续时间最长的省份之一。七七事变前后，八万三湘军队枕戈寝甲，湖南成为投入部队最早、投入兵力最多、作战最勇敢的省份之一。

湖南抗战之所以如此英勇，与"以天下为己任""踔厉敢死"的湖湘精神息息相关，也与长沙临时大学党支部的重要作用密切相关。

1937年11月12日上海沦陷，12月13日南京又沦陷……消息传到长沙临时大学，群情激愤。

12月9日，长沙临时大学党支部发动长沙全市大中学生，联合举行"一二·九"两周年纪念会。长沙临时大学一些同学在会上讲述起自己当年参加"一二·九"运动和参与南下宣传团的亲身经历，深有感触地说："要抗战胜利，必须动员民众。"

12月13日傍晚，长沙临时大学在校学生1000多人在大操场举行抗日誓师大会。"放下笔杆，扛起枪杆，上前线去！"会上，不少同学振臂高呼，纷纷要求上前线杀敌。

同时，长沙临时大学党支部组织同学编辑出版的进步刊物《火线下》刊发文章驳斥"亡国论"，动员广大青年投身民族抗战，在社会上引起强烈反响。

当时，长沙临时大学学生要求上前线，主要是上延安、山西战场和上海淞沪会战战场等几个"热门"去处。

1937年10月，由宋美龄任指导长的"军事委员会战地服务团"成立。这是一个全国性的服务团体，其中一项主要任务是动员、训练北平各大学的逃亡学生担任后方勤务、协助军队抗战。

10月份以后，各地都在组织青年战地服务团。于是，长沙临时大学学生会向在长沙的所有大学发出倡议，倡导组织战地服务团，各校学生会干部大都报名参加。

刚从北平沦陷区回到长沙的李芳兰是湘雅医院的护士，同时担任《湘雅涟漪》杂志的编辑。她既有在北平参加战场救护的经历，又有在晏阳初的平民教育会工作的经验，做群众工作可说是驾轻就熟。她发起和组织湖南青年战地服务团，借用周南女中教室设立团本部，担任团长，长沙临时大学学生会主席兼清华学生会主席洪同为副团长，北大学生会主席陈忠经为生活教育委员。

当时，胡宗南的第一军预备第 7 师正在长沙招募新兵。因为在淞沪抗战中第一军减员很多，尤其是中下层骨干损失很大，所以，胡宗南指示第 7 师，要特别注意招收青年学生，将来经过培训后，补充中下层军官。

胡宗南很看重湖南的青年学生，特别是长沙临时大学的这批大学生。于是，手令亲信陈大勋①赶到长沙，与湖南省教育厅厅长兼长沙临时大学筹备委员会委员朱经农商量，设法招募湖南青年学生参加第一军。

陈大勋拿着朱经农的名片来到长沙临时大学校园，拜见梅贻琦和蒋梦麟两位校长，希望长沙临时大学对招募工作予以支持，获得梅贻琦、蒋梦麟的同意。

同时，陈大勋又与长沙临时大学学生会主席洪同建立联系，正式以长沙临时大学学生会的名义，号召学生参加第一军。并共同商量与李芳兰合作，动员长沙临时大学学生到胡宗南的第一军去服务。

不久，由学生会出面组织，李芳兰在长沙临时大学礼堂进行了一次演讲。她充满愤慨地历数日军屠杀中国百姓的种种暴行，并非常动情地介绍在北平南苑机场亲眼看到的中国军队英勇抗战的一幕幕，最后大声疾呼：希望爱国青年们参加湖南青年战地服务团，去前线做救伤、防谍、肃奸、动员民众等工作。并当场提出：凡是中华好儿女，请在黑板上签名！

主持演讲的洪同则进一步号召同学：我们到军中去，虽不能实地参加作战，但可以动员民众，鼓舞士气，做军民的桥梁，甚至我们应当深入前

---

① 又名陈绥民，原任延安市市长。

线去抬伤兵、送子弹。

这样一来，许多学生和医师、护士，都纷纷上台签名。已接受组织指示的熊向晖自然也毫不犹豫地在黑板上签上自己的名字。

这批参加湖南青年战地服务团的有50多人，其中长沙临时大学学生就有20余名，大都是平津"一二·九"运动的积极分子。

在长沙临时大学，不少学生参加了湖南青年战地服务团，也有不少学生直接报名参加西北军官训练班，且后来大都参加了胡宗南的第一军。

孔令晟是北京大学化学系三年级的学生，随清华、南开的学生一起撤退到长沙就读长沙临时大学。淞沪失守的消息传到长沙以后，他当即向导师钱思亮提出退学申请，准备参军。钱思亮老师花了三个晚上在学校的操场上和孔令晟绕场长谈。钱思亮表示，以孔令晟的成绩和天分，必须留下来好好地培养，毕业后留校担任助教，到时负责送他出去留学。当然，如果孔令晟坚持要去参加抗战，老师不能也不应该阻止他，而且随时欢迎他回学校来。

"国家亡了，什么都没有了。原谅我，我一定要直接参战去。"最终，孔令晟婉辞了老师的挽留，报名参加了西北军官训练班，后来和熊向晖同期成为中央陆军军官学校第七分校第15期学生。

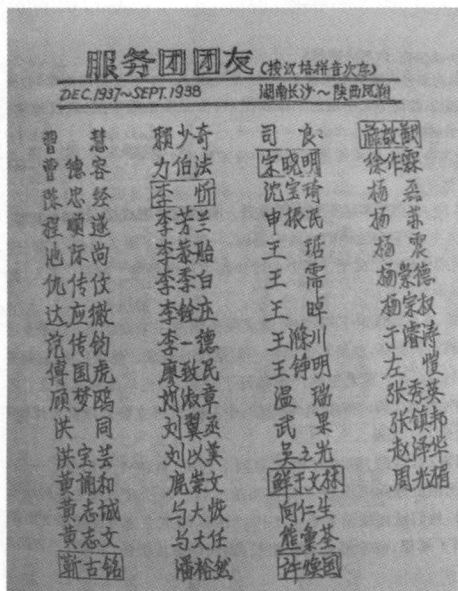

熊向晖提供的《服务团团友》名录[1]

---

[1] 其中有些不是从湖南去的。

湖南青年战地服务团成立以后，服务团成员在长沙预备第 7 师师部接受了一个星期的培训，主要是学习军中礼节和常识。

湖南青年战地服务团是湖南第一个组织到前方服务的团体，它的成立在社会上引起很大反响。战地服务团出发当天，长沙各界敲锣打鼓，燃放鞭炮欢送。人们捐赠的慰问品、医药器材堆满了月台。媒体则不断以头条报道服务团成立和出发的新闻，或发表社评予以勉励。

离开长沙前，郭建告诉熊向晖，服务团的党员，除了他，还有在长沙新入党的清华女生池际尚和北大的许焕国。根据组织的指示，熊向晖、池际尚、许焕国三人组成党支部，由熊向晖任支部书记。

根据每个人的特长优势和个人意愿，服务团尽量对每一位团员都作了妥善安排。

丁务淳还派赵石前往武汉八路军办事处和武昌的十三军办事处联系，以便进一步安排人员去向。

赵石从武汉返回长沙后，临时大学准备从戎的同学大部分去向已明，不少党员则被组织派到国民党军队中：池际尚率领女生队，前往陕西凤翔一带，从事抗日宣传、民众组训、军队教育、社会服务等工作。熊向晖、陈忠经等到第一军胡宗南部（驻西安）。宋平[①]等到第十四军李默庵部（驻山西）。还有部分同学去了第十三军汤恩伯部（驻河南）。许立群被派赴重庆国民党航空委员会无线电通讯员训练班学习。

丁务淳、吴继周、郭建、张生力、张华俊等则留在长沙、武汉等地开展地下工作。还有一部分党员和民先队员随校迁往昆明，到西南联大继续开展党组织工作。

随着大批进步学生离校，到长沙临时大学结束时，至少有 295 名学生

---

① 后宋平、何锡麟等前往延安。

何懋勋

何懋勋（1917-1938），1935年考入南开大学经济系。抗战爆发后，进入长沙临时大学读书。1937年11月，响应中国共产党的号召，投笔从戎，北上抗日。1938年3月，赴鲁西北抗日根据地参加抗日救亡工作，任青年抗日挺进大队参谋长。1938年8月，在济南战役中英勇牺牲，时年21岁。

向学校教务处申请保留学籍，领取肄业证明和参加抗战工作介绍信。[①] 而未办手续就径往前线者更难以计数。除了参加湖南青年战地服务团，有的参加八路军、新四军，有的奔赴延安，有的投入"保卫大武汉"的战斗行列……

地处南岳衡山的长沙临时大学文学院的学生党员张生力等5位同学获悉南京失守的消息后，"坐立不安，无心读书"，一心要往延安去。他们组成奔赴前线小分队，因无路费，便向学校的教师募捐，很多老师纷纷解囊相助。

1937年12月14日下午，文学院专门为张生力等人举行欢送会。学生们邀请北大中文系教授钱穆和清华中文系教授冯友兰赴会演讲。冯友兰对奔赴延安的学生倍加赞许，钱穆则力劝在校诸生安心读书，张生力在会上则明确表态说："我们不是茫茫然而来，也不是茫茫然而去，我们是要奔赴坚决抗战的地方去。"

他们5人坐火车到达长沙后，请求当时的八路军驻湘通讯处为他们奔赴延安开具介绍信。通讯处主任王凌波接待了他们，并指示张生力留在长沙协助周立波办《抗战日报》，其他4位同学则通过沿途地下党组织联系护送到达延安。

---

① 西南联合大学北京校友会：《国立西南联合大学校史》，北京大学出版社2006版。

12月31日，中共中央领导人周恩来在武汉大学发表重要演讲《现阶段青年运动的性质和任务》。周恩来说："战争了，我们再不能安心求学了……我们今天应该努力的方向是什么？我贡献给诸位青年朋友的有四个，第一，到军队里去……第二，到战地服务去……第三，到乡村中去……第四，到被敌人占领了的地方去……"这个讲话传到长沙临时大学，再次在长沙临时大学掀起大规模的从军高潮。

长沙作为抗敌大后方，一项非常重要的活动就是动员广大青年参军参战，奔赴前线。为了动员广大民众投身抗日洪流，支援前线，长沙临时大学党支部组织学生在长沙开展一系列抗日宣传和劳军活动。

长沙临时大学、湖南大学等10余所高等学校的爱国师生，壮怀激情，遍及城乡，演唱呐喊。长沙临时大学学生尤为活跃，不少学生参加"学抗会寒假工作团"组织的"晨呼队"。他们凌晨出发，奔赴市内主要街道，高唱救亡歌曲，齐声高呼口号：我们不要忘记伟大的南京！我们不要忘记敌人的凶暴行为！我们不要忘记死难的将士和同胞！同胞们，赶快起来，挽救中华民族的危亡！歌声、口号声划破了长沙黎明的长空。

长沙临时大学剧团常常挤出时间在节假日和课余时间进行演出。1938年元旦，长沙市各团体举行抗敌宣传大会，长沙临时大学剧团在天心阁、经武路、中山路、教育会坪演出街头话剧《疯了的母亲》，而后又在民众俱乐部、青年会演出《暴风雨的前夜》，极大地唤起了民众的抗日热情。话剧团还与当地剧团联合会演，演出阳翰笙的《前夜》，慰问抗日军队。

长沙市第七难民收容所所长黄绍湘是原清华大学学生，他组织了一个"难民剧团"，在长沙临时大学剧团的帮助下，演出了《中华民族的子孙》《血洒晴空》《后防》等剧目，收到了良好的宣传效果。

除清华大学、北京大学、南开大学外，当时迁到长沙的学校还有南京国立戏剧学校、北平民国学院、国立杭州艺术专科学校、山东省立戏剧学校等等，受长沙临时大学师生们抗日热情的感染，他们也纷纷成立各种文艺团体，在长沙掀起一浪高过一浪的大众文艺高潮。

淞沪抗战爆发以后，长沙成了战略大后方，从上海、南京、安徽前线源源不断地运来大批伤兵和难民。这时，长沙接收的伤兵达一万多人，难民有七八千人，安抚伤兵和难民，是一项极为繁重和艰苦的工作。长沙临时大学党支部积极组织广大师生行动起来，发动各抗日群众团体开展服务伤兵、救济难民的活动，为难民伤兵洗衣、写信、读报，教识字、教唱救亡歌曲、组织春游等，有力地声援了前方抗战。

长沙临时大学对学生投身抗日一线也是大力支持。

1938 年 2 月，春节刚过，由南京迁到长沙县金井镇的陆军交辎学校[①]贴出告示：招收第二期技术学员 81 人。长沙临时大学机械系主任庄前鼎动员同学们前去报考，并承诺可以给他们保留学籍，将来可以复学。长沙临时大学还派戴中孚、陈继善两位老师去讲授机械设计、汽车工程、内燃机等课，学校均承认这些课程的学分。随后，原清华机械系 11 级 23 位同学中章宏道（又名章文晋）、李智汉（又名李汇川）、吴仲华等 18 人及电机系 11 级苏有威（又名苏哲文）等 10 人均考入陆军交辎学校。

学习 6 个月后，学员们被分配到机械化部队、炮兵部队、红十字会救护总队等单位工作。第一期毕业的原清华机械系 10 级学生张厚英（又名张自清，女）留在陆军交辎学校担任地下党支部书记。第二期毕业的章宏道、李智汉、苏有威、何英等 12 人分配到二〇〇师，聂洪钧曾派张生力打入二〇〇师步兵团第三营担任文书，组织他们开展地下活动。

长沙临时大学师生们开展的几次抗日救亡运动，为后来的长沙会战和长沙沦陷以后抗日游击战争的开展奠定了坚实的社会基础。

---

① 后改名为国民党陆军机械化学校。

邀请各界名流到临时大学演讲

长沙临时大学开学后，因当时一部分教授还没有到齐，学校无法给学生们安排完整课程，便组织文化名人举办一些有意义的讲座让同学们去听。随着抗日救亡运动的不断高涨，更是频繁地组织社会名流到长沙临时大学开展抗日演讲。

当时国共合作刚刚开始，全民抗战热情高涨，虽然演讲者的政治立场不同，但坚持抗战的信念是一致的。

长沙当时处在抗日前线，日机不断进行轰炸。长沙临时大学部分同学对战争前途、民族命运十分担忧，许多人热切希望能上前线参加抗战。开始，长沙临时大学邀请陈诚到学校演讲。陈诚劝学生"安心读书""不要蠢动"，使部分同学上前线的激情冷却了下来。不久，学校又邀请张治中来演讲。张治中说：我以为我们只要抱定破釜沉舟有死无生的精神，我们就可以摧毁一切，建造一切，就可以摧毁旧的习惯、旧的心理、旧的组织、旧的制度，也就可以把我们所需要的战时新制度、战时新生活建造起来，这样我们一定可以得到最后的胜利，一定可以以我们的精神来制胜敌人！张治中的这番演讲将同学们奔赴前线的激情再度点燃。

全面抗战爆发后，抗日救亡和根据地建设成为中国共产党的头等大事。当时，延安迫切需要大量干部和人才。"革命青年，来者不拒。"毛泽东强调指出，要把招生广告从延安一直贴到西安，公开或半公开地动员和组织知识青年去延安。

1937年12月9日，徐特立、王凌波从延安抵达长沙，建立了八路军驻湘通讯处，并于年底在东长街徐家祠堂公开挂牌办公①。其时，通讯处工作人员通过接待来访、会见新闻记者，阐述中国共产党的抗日主张，批驳流行一时的"亡国论"和"速胜论"，消除了人们对国共合作的疑虑，

---

① 次年2月，通讯处迁至寿星街2号，之后又迁到长沙县河西燕子窝陈家祠堂办公。

增强了抗战必胜的信心。

为了将更多的同学输送到延安，长沙临时大学党支部还多次邀请徐特立到长沙临时大学公开讲演。

1937 年 12 月 12 日，徐特立到长沙临时大学作第一次演讲。徐特立深入浅出宣讲国内外形势和中国共产党的主张，介绍延安和八路军的情况，号召同学们在民族危机深重时刻，必须拿起枪杆到革命队伍里去。他的报告深受同学们喜爱，"大家都用严肃的态度听，以热烈的情绪鼓掌，掌声时常打断他的讲话"[①]。

1938 年初，八路军驻湘通讯处设立"抗大""陕公"招生委员会，短短三个月时间，先后共输送 600 多名进步青年去延安。

除了邀请社会名流来学校演讲，张伯苓、蒋梦麟、梅贻琦三位校长还亲自在校友会上作演讲，或在报刊上发表文章，宣传抗日主张，号召同学们坚定抗战必胜的信心。

张伯苓校长虽然在长沙的时间不多，但他的三次演讲却对长沙临时大学师生影响极大。

1937 年 9 月 26 日，张伯苓校长在武汉南开校友公宴会上发表演讲，指出：中国现时之抗战，实占有绝对有利之条件，经济、政治、外交三方面，均有利于我，而无利于日本，中国只要打，一切都有办法。无论如何想，中国都不会亡国。[②] 希望大家应了解自己已成为一新的国民，希望全体同学应当努力向前追。

11 月 17 日，在一次长沙临时大学南开校友聚会上，张伯苓又以"抗战前途的观察"为题作专场讲演。他针对部分人对国内外情势不大明了而

---

① 马伯煌：《徒步三千流亡万里》，载《笳吹弦诵在春城》，云南人民出版社、北京大学出版社 1986 年版。

② 张伯苓：《我们要振作起来 ——张伯苓西南联大时期文选》，石油工业出版社 2018 年版，第 14—15 页。

产生的惶感情绪加以纠正，对汉奸趁机散播谣言、企图扰乱人心的行径予以严厉驳斥。他痛陈道：余个人深悉日军对华之横暴。而尤以轰炸不设防城市及平民为甚，此种行为必将速食其报。盖今日中国之所受者，他国亦恐将不免焉。他大声呼吁："中国人只要抱定了'最后胜利，必属于我'的决心……终能达到目的"①。

12 月 24 日，张伯苓再次以"苦干、硬干，努力不息"为题，在南开校友总会的一次会议上发表讲话。他说："一个国家或一团体，因为它是正在那里向上长进，敌人才想把它毁掉。""虽然敌人是步步进逼，但是我们不要怕，更不要颓唐，精神要贯注，小小的失败算什么！我们仍然是要干！"最后希望大家"要本着南开精神，一致往前努力！"②

蒋梦麟则是以接受访谈的形式鼓励学生树立抗战必胜的信心。1937 年11 月 16 日，《力报》以"蒋梦麟先生会见记"为题，专栏刊发本报记者在临时大学教职员食堂采访蒋梦麟校长的特写文章，报道蒋梦麟校长的抗日主张及长沙临时大学同学们应有的担当。蒋梦麟主张，临时大学的同学们要做自己应做的事，"我们现在做事要能够种下一粒种子，就有一点收获"③。

与此同时，随着抗日民族统一战线的建立和国民政府放松关于延安的消息封锁，国统区的报纸开始更充分地报道延安。熊向晖曾回忆，1937 年12 月 20 日《大公报》刊登的一篇寄自延安的"陕北通讯"，标题是《毛泽东谈抗战前途》，文章把延安形容为"直接抗战的地区"，对临时大学学生影响颇大。

随着抗日宣传的不断深入，长沙的抗战氛围日益浓烈。

---

① 1937 年 11 月 18 日《力报》第二版。

② 张伯苓：《我们要振作起来——张伯苓西南联大时期文选》，石油工业出版社2018 年版，第 17 页。

③ 1937 年 11 月 16 日《力报》第三版。

1937 年 11 月 16 日《力报》

1937 年 11 月 18 日《力报》

抗战初期，长沙属远离前线的大后方。1937 年 10 月，作家茅盾第一次来到长沙，他的印象是"战争的烽火似乎尚未照亮这里的死水塘"。等他 1938 年 1 月再来，发现长沙已经"有了触目的变化"，大街两侧的墙上贴上了抗日标语和宣传画，打着小旗的女学生募捐队不仅在街上走，而且挨户拜访长沙的深宅大院，书摊上摆着《毛泽东传》《朱德传》[1]这一类的小册子，而且销路很好。

长沙临时大学西迁和党组织重建

随着抗日救亡运动的不断发展，长沙临时大学的部分党员或陆续走上抗日前线，或经党组织安排继续留在长沙开展党的工作，因此，长沙临时大学西迁昆明后，从长沙去昆明的党员就不多了。到西南联合大学正式成立之初，地下党员一度与组织失去联系。

1938 年 5 月，被党组织派到大后方开展工作的原北平崇德中学地下党支部书记力易周从延安考入西南联大，来到云南蒙自的文法学院。经朱自清女儿朱彩芷介绍，力易周认识了袁永熙[2]，并同北京大学、清华大学的民族解放先锋队队员一起在蒙自县文庙举办识字班，进行抗日救亡的宣传工作。

9 月，力易周、袁永熙随同西南联大文法学院迁回昆明，通过辛毓庄结识了李家鼎（又名李同生）、唐登岷等云南青年抗日先锋队（简称"抗先队"）负责同志，共同开展抗日救亡活动。

不久，为了统一领导青年运动，中共中央长江局指示将云南青年抗日先锋队与北方南下的民族解放先锋队合并，成立"中华民族解放先锋队云南地方队部"，选举力易周为队长，李家鼎为副队长兼宣传部部长，郝诒

---

① 应为《毛泽东自传》《朱德小传》。

② 1938 年秋考入西南联合大学经济系，同年加入中国共产党。1939 年春，任西南联大党支部书记、总支书记。

纯为组织部部长。成员主要是延安、重庆及南下的北大、清华、南开等校的老民先队员。

10 月，力易周与黄元镇、徐树仁（又名徐干）、郝诒纯三位党员共同成立西南联大临时党支部，并担任支部书记。11 月，力易周发展袁永熙入党。西南联大党组织得以重新开始建立。

同期，西南联大还有另一个党支部。

长沙临时大学迁撤前夕，中共领导人周恩来、叶剑英与长江局组织部的黄文杰专程来长沙应变。他们与湖南省委、长沙市委商量决定，任命王亚文为青年工作特派员，带一批长沙临时大学地下党员的组织关系到西南联大。

1938 年秋，王亚文来到西南联大，不久便成立了西南联大党支部，支部共有王亚文、徐贤议、张遵骥、汤一雄、张定华、莫家鼎、张鹊梅、汤德明 8 名党员，徐贤议为支部书记。

这样，西南联大就同时有两个互不联系的党支部存在。

西南联大的党组织按照长江局的布置，在师生中发展新党员，在学生自治会中开展统战工作，还与校外进步人士曹禺等人联系，组织"联大剧团"，赴曲靖等地宣传抗日救亡。

1938 年 9 月至 11 月，中共中央在延安召开扩大的六届六中全会，为了使党在中国南部地区的工作更适应新的形势，中央决定撤销长江局，成立南方局和中原局。南方局代表党中央领导南方国民党统治区和沦陷区党的各项工作，书记为周恩来。

这年年底，根据南方局开展群众工作的方针政策，西南联大以南开中学来的 4 个地下党员和 10 个积极分子为骨干，联合同学，成立了公开的进步社团——"群社"，聘请教授做导师。其成员除地下党员、民先队队员外，多半是进步积极分子和中间同学，其历届社长都是地下党员担任。社员最多时发展到 200 多人，参加活动的达 1000 人左右，是当时校内外影响最大的进步社团。此后，西南联大党组织逐渐发展壮大。

1940年3月，西南联大党支部扩大为党总支。当时，云南全省共有党员247名，西南联大就有党员83人，占云南全省的三分之一。

因为当年长沙临时大学聚集了一批信仰坚定的中国共产党人，从而为西南联大党组织保留了珍贵"火种"。西南联大党总支直接领导西南联大学生开展的"一二·一"运动，掀起了国内反内战、争民主的高潮，成为中国青年运动史上继五四运动、"一二·九"运动之后的第三个里程碑。

熊向晖：长沙临时大学特殊生

熊向晖，原名熊汇荃，1936年9月考入清华大学中文系。12月，经蒋南翔、杨学诚介绍，秘密加入中国共产党，并成为中华民族解放先锋队清华分队负责人之一。不久，按照周恩来的指示，熊汇荃改名熊向晖。

1937年11月长沙临时大学成立后不久，熊向晖奉命赶赴长沙。这时，国民党胡宗南部正在招兵买马筹建湖南青年战地服务团。周恩来希望敌军阵营中能有共产党的力量，因此就指示清华大学的蒋南翔推荐一名中共党员加入其中，从事秘密情报工作。

胡宗南这次网罗人才的标准非同寻常，异常苛刻，不仅制定了著名的三不原则，即不是出身名门望族或者官宦之家的不要、仪表一般的不要、记忆力不好的不要，还亲自主持面试。出身官宦家庭[①]、举止儒雅、品学兼优、各方面条件优越的熊向晖一下就被胡宗南选定。

12月下旬，熊向晖随湖南青年战地服务团从长沙乘火车到武汉。在这里，他第一次见到周恩来。当时，周恩来应邀在武汉大学礼堂给进步学生作题为《现阶段青年运动的性质和任务》的演讲。周恩来的非凡魅力深深打动了熊向晖，并深刻影响了他的一生。

---

① 其父当时任山东掖县的推事（县长）。

熊向晖（左二）在清华大学与同学合影

1938 年初的一天，在八路军武汉办事处，熊向晖领到一项"特殊任务"。董必武告诉他：国共合作共同抗日是现阶段的大局、全局。恩来经验丰富，主张未雨绸缪，后发制人，先走一步，现在就着手下闲棋，布冷子。你就是恩来筹划的"闲棋冷子"。如果一直闲着冷着，于大局全局无损；如果不闲不冷，于大局全局有利。

由此，熊向晖成为中国共产党安插在胡宗南身边的一枚著名的"闲棋冷子"。

为了在国民党军队里进行抗日宣教工作，根据董必武的指示，湖南青年战地服务团更名为"第一军随军服务团"。

1938 年的 5 月，胡宗南解散了战地服务团，熊向晖被胡宗南送到中央陆军军官学校（西安军校，前身为黄埔军校）第七分校学习。1939 年 3 月，学习期满，胡宗南安排他在毕业典礼上代表毕业生致词。毕业之后，他顺利得到胡宗南的信任，担任胡宗南的侍从副官、机要秘书，负责处理机密文电、起草讲话稿和日常事务等。

身负胡宗南的"期望"，肩负周恩来"不入虎穴，焉得虎子"的嘱托，熊向晖学有所成，担任了胡宗南助手这一要职，为中国共产党获取国民党的重要情报发挥了关键作用。毛泽东曾夸赞熊向晖"一个人能顶几个师"。

　　鼙鼓动地，山河动摇，中华民族危机加剧，长沙局势岌岌可危。日益加剧的日机轰炸声，炸破了长沙临时大学的安宁，炸乱了长沙临时大学的教学计划。长沙临时大学三位校长果断决定：一定要将学生撤到敌机不能飞达的内地。

　　1938 年 2 月至 4 月，长沙临时大学 1000 多师生兵分三路，最长历时两个多月，最远行程 3000 余里，辗转迁移，最终到达云南昆明，完成中国教育史上的伟大长征。

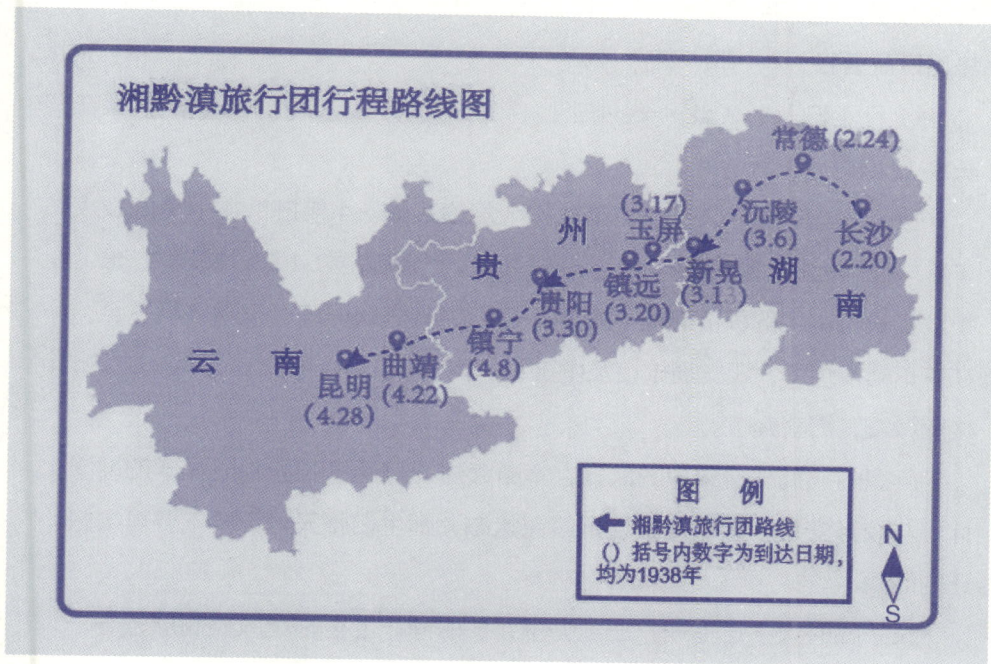

湘黔滇旅行团行程路线图

常德 (2.24)
玉屏 (3.17)
沅陵 (3.6)
长沙 (2.20)
州
贵
新晃 (3.1)
湖
镇远 (3.20)
南
贵阳 (3.30)
镇宁 (4.8)
云　南
曲靖 (4.22)
昆明 (4.28)

图　例
← 湘黔滇旅行团路线
() 括号内数字为到达日期，
均为1938年

N
S

第一节　兵分三路
向西向南向西南

1937 年八·一三事变后，日军入侵上海，南京沦陷。长沙频频受敌机侵扰，安全受到极大威胁。长沙临时大学何去何从？国民政府、校委会、师生们面临着艰难抉择。长沙不再是临时大学理想的久留之地，开学不久的长沙临时大学不得不再度向大家心目中的安全地带迁移。

将学生撤到敌机不能飞达的地方

平津沦陷后，当时长沙还是大后方。八·一三事变后，日军入侵上海，南京沦陷，南京各机关纷纷撤退，九江、南昌乃至武汉受到威胁，长沙局势也日益紧张。

11 月 1 日上午 9 点，长沙临时大学刚刚开始正式上课，日本飞机就在长沙上空侵扰。

11 月 24 日下午，长沙遭第一次大规模轰炸。4 架日机在小吴门及火车东站投弹七枚，炸死 54 人，炸伤 58 人，炸毁房屋 54 栋，铁轨 16 米，引发了长沙市民的极度恐慌。吴宓在日记中曾详细记载：日本飞机忽至，在东车站投炸弹，毁交通旅馆及中国银行货仓等……当时，远闻轰击之声，楼壁微震，街众奔喧。

巨型的飞机载着致命的武器，不断轰炸，打乱了长沙临时大学的教学计划与校务安排。学校几乎处于停课状态，师生们整天讨论要不要再次搬迁的问题。

长沙临时大学迁不迁？迁到哪里？一时间，上至国民政府高层领导，及至多省地方政府，下至长沙临时大学的每一位师生，都在激烈地争论着。

大部分人认为，长沙目前还算安全，不必搬迁。

湖南的各界人士大都希望临时大学留在长沙。因为作为长沙境内最高学府，长沙临时大学的安定，可以聚集人气，提振信心，安抚民心。

当时的湖南省政府主席张治中听说长沙临时大学要搬迁，立即冒着大雨赶往长沙临时大学找梅贻琦校长，非常动情地陈述着反对临时大学搬迁的理由：一，即使长沙不安全，完全可以再到湖南境内另外找地方；二，几千师生，既没有车，也没有船，怎么运输？虽然靠两条腿走路也是一种教育，可人员太过于庞杂，行动毕竟不方便。

既为安定人心又为给建设湖南、保卫湖南提供人才，1938 年 1 月 18 日，张治中再次到长沙临时大学讲演，明确反对西迁。为留下这一批知识分子，他甚至有些激将地说："际兹国难当头，你们这批青年，不上前线作战服务，躲在这里干什么。"这让大学生们受到不小的刺激。

当时八路军驻湘通讯处的徐特立等闻讯后也急速来到长沙临时大学讲演，坚决反对西迁。

谭丕模 [1]、曾昭抡 [2] 等湘籍人士，同样有一份别样的恋乡情结。

谭丕模发表《为临时大学西迁进一言》，指出，西迁虽然本意是保存民族文化和培养抗战人才，但是路途艰险、费时数月，又因云南条件落后，不利于研究学问，实际上得不偿失。谭丕模提醒临时大学当局慎重考虑，并对青年大学生提出期望：因为我们不能担保长沙绝对不会变为前线，现在长沙在国防上确负有重大的使命，一方面要负起后防建设和动员民众的责任，一方面又要准备布置国防前线的责任。

曾昭抡发表《长沙安全论》，虽然没有直接对临时大学西迁发表意见，

---

① 湖南永州人，民国大学教授。

② 湖南湘乡人。虽然对西迁有异议，但并未影响他执行集体决定。其后，他作为重要组织者参加湘黔滇旅行团。

但是含蓄表达了不必西迁的观点。他以欧战的伦敦被轰炸对比，分析长沙的战略地位，结合当时军事形势，认为：总观以上各点，长沙目前的安全，实在毫不成问题，不过我们在后方的民众，绝不可因此歌舞升平，而应该努力于基础的生产建设事业，以图培养国力，为前方浴血抗战的将士，作有力的后盾。

为了学生的安全和教学的继续，三位校长力主尽快搬迁，并开展了一系列准备工作。

为了说服师生们，蒋梦麟特邀军事委员会政治部部长陈诚来校演讲。陈诚在演讲中说：对日作战是长期的，政府深信抗战一定胜利。接受高等教育的大学生们，理应承担更艰苦更困难的使命，现在政府为了抗战组织青年从军是必要的，但培养未来的建国人才也很必要。继续学习与投入抗战并不矛盾，只是救国的方式不同。

陈诚的这次讲话在一定程度上对稳定人心起了很大的作用。很快，一批人改变了原来的态度，认为长沙临时大学迁到更安全的地方是为了确保同学们能继续读书，今后为国家多作贡献。

长沙不可能再继续办学，选择新的、合适的办学地点迫在眉睫。三校校长和大部分教授达成共识：长沙临时大学必须搬离长沙。

"一定要将学生撤到敌机不能飞达的内地！"[①] 于是，三校负责人商量决定，立即向国民党政府教育当局请示，要求将长沙临时大学迁到远离前线的一个地方。

随即，蒋梦麟飞往武汉，首先拜见教育部部长陈立夫，得到陈立夫表示理解但不赞成立即决定搬迁的表态后，又马上向行政院院长蒋介石报告。

1938 年 1 月 9 日，蒋梦麟获得消息：蒋介石爽快赞成搬迁，听说想迁往昆明，建议先派人前去考察再作决定。

---

① 马勇：《蒋梦麟传》，红旗出版社 2009 年版，第 313 页。

获得国民政府的首肯，三校校长便加快行动。师生们经过认真讨论，最后一致表示：长沙临时大学必须搬迁到一个既安全又相对不闭塞不落后的地方去。

这样一来，在搬迁选址问题上，又颇费周折。

最初，大后方四川、云南、贵州、广西都是备选对象。对于当时中国高等教育的精华，无论留在什么地方办学，势必都会给当地带来改变。因此，各地都积极争取。

当时的国民党临时政府设在四川重庆，作为战时经济政治中心，无疑是日军侵袭攻打的目标。如果长沙临时大学再迁入，无疑就增加了四川被重点轰炸的危险，因此，四川不能选。

贵州则因其经济资源有限、地理交通受限等因素也不适合。

知道长沙临时大学要搬迁的消息，广西当局反应很快，马上派人来洽谈，热情邀请长沙临时大学去桂林或者其他城市。并明确表示，只要将学校搬迁到广西，校舍、后勤保障、教学仪器、经费等都全力支持。

而反应最迅速、态度最坚决的是云南。

云南地处边境，地形复杂，不易于被日军攻打，相对安全。且境内有滇越铁路，退可以与南洋保持对外联系，进可以依靠四川贵州，边贸经济较为活跃。特别是省政府主席龙云主政云南期间，在军事、经济、文化、教育等方面进行了一些整顿和改革，对东南亚各国采取开放政策，保持了云南政治相对稳定、经济相对繁荣的局面。而昆明作为云南的经济政治和文化中心，气候宜人，物产丰富，能较好解决师生们的教学、生活需求。

得闻长沙临时大学要搬迁的消息，北京社会调查所副所长、北京大学经济系主任秦瓒极力主张迁校昆明。因为其父亲秦树声在清末担任过云南学台，在云南政界和教育界有较好的人脉关系，他曾随父前往云南，对云南地理、政治、经济、文化有一定的了解。长沙临时大学常委会接受秦瓒的建议，初步同意拟选昆明。并任命他为赴滇先遣队队长，与迁校筹备委员杨石先、王明之赴昆明探勘。秦瓒一行到昆明后，秦瓒的关系果然起了很大作用，不仅教育厅厅长龚自知给予大力支持，云南一批达官士绅和社会贤达也都鼎力相助。

同时，云南省弥勒县人士、原任清华大学算学系教授兼系主任、时任云南大学校长熊庆来分别给梅贻琦、蒋梦麟、张伯苓写信，也特别希望三校能到昆明来办学。

获悉长沙临时大学即将动迁并正在广西和云南之间选址，龙云立即派云南省教育厅厅长龚自知前往长沙面见梅贻琦、蒋梦麟、张伯苓，热情邀请长沙临时大学迁往云南昆明。

可以说，云南掌门人龙云的高度重视和极大支持是长沙临时大学最后选择昆明的最重砝码。

1月10日，长沙临时大学决定西迁昆明，并由蒋梦麟先往筹备[1]。

尽管云南经济基础条件较好，但抗战爆发后沿海和内地大量工商企业及高校纷纷迁来云南，长沙临时大学迁滇又事出仓促，来不及从容筹措，加之昆明城市规模不大，一时无法找到能够安置上千人的校舍，接纳压力巨大。为了让后来的西南联大[2]尽快恢复正常教学秩序，云南各界作出了极大的努力。

熊庆来四处奔走，为西南联大先后选择了几处校址，并和蒋梦麟敲定具体

国立长沙临时大学改称国立西南联合大学电文

---

① 1938年1月14日，蒋梦麟从汉口回到长沙，2月2日，乘飞机赴香港，转入云南。

② 1938年1月中旬，国民政府指令长沙临时大学改名西南联合大学。1938年4月2日，教育部电令国立长沙临时大学正式改名国立西南联合大学。

位置，还将属于云南大学的一块空地无偿给西南联大建理化实验室。

龙云将自己常住的威远街公馆大部分房间让作西南联大总办公处，省教育厅将云南历时5年建成且刚刚启用的昆华农校以及昆华师范学校、昆华工业职业学校在3天之内全部腾空供西南联大使用。

但是，昆明远离前线，不是热血青年应有的选择。迁滇的决定在长沙临时大学校园里一下子引发巨大的反响。西迁方案一公布，大多数学生反应强烈，立即开展了一场反对迁校签名运动，签名人数很快超过全校学生的三分之二。

此后，校学生会召开新闻发布会，由学生会主任干事陶家淦报告迁校动态。同时，推选学生代表易甲欧、郭见恩二人，乘车赴武汉向教育部请愿，又电呈蒋介石，坚决要求叫停学校当局西迁行动。

学生会向教育部的呈文公开发表，痛陈道：国家大学乃国家精神文化之所寄托，战时教育青年，尤须注重坚贞不屈之精神。目前长沙生产文化机关，尚未闻有先我而迁者。我临时大学最高学府，举国瞩目，乃自先行远迁，不特沮丧民气，非战时巩固后方之所宜有。抑且临难苟安，有违政府教育青年之宗旨……属校在湘草创，半年以来，惨淡经营，一切设施，方见略具规模……属校迁滇消息一经公布，长沙报章连日责难纷遝……敬乞迅予严令属校停止迁滇准备，剋日在湘复课，以维教育，而安民心。

闻一多曾回忆说：长沙临时大学围绕是否迁滇的争论，不仅是战事爆发以来学校关于如何对待战争的第一次大讨论，也是当时教育界关于怎样投身抗战讨论的一个重要组成部分。只是国民政府西迁决定已定，反对无效。

反对的声音没有动摇长沙临时大学的搬迁决心。梅贻琦在西南联大校庆九周年纪念会上曾阐述迁校的初衷，说选择云南"并不是专以安全为原则，因为单纯为安全可到西藏或喜马拉雅山"。选择云南，"是因为有滇越与滇缅两条路可以通到国外,图书仪器容易运进来"。

教育部收到学生请愿后,向长沙临时大学校方发来电令,针对原先预备的全体师生都从长沙坐火车经广州到香港、再乘轮船到海防、最后转乘火车到昆明的方案,认为全体师生一路西迁"有碍观瞻",且上千学生、上百教授、众多行政职员、大量学校设备,统一行动很不方便,提示要妥善考虑迁校时间与路程、是否已届必迁时间,整批大学生万里长途入滇是否发生困难。

据此,长沙临时大学常委会修改方案,决定西迁的时间不改,路线则变通分为两条:一条仍依原定路程;另一条则组旅行团,徒步入滇,并成立交通运输委员会、图书仪器护送委员会。之后,又由梅贻琦赴武汉向教育部请示。

同时,常委会有策略地做了大量工作,详细分析学校西迁的利弊,指出,在当时的中国,云南作为抗战大后方,和其他地方比起来,还是要安全很多。另外,云南虽然地域偏僻,却不是一个闭塞的地方,因为有滇越铁路可以通到国外,还有正在修建的滇缅公路,如果真正遇到危机,师生们还可以再次进行分散撤退,不至于让中国的文化精英们全军覆没。

危局难撑,最后,西迁方案得以在师生们中通过。

精心筹划 再度播迁

为了西迁工作的顺利进行,学校校务决策机构长沙临时大学常委会多次召开会议,进行讨论研究,积极与各方沟通协调,精心筹划,组织专门人员,安排专项资金,做好详尽方案。

1938年1月19日和20日,梅贻琦、张伯苓(黄钰生代)、蒋梦麟、杨振声连续两次召开长沙临时大学常务委员会会议,专题商议长沙临时大学西迁昆明问题,正式作出搬往昆明的决定,商承教育当局前往昆明深入考察,并讨论通过了一系列迁校的具体办法。

兵马未动，粮草先行。长沙临时大学常委会首先安排专项经费用于教职员、学生路费以及川资津贴，并明确具体细则。一、关于教职员和学生津贴标准及其来源：教职员每人津贴65元，由各原校在昆明发给（临时大学添用职员津贴由临时大学发给）；学生每人津贴20元，由临时大学在长沙本校及南岳文学院发给。二、关于各办事处人员津贴：沿途各办事处负责人员在履职期间，除川资津贴照发外，每人每日再补助旅费5元；广州、香港、海防、河口各招待处得用学生二三人帮助招待事宜，每人每日给旅费津贴2元；昆明办事处人员，除川资津贴（每人65元）照发外，其在昆明之宿费由学校负担。

当时，有部分学生因经济困难不愿随校西迁而准备放弃学业，刘崇鋐等45位教授便联名写信，申明自愿将自己的65元旅费全部捐献出来，用以资助那些品学兼优而家境贫寒的学生。临时大学常委会则迅速制订相关方案，予以落实到位。

刘崇鋐等四十五教授捐款补助寒苦学生旅费信 [①]
（1938 年 1 月 28 日）

敬启者：学校迁滇，学生颇有以经济困难虑不克前往者，其中不乏品学优良之青年，若任其因贫辍学，殊失国家培植人才之意。闻学校拟津贴各教授旅费六十五元，仝人等愿将此项津贴全数捐与学校，作资助贫寒优良学生之用，其分配甄别办法，悉请常务委员妥为筹划。诸仝人赞同此举者，请即签填所附捐条，送交临大会计室为祷！

刘崇鋐 叶公超 曾昭抡 金岳霖 杨振声 杨石先 袁复礼 魏建功 梅贻琦

蒋梦麟 刘云浦 姚从吾 郑天挺 W.Empson 张德昌 柳无忌 张佛泉 王明之

黄子卿 莫泮芹 汤用彤 郑华炽 毛子水 樊际昌 雷海宗 钱思亮 吴 宓

---

① 《清华大学史料选编第三卷（下）》，清华大学出版社1994年版，第114—115页。

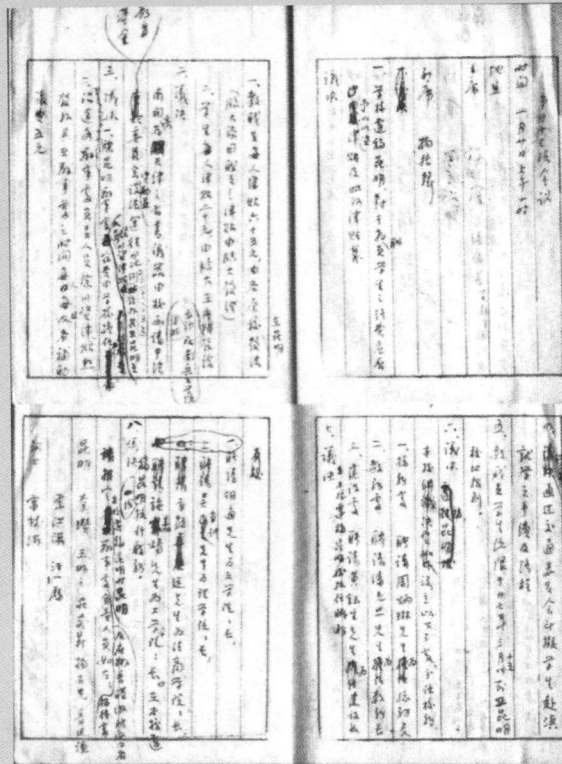

1938 年 1 月 20 日，长沙临时大学常委会第四十三次
会议决定学校西迁昆明

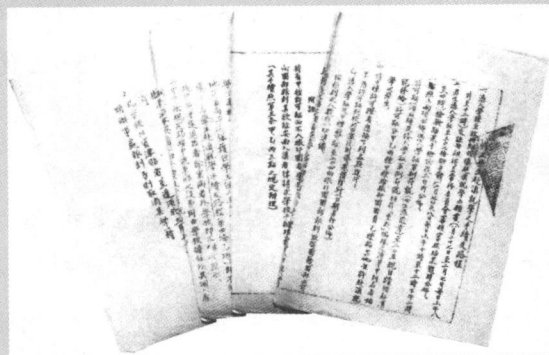

《修正学生赴滇就学之手续及路程》对赴滇就学手续、
要求及路线作初步规定

陈雪屏 邱　椿 吴有训 苏国桢 曾远荣 陈梦家 黄钰生 容肇祖 赵访熊 潘光旦 陈岱孙 罗常培 张景钺 陈之迈 孟昭英 J.J.Gapanovich 周作仁 孙承谔等仝启

一月二十八日

捐助寒苦学生赴滇就学旅费办法

（一）教职员捐款中，提出一千六百元，作为补助贫苦学生赴滇旅费之用。余款用途，俟到昆明后，另行开会决定。

（二）此项旅费补助金，共设八十额，每额二十元。

（三）有下列两种资格之一者，得请求此项旅费补助金：

　　（甲）家境贫寒之男生，已经学校准许赴滇就学，而其身体经检验结果，认为不适宜于长途步行者。

　　（乙）家境贫寒之女生，已经学校准许赴滇就学者。

（四）给予此项旅费补助金时，以下列各点为尽先给予标准：

　　（甲）家境贫寒（须备确实证据，如证明、函件等。）

　　（乙）家在战区。

　　（丙）成绩优良。

　　（丁）年级较高。

（五）凡合于第（三）项下所列资格者，请将本人姓名、年龄、籍贯、系别、年级、家庭目前住址及贫寒实况，书成申请书一封，请教授二人或同学五人签名证明，于二月十五及十六两日内，交文书组转呈常务委员会，以便付予审查。

清华大学档案

庞大的队伍，复杂的行程，必须有严密的组织。根据西迁路线及沿途关口环节，在广州、香港、海防、河口等重要站点分别设立招待处，负责帮助教职员及学生接洽食宿、购买车票等事宜。在昆明设立办事处，并分别确定相关负责人及其他人员。各处负责人：广州为郑华炽，香港为叶公超、陈福田，海防为徐锡良，河口为雷树滋，昆明为秦瓒、庄前鼎、杨石先、汪一彪、王明之、章廷谦、李洪谟等。同时，明确各处负责人履职时限（广州、香港招待处为2月10日至3月5日，海防、河口为2月15日至3月5日）。为加强对昆明办事处的领导，后来又推定蒋梦麟为昆明办事处主任，主持建校事宜，秦瓒为副主任兼管会计事务，李洪谟为助理，王明之、杨石先主管建筑，汪一彪主管交通，章廷谦主管文书。

在即将西迁时，长沙临时大学仍尽可能地为后来的西南联大做好一系列基础工作。

为了长沙临时大学与西南联大行政和教学环节的无缝对接，1938年1月19日，郑天挺拜见蒋梦麟，商谈长沙临时大学迁入昆明后的人事安排。临时大学常委会决定先期设立西南联大总务处、教务处、建设处三处，聘请周炳琳为总务长、潘光旦为教务长、黄钰生为建设长，分别负责相关校务。同时，聘请胡适为文学院院长、吴有训为理学院院长、方显廷为法商学院院长、施嘉炀为工学院院长。上述各位均在本校迁移昆明后执行职务。

对于其他相关事项也一一商议到位，逐一落实。

如，南开大学寄存在天津的图书仪器由学校去函请求中法教育基金委员会资助并设法运往昆明；修正通过交通委员会所拟学生赴滇就学之手续及路程；规定教职员学生统限于1938年3月15日前在昆明校址报到。

同时，梅贻琦函请熊庆来代为觅找校址。

一系列议决确定后，临时大学常委会又通过张榜布告等形式向广大师生通报，广而告之，以利各位做好思想准备和相关安排。

为保证迁滇工作顺利推进，临时大学常委会接受了军训教官雷树滋关于海陆两路的迁滇建议，一路，体格强健而能徒步者，沿着京滇公路徒步到昆明，途中一切费用全部由学校负担。另一路体格欠佳的，则由海道赴滇，途中费用除学校每人津贴20元外，其余费用自己负担。报名徒步的，除了自己报名外，还需要进行体检，体检合格方能获准。

同时，临时大学常委会会议通过《修正学生赴滇就学之手续及路程》，即时公布了学生迁滇原则、办法及注意事项，修订了原来学生赴滇就学的手续及路程，详细规定了赴滇就学志愿书、赴滇许可证的领取及体检、伤寒预防针注射、护照发放、交通膳食费用、迁滇路线等具体事项。规定：学生须领填赴滇就学志愿书，交注册组转呈常委会审核。男生体检合格者领取甲种赴滇就学许可证，凭此注射伤寒预防针并到旅行团团部报到，准备步行赴滇，学校不再发给路费补贴。其他男生及全体女生领取乙种许可证，享受20元路费津贴，接种牛痘，办理乘车证明，提交个人照片，由学校统一办理护照。教职员及学生限于3月15日以前在昆明报到。

1月22日，正式公布了西迁方案，决定在寒假期间由粤汉路循海道经越南入滇。

1月23日下午4时，举行全体教职员茶话会，梅贻琦报告迁滇方案。晚上，蒋梦麟、杨振声等人商谈，希望尽早将师生迁到云南。

1月24日，北京大学召开临时校务会议，报告迁滇要求及设立驻滇办事处等事宜，确定杨振声为总务长。

1月25日，教育部对迁滇一事尚有异议，因此蒋梦麟决定原定26日迁滇的计划暂缓执行，待教育部完全同意后正式出发。

1月27日，学生开始填写

历史回音

　　本校商承教育当局迁往昆明，嗣后关于设备之充实，教学之整理，务集众长，提高效率。凡学生志愿专心求学而成绩及格者，得按规定手续，请求许可证，随往新址，笃志学问。[1]

---

　　① 王学珍：《国立西南联合大学史料（一）总览卷》，云南教育出版社1998年版，第63页。

愿否入滇志愿书。2月5日，志愿填报截止。

当时的学生情况比较特殊，心情也比较复杂。个别学生担心自己吃不了苦走不到昆明而选择放弃，有的因手头拮据而无法成行，有的则到前线参军参战，大部分河南山东籍的同学回去保卫自己的家乡。另外还有约350人留在长沙参加各种战时机构。因此，最后志愿报名并到达昆明的人数只有长沙临时大学开学时的一半。

1月24日至29日，举行第一学期考试。

2月10日，考试成绩合格、符合入滇条件的张榜公布名单。经核准，首批赴滇的学生共821人[①]，第二批补准57人，共878人。

最后，根据自填志愿、检查体格而核准步行者，发给甲种赴滇就学许可证；女生和体弱多病、经医生证明不宜步行的和愿意走海道的人则发给乙种许可证，取道香港转越南海防赴昆明。

取得赴滇许可证的学生立即办理各项手续，走海道的不仅要交照片、种牛痘，还要由学校集体去武汉办理护照。

1月份在长沙临时大学师生们准备搬迁的忙碌中过去，书籍、设备、仪器等打包装箱妥当，卡车、汽油购置到位，其他相关工作也准备就绪。

至2月初，沿途各地招待处和办事处先后成立，有专人负责接待过境学生，安排食宿，帮助购买车船票等。

各项安排妥当，长沙临时大学师生开始有序迁往昆明。从2月17日开始，一千多名长沙临时大学师生陆续告别长沙城，再次开启了这场国难中的文化长征。

经前期多轮考察调研，并与多方沟通协调，长沙临时大学根据人员体质的多样、经费预算的紧张以及整个行程的复杂等实际情况，最后确定西

---

① 王学珍：《国立西南联合大学史料（五）学生卷》，云南教育出版社1998年版，第79页。

迁入滇路线分三路并进。

第一条为香港越南线。成员主要是教师及眷属、体弱不适于步行的男生和全体女生，共计600多人。师生们乘火车沿粤汉铁路经广州至香港，乘船抵达越南海防，再由滇越铁路至昆明。

临时大学常委会第五十四次会议就旅行团的组织工作进行了非常细致的安排，由樊际昌先生、黄梅美德女士和钟书箴女士领导本校赴滇就学女生并照护同人家眷。

准备工作大抵完成后，蒋梦麟从长沙飞香港，然后搭乘法国轮船到越南海防，之后乘火车到河内，再由河内乘滇缅火车到昆明。同行的有陈省身及汪泽涵全家。

走海路的每个人事先都要交照片和证明，然后到驻汉口的外交部统一办理出国护照。长沙临时大学在广州、香港和海防三地设立了办事机构，负责接待和办理签证等事宜。

师生抵达广州后，由郑华炽负责接待，并联系食宿，购买赴港船票。学生借住在岭南大学。这时，岭南大学已开学，学生仅300多人，而长沙临时大学学生一下就来了200多。原本计划只在这里暂住一两天，但因为昆明一时不能完全解决这几百人的住宿问题，只好又在岭南大学继续住了半个月。

这个时候刚好是中国农历正月间，长沙临时大学学生便利用此机会与岭南大学学生联欢，同时游览广州名胜，了解广州风土人情。

1938年3月初，首批赴港学生离开广州抵达香港后，由香港招待处叶公超、陈福田两位教授负责统一代订船票。由于香港开往越南海防的轮船不多，又比较小，一次只能走几十个人，因此长沙临时大学学生在香港停留了较长一段时间。

第二条为广西越南线。这条线人员相对较少，成员主要是陈岱孙、朱自清、冯友兰、郑昕、钱穆等10余名教授。这一路是乘车沿湘桂公路，

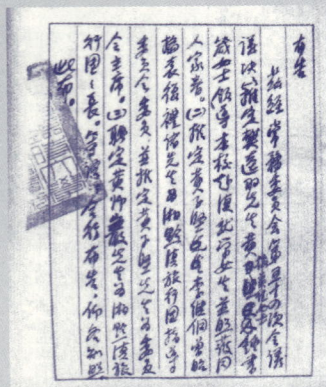
长沙临时大学就赴滇西迁发布布告

出发前部分学生在校园合影

出发前部分教师在校园合影

经衡阳、桂林、柳州、南宁、龙山、谅山、镇南关（今友谊关）到河内，再通过滇越铁路经蒙自、老街、开远、呈贡抵昆明。

由于车票紧张及"港澳航断"等原因，他们的行程一再推迟，且由原来乘飞机改为走公路。2月15日从长沙启程到衡阳，2月17日到桂林，再从桂林出镇南关，转道入滇，3月1日到达昆明。

其间，陈岱孙曾受常委会嘱托，当面感谢广西当局在临时大学决定搬迁时的热情邀请，解释学校何以不迁广西。

第一条线和第二条线都经过越南，因此都须注射霍乱预防针和种牛痘。

第三条为湘黔滇旅行团①西行线。预定计划自长沙步行至常德，自常德乘民船至芷江，自芷江步行至晃县（今新晃），自晃县乘汽车至贵阳，自贵阳步行至永宁，自永宁乘汽车至平彝（今富源），自平彝步行至昆明。这条线路程最远，花费时间最长，影响也最大。

---

① 最初又称湘黔滇步行团。

第二节 迢迢长路
三千里播迁成壮举

长沙临时大学西迁入滇的三路人马中，以湘黔滇旅行团西行一路最为艰难，最值得大书特书。湘黔滇旅行团由 300 多名师生[①]组成，横跨湘、黔、滇三省，历时 68 天，行程 3000 多里，由陆路徒步赴滇，被称为"世界教育史上的新篇章，可以说是空前的，也是绝后的"。

严密组织 全程军事化管理

1938 年 1 月下旬，长沙临时大学西迁已成定局，徒步旅行计划也在酝酿之中。

最开始大家把步行入滇的队伍称作"步行团"，在 1938 年 2 月长沙临时大学发出的步行路线报告里，第一次将队伍正式命名为"湘黔滇旅行团"，为这趟艰难之旅增添了一些轻松的色彩。

2 月 4 日，长沙临时大学关于迁校步行计划公告颁布，就相关行程安排及注意事项先行布公周知。原先彼此互问的"去昆明乎"迅速变成了"步行乎，海道乎"。

然后，西迁工作进入紧锣密鼓的实施阶段。首先是严格筛选团员，必须体格强健，考试成绩不及格则不津贴路费。其次是程序上执行到位，即自愿报名、张榜公布、到注册组办理手续、照格式填表、到旅行团团部报到，

---

① 开始由 284 名学生，11 名教师和若干教官、医官及负责伙食的人员组成。后来学生增加到 290 人，总人数达到 347 人。

缺一不可。

2月4日，学校发布体检公告，明确要求体检合格者才能步行入滇。

2月7日至8日，集中体检。个别瘦弱的学生为了成为旅行团成员，担心自己体重不达标，

还偷偷往怀里藏上几本书，后来"小动作"被发现，老师仍予以"照章执行"。有三位首次体检未能通过的学生，在严格复查后，才得以进入旅行团队伍。

2月14日，召开动员大会。

2月19日，举行开拔仪式。

2月20日，正式启程，湖南省政府秘书长陶履谦作出发前的训话。

根据自愿申请，经体格检查，首批284名学生获准加入湘黔滇旅行团。另有11位教师自愿加入。他们是：哲学系教授黄钰生，中文系教授闻一多、教员许维遹、助教李嘉言，生物系教授李继侗及助教吴征镒、毛应斗、郭海峰，化学系教授曾昭抡，地理系教授袁复礼、助教王钟山。

为了保障安全、便于管理，长沙临时大学专门成立了黄钰生为主席，李继侗、曾昭抡、袁复礼为委员的湘黔滇旅行团辅导（指导）委员会，闻一多、许维遹、李嘉言、吴征镒、毛应斗、郭海峰、王钟山随团指导，负责日常具体领导工作。

为保障沿途生活及身体健康，学校给旅行团配备炊事员2名，另有徐行敏等3名医官随行，又专门配备两辆卡车运送行李。

时任湖南省政府主席张治中还安排为参加旅行团的学生每人配置一套

---

　　[1]　王学珍：《国立西南联合大学史料（一）总览卷》，云南教育出版社1998年版，第63页。

湘黔滇旅行团辅导团。左起：李嘉言、郭海峰、李继侗、许维遹、黄钰生、闻一多、袁复礼、曾昭抡、吴征镒、毛应斗（缺王钟山）

旅行团印章印模及辅导（指导）委员会主席黄钰生的私人印章印模

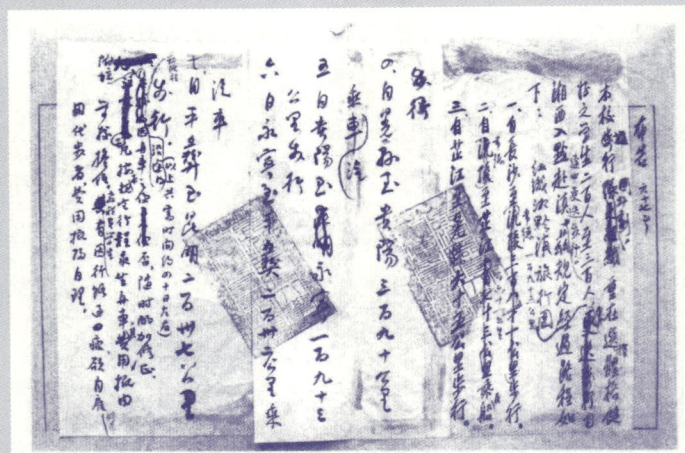

旅行团行程安排之布告草稿

行军装备：土黄色军服、绑腿、干粮袋、行军水壶、黑色棉大衣以及一柄油纸伞。途中由学校雇用汽车、民船，更迭步行与乘车船，以资休息。

关于赴滇路线，旅行团也进行了具体计划，对每一路段都作了测算，并对车船等交通工具都作了安排。

从长沙至昆明预计1671公里，路线共分成七段：从长沙至常德，193公里，步行；常德至芷江，361公里，乘船；芷江至晃县，65公里，步行；晃县至贵阳，390公里，乘汽车；贵阳至永宁，193公里，步行；永宁至平彝，232公里，乘汽车；平彝至昆明，237公里，步行。

原计划一天走20至35公里，共71天，途经20个县城各休息一天（贵阳休息2天）。后来因途中情况复杂，旅途计划有所改变，主要是舟车代步减少，步行行程大幅增加。除了休整、天气阻滞以及从长沙到益阳、从常德至桃源乘船和从沅陵到晃县乘汽车等少数路段舟车代步外，实际步行40天，几乎为原计划步行688公里的两倍，达1300公里，约占总行程1671公里的78%。实际4月28日抵达昆明，全程历时68天。

全体成员用自己的双脚丈量祖国山川，也用自己的双脚书写"刚毅坚卓"四个闪光大字。

300多人，途经湖南贵州云南三省，1600多公里，路途遥远，路况复杂，加之所经过地区瘴气流行、匪盗出没，一路艰辛可想而知。

为了保证沿途的安全，湘黔滇旅行团全团置于正规的军事纪律之下，实施严格的军事化管理。

张治中对湘黔滇旅行团予以特别关照，特意派遣军医官、军训官以及武装人员随行护送。

据此，军事委员会指派军委会参议、中将黄师岳担任湘黔滇旅行团团长，由军训总教官毛鸿上校担任旅行团参谋长，有组织地对湘黔滇旅行团实行军事管理。

旅行团首先建立层级管理模式，实行全方位覆盖，全天候联动，专人专责，不留盲区和死角。所有学生被分成两个大队，每个大队辖 3 个中队，每个中队设 3 个小队，计全团 2 个大队、6 个中队、18 个小队，基本上15 个学生为一小队。大队长分别由教官邹镇华、卓超二人担任，中队长、小队长则一律由学生担任。并从中挑选 12 个学生，分成 4 组，每组 3 人，负责每星期轮流到团部服务，协助保管旅行图书档案、写作旅行日记、司听广播无线电、摄影等。此外，还有一位汉口《大公报》记者齐长城随行。

另外，以团为单位还设有团本部与辅导委员会。团本部设有经理处（副官 2 人）和医务处两个处，校医助理徐行敏等 3 人为随团医生。辅导委员会负责指导学生如何考察与研究，完成出发前预定的教育和科研任务。每个大队配备一个伙食班，包括一名炊事员及五六名学生，炊事员由学校聘请。

按照团长指示，每名学生将旅途必备用品如被褥和换洗衣服等物打包成重量不超过 8 公斤、体积不超过 4 立方尺的行李一件[①]，由学校雇用的两辆卡车随团运送。不能随团携带的其他物品，出发前交学校统一代运[②]，随学校可移动校产一起，到达昆明后凭收条领取。

按照规定，步行者路上一切费用全由学校负担，共花费 1.8 万元，每人每天膳食费 0.4 元，零用 0.2 元，每人可以自由支配，但主要用以购买草鞋等用品，且必须有记账备查。

黄师岳四十来岁，不仅十分熟悉将要经过区域的地形地理，而且有长距离行军经验。根据路途及行程，他科学规划行军计划：依湖南习俗安排早饭和起程时间；照几何学定理，走两点间直线；遵卫生学规定，注意团员精力的合理分配。以养成军人式宿营的习惯和着重学术研究为目的，每天早晨 6 点起床，6 点半吃早餐，7 点出发。每次由团长或参谋长规定次

---

① 后来实际上每人行李少于 10 公斤，两人合打一个。

② 每人不超过 25 公斤。

日行经路程及宿营点。辅导委员会则指示沿途的注意事项。

每天听到一阵阵不十分纯熟的起床号，睡眼惺忪的同学一个个揉着眼，搓着脸，一咕噜爬起来，以最快的速度卷起铺盖、完成洗漱，然后精神抖擞赶到集合点。

一开始，旅行团采取标准的两路纵队沿道路两侧齐头并进的部队行军方式。团员们除了多一副眼镜，外表几乎和士兵没区别，沿途百姓不知情，有的说他们是警察，有的说他们是航校学生，也有的说他们是从前线退伍下来的战士。

到了后来，由于每个人的体质不一，步调一致的要求难以实现。于是，黄师岳及时调整思路，并与辅导委员会商议，根据实际情况改变行军方式。即：清晨整队出发后，团员们可以三五成群随意组成若干小队伍，自行掌握行军速度和休息节奏，但要保证午饭打尖 ①、晚饭及住宿统一集合，确保一个不落。

于是，一帮"孔武有力"的就大踏步先行，一些体能较差的则"打游击"，落在队伍后面紧赶慢赶，快的慢的先后到达，但都不影响吃饭正点。

当时有人统计，40 天的步行，只有 12 个晴天，行军不管刮风下雨甚至下雪，平均每天步行 32.5 公里，最多的一天达到 53 公里，每天晚饭前必须清点人数才能开餐。

"事非经过不知易。"很多人脚底磨出了一个个血泡，晚上用针挑穿，第二天继续上路。第一天，十七八公里，第二天，二十二三公里……越到后来经验越多、干劲越足、速度越快，哪怕是体力最差的都能不费劲完成每天的行程。到后来，即使是冰天雪地，即使是险峻山岭，一天也能走上三四十公里。

为对付贵州一带的瘴气，预防旅行时最易犯、最危险的伤寒和肺炎，

_____

① 俗语，指行路途中吃便饭。

土黄色军服、绑腿、干粮袋、行军水壶、黑色棉大衣、油纸伞成为旅行团团员的标配

随队的湘雅医生给所有同学都打了伤寒预防针，还准备了金鸡纳霜丸，预防疟疾发生。由于预防措施到位，直至"长征"结束，除了部分人员旅途开始时脚出现起泡现象外，没有发生一例重大疾病，连伤风感冒之类的病也很少。

旅行团能安全顺利徒步完成三千里迁徙，也与沿途各级政府和广大民众的大力支持密不可分。

湖南省政府主席张治中尽管最初十分反对长沙临时大学搬迁，但当湘黔滇旅行团即将成行时，他不仅安排陆军中将黄师岳和军医官、军训官全程护送，安排两辆卡车帮旅行团运送行李和物资，还给每位团员配备行军装备，甚至还赞助了五头猪给旅行团。而且，专门派人与"湘西王"打招呼，告知有一批穷学生将"借道"湘西与黔境到云南读书，让传令沿途各"广棚""土棚"和"斗板凳脚"①，以民族大义为重，不要对其骚扰。

云南省政府主席龙云不仅热情欢迎长沙临时大学迁入云南，并且在2月21日即发出训令，指示沿途经过各县县长"妥为护送"，做好迎接工作。

贵州省政府也下令军队和政府官员在师生迁移沿途给予保护和照顾。

沿途主要经过城镇有湖南的益阳、常德、桃源、沅陵、晃县，贵州的玉屏、

---

① 当时民间对土匪的俗称。广棚，人数在千人以上，有机枪小炮等武器，实力较强；土棚，人数在千人以下，只有长短枪，实力较弱；斗板凳脚，时聚时散的零星土匪，每人拎一个小板凳围成一道坐着，完了各自拎着小板凳回家。

镇远、贵阳、镇宁、安南，云南的平彝、曲靖，一路险象环生。

在旅行团成员的回忆中，印象最深的惊险莫过于沿途有关土匪的传闻。

旅行团刚进入湘西山区，即传言土匪猖狂，夜里团员惶惶不敢入眠。尽管有各地政府和黄师岳团长提前"打招呼"，有些路段他们还是走得胆战心惊。长沙临时大学学生向长清在《横过湘黔滇的旅行》一文中回忆道：把铺盖摊好睁着朦胧的眼睛正想倒下头去，忽然间传令兵传来一个可怕的消息，说就是那一批土匪快要迫近这里了。顿时山腰间布满了紧张恐怖的空气，灯放射出的黄光，到后来索性吹灭了，变成一片漆黑。最初有人主张放哨，可是赤手空拳的那有什么用，幸而我们的大队长挺身出来独当一切。时间一分一秒地爬去，土匪却没有来。恐惧终究是挡不过疲倦的，大家终于都昏昏入睡了。因此当第二天那破裂的号音在屋角吹响的时候，我们才知道已经平静地度过了一夜。

所幸一路上除刚开始听到一些零星枪声、受过一点虚惊之外，旅行团没有与土匪正面接触，基本没有受到土匪的骚扰。

在贵州玉屏县，旅行团抵达县城前，县长具名布告商民"值此国难严重，对此复兴民族之领导者，各大学生，当倍加爱护，将房屋打扫清洁，欢迎入内，并予以种种之便利"。

3月17日，当旅行团到达玉屏县城，县长又亲自率各界代表和童子军举行欢迎仪式。各地保长敲锣警示，告知民众不能对过路的旅行团抬高物价。

3月21日，镇远县在省立示范学校举行欢迎仪式，并设晚宴招待。

3月30日，旅行团到达贵阳，贵州省政府主席在花溪举行盛大欢迎会，邀请全团成员共进午餐。

到达云南境内，云南省政府派来汽车运送旅行团行李。4月19日，旅行团到达云南平黎县，县长致欢迎词并设宴招待。

沿途所到之处，也得到民众的欢迎。不少地方贴出欢迎告示，还组织学生在城门口列队欢迎。还有的学校或举行联欢会，或为旅行团运送行李，

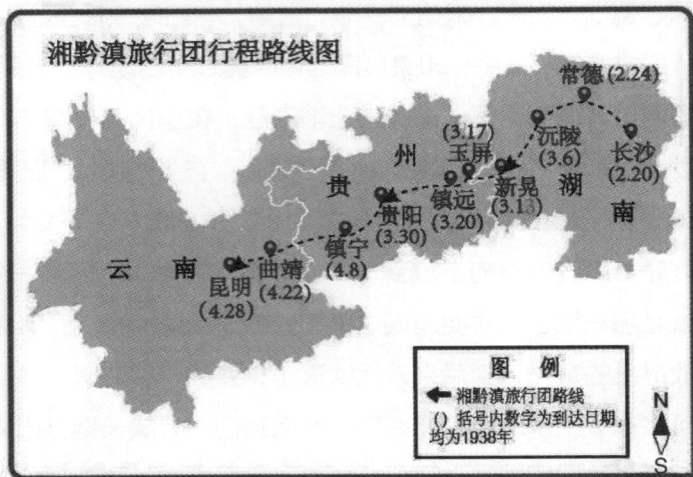

湘黔滇旅行团行程路线图

或为旅行团提供住宿，或为师生们的采风调研提供素材，尽力为旅行团提供便利和帮助。

脚步丈量时 研学进行中

师生们沿途栖风宿雨，跋山涉水，不仅经受了体力和意志上的种种考验，更是经历了一次将教案写在行军路上、将作业写在田间地头的经典实验。

本着"迁移之举本身即是教育"的原则，长沙临时大学常委会在制订湘黔滇旅行团西行方案时即重点作了两个方面的考虑，一是学识上的教育，即把它当作一次研学旅行活动；二是精神和体力上的训练、磨炼，包括纪律和安全方面的考验。

常委会第四十七次会议明确要求，学生步行沿途必须作调查、采集等工作，且借以研习各地风土民情，务使迁移之举本身即是教育；步行学生到昆明后，所缴报告成绩优良者，学校予以奖励。

在这样一次大规模、长时间的旅行过程中，师生沿途开展调查和采集工作，充分地与自然、人文和社会接触，探秘自然、采风问俗、社会调查及文化考察，收集到大量的一手资料或照片。

西行途中，辅导团的老师们不失时机地进行实地教学。闻一多讲述桃花源地名的原始意义，指导学生收集民歌、研究地方语言和民俗；吴征镒专注于采集植物标本；曾昭抡就地讲述中国工业概况；李继侗介绍云南农村的情况；袁复礼在湘西、黔东讲河流、地貌和岩石的构造变形及矿产情况，在黔西讲岩溶地貌和地形发育。

湘黔滇旅行团指定丁则良等 3 人为日记参谋，全面记录旅行团活动，写成了约 20 万字的日记 ①。部分团员的日记当时即付梓刊发，如《湘黔滇三千里徒步旅行日记》等。哲学系刘兆吉把搜集的民歌整理成《西南采风录》交商务印书馆出版，朱自清、闻一多、黄钰生分别为此书作序。政治系钱能欣整理出版了旅行日记《西南三千五百里》，详细介绍沿途见闻。外文系三年级学生林振述（林蒲）则将旅行日记整理成文在《大公报》连载多期。中文系二年级学生向长清的《横过湘黔滇的旅行》、生物系助教吴征镒的《"长征"日记——由长沙到昆明》等都对湘黔滇旅行进行了详尽而生动的记载。

在老师们的垂范下，旅行团的学生采集了不少标本，搜集到了上千首民间歌谣。

在贵州境内，当地单一而贫乏的经济状况、苗民的清苦生活、各异的民族风俗以及各地泛滥的烟毒，也促使旅行团师生进行了极为深刻的思考。

向长清在《横过湘黔滇的旅行》中写道：三千多里走完了，在我心头留下了一些美丽或者惨痛的印象。恐怖的山谷、罂粟花，苗族的同胞和瘦弱的人们，使我觉得如同经历了几个国度。他颇有感触地说，对于抗战而言，边远地区还远远没有动员起来。一路上简直就看不出什么战时的紧张

---

① 可惜在香港商务印书馆付印时，因太平洋战争爆发而不幸失落。

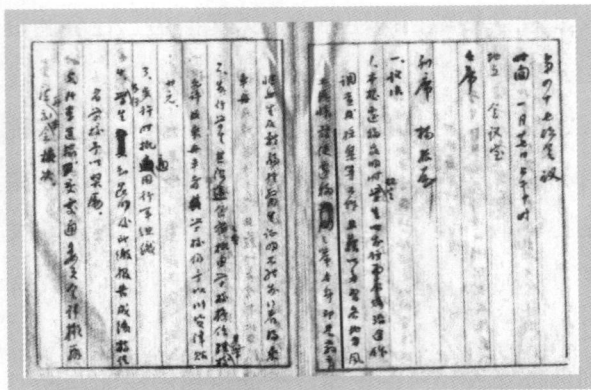

1938年1月27日，长沙临时大学常委会第四十七次会议规定旅行团的任务为：调查采集，习各地风土民情，"务使迁移之举本身即是教育"。

状态，只不过大都市里多了几个穷的或者富的流浪者，乡村充满了抽丁的麻烦或者土匪的恐怖而已。

在这次长途跋涉中，知识分子的责任感得到了极大升华，正如团员马伯煌所说：在西南联大的精神结构中，也有徒步3500里的因素在内。土木工程系学生杨式德在他的《湘黔滇旅行日记》中写道：要为中华民族建立一种灵魂，即soul，一种生气，即vitality。

68天的迁徙，是一场课程资源十分丰富的野外考察和社会体验。师生们沿途既饱览名胜古迹和秀丽山川，也探秘自然与研究人文，更接触民众和调查社会，极大地增强了对国家和民族的了解，更增添了自己肩负的责任和使命。因此，湘黔滇旅行实实在在成为一次真实的、成功的研学旅行。

披荆斩棘 向阳向前向未来

2月19日下午，旅行团全体成员在湖南圣经学校门前集合宣誓，准备启程。团长黄师岳在出发训话中阐明此次行军是第四次中国文化大迁移，目的是为了保存国粹、保留文化，其重大意义可与历史上的张骞通西域、玄奘游天竺、郑和下西洋相提并论，给全团以极大的鼓舞。

毛鸿教官善于作思想动员和心理辅导，一路上不断给大家加油、打气、鼓劲。师生们不时开开玩笑，打打扑克，以抵消旅途的辛苦和乏味。一些开始还消极颓废甚至追求享乐的学生，经过老师教育、同学帮助、媒体监督和社会各界的教化，后来都有极大改观。

在这段1600余公里的旅途中，自始至终坚持走下来的教授只有闻一多、李继侗、曾昭抡三人。在长沙出发前，杨振声曾打趣年过四十、身体瘦弱的闻一多，说："一多加入旅行团，应该带一具棺材走。"当他们在昆明相逢时，闻一多则笑着回敬："假使这次我真带了棺材，现在就可以送给你了。"

一路上，闻一多对沿途各少数民族地区的习俗、语言、服装、山歌、民谣、民间传说表现出浓厚的兴趣。在给妻子高孝贞的信中，他兴高采烈地写道："至于沿途所看到的风景之美丽、奇险，各种的花木鸟兽，各种样式的房屋器具，和各种装束的人，真是叫我从何说起！途中做日记的人甚多，我却一个字还没有写。十几年没画图画，这回却又打动了兴趣，画了五十几张写生画。打算将来做一篇序，叙述全程的印象，一起印出来作一纪念。"

刘兆吉很珍惜这次徒步旅行，利用这次机会，记录了不同地方的民谣民歌，最终著成了《西南采风录》。曾昭抡从来不抄近路，每天早上起来先看书后吃饭，然后上路一步步测量路碑准不准，忘了数还会跑回来重测。

穆旦则总爱一个人小声地背英文词典，背一页就撕一页，走到昆明时他撕完了整本词典。

宿营地主要是学校、客栈和破旧的庙宇，有时床铺旁边就是一口棺材，甚至陪睡的是一群猪、牛，也只能将就，决不能讲究。因劳累过度，就算在潮湿的地面铺上稻草，即使臭气冲天、骚味扑鼻而来，也能一下子进入美美的梦乡。

在贵阳，师生游览了甲秀楼、黔灵山等名胜，领略了贵阳的大好春光。离开贵阳，经安顺，至镇宁，游火牛洞，赏黄果树瀑布，渡过水流湍急的盘江。至贵州晴隆时，前方传来台儿庄大捷的消息，旅行团精神为之一振，冒雨在当地小城举行祝捷大会，就地进行抗日宣传。

一路上沿公路走，大家都感觉到，湖南的公路修得最好。

1938年4月30日，西南联大关于湘滇黔旅行团到达云南昆明的电报

1938年，西南联大校领导与湘黔滇旅行团辅导团成员留影

1938年4月9日，旅行团成员们抵达距离昆明还有100多公里的关口。在这天早上的集会上。黄钰生教授报告了学校的最新消息：长沙临时大学更名为"西南联合大学"。

4月28日，经过68天的长途跋涉，旅行团全体成员抵达昆明。

队伍到达金碧广场，写着"欢迎湘黔滇旅行团"的丝绸横幅格外醒目。从其他路线来到昆明的师生们，唱起了语言学家赵元任填词的歌曲：It's a long way to Lianhe Daxue. It's a long way to go。

蒋梦麟、梅贻琦、杨石先、潘光旦、马约翰等教授带领部分先期抵昆的学生伫立欢迎，赵元任夫人杨步伟、蒋梦麟夫人陶曾毅、黄钰生夫人梅美德带领部分教授夫人向旅行团献花。

队伍穿过昆明城到达北侧的圆通公园，西南联大师生为旅行团举行了隆重的欢迎仪式。常委梅贻琦、团长黄师岳以及师生代表先后致辞。

黄师岳按照旅行团花名册逐一点名，然后将花名册交给梅贻琦，如释重负地说："我在长沙从你手里带走了200多人①，现在我把他们还给你。根

---

① 实际上中途增加了少数人。

历史回音

《迢迢长路去联合大学》

赵元任

It's a long way to Lianhe Daxue

迢迢长路去联合大学

It's a long way to go

迢迢长路

It's a long way to Lianhe Daxue

迢迢长路去联合大学

To the finest school I know

去我所知最好的学校

Googbye Shengjing Xueyuan

再见 圣经学院

Farewell Jiucai Square

再见 韭菜园

It's a long way to Kunming City

迢迢长路去昆明

But my heart's right there

那是我心之所在

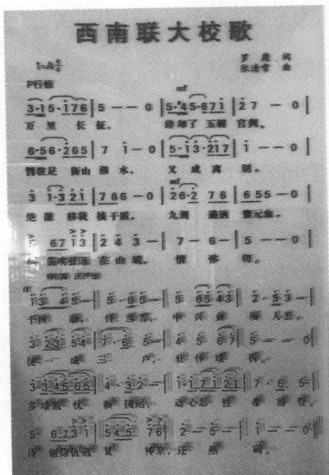

西南联大校歌

据名单，所有人都在这里。"会后，黄师岳在海棠春宴请旅行团全体师生。次日，旅行团成员游大观楼并举行联欢会，庆祝此次"文化长征"的胜利结束。

在抗战背景下，这次非同寻常的教育长征，用行动表达了中国知识分子坚持抗战的不屈意志和心系国家民族命运的伟大情怀。正如杨振声教授所说，西南联大"最值得大书特书的是自长沙徒步至昆明的旅行团了"。1946年11月1日，在"西南联大九周年校庆庆典"上，胡适也感慨道：我对于长沙率领学生步行六十八天，历一千英里之旅的教授们，表示崇敬。

这段光荣的历史，不但值得联大纪念，在世界教育史上也值得纪念。

国立西南联合大学校门

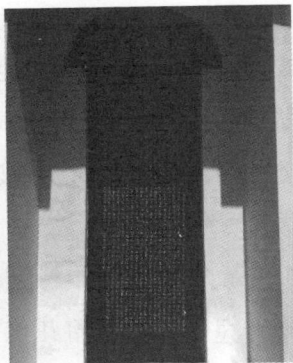

国立西南联合大学纪念碑

158

从 1937 年 8 月组建至 1938 年 4 月正式更名为"国立西南联合大学"，长沙临时大学的历史只有短暂的 9 个月，正式上课时间不足一个完整的学期。然而，特殊的历史使命凸显特殊的历史地位。长沙临时大学在西南联合大学辉煌历史中占有不可或缺的篇章，在中国教育史和中国革命史上写下了浓墨重彩的一页。

长沙临时大学的独特贡献和历史地位，深深镌刻在西南联合大学熠熠夺目的校史中

"万里长征，辞却了五朝宫阙。暂驻足衡山湘水，又成别离……"西南联合大学这首极富感染力的校歌，唱出了长沙临时大学的悲壮激昂。

"再见，圣经学院，再见，韭菜园，迢迢长路云昆明。"歌曲《迢迢长路去联合大学》的字里行间充满着对长沙临时大学的浓浓情愫。

"二十六年平津失守，三校奉命迁移湖南，合组为国立长沙临时大学，以三校校长蒋梦麟、梅贻琦、张伯苓为常务委员主持校务，设法、理、工学院于长沙，文学院于南岳，于十一月一日开始上课。"长沙临时大学的光辉历史被深深镌刻在西南联合大学不朽的丰碑上。

长沙临时大学以三校"通家之好"，扬"五色杂陈""相得益彰"的教育之风，筑垒起西南联合大学这座"珠穆朗玛峰"的坚实基座

"凡一校精神所在，不仅仅在建筑设备方面之增加，而实在教授之得人。"1932年9月14日，在清华大学开学典礼上，梅贻琦校长以《教授的责任》为主题作演讲。他强调指出，"所谓大学者，非谓有大楼之谓也，有大师之谓也"。毋庸置疑，长沙临时大学为此作了很好的诠释。

长沙临时大学的硬件实在软，软件实在硬。当时长沙临时大学在册的学生1500多位，教职工255位，其中任教的专任讲师和教授就达148位。在南岳文学院，学生只有80多位，教授却有20多位。大师云集，名家荟萃，最基础的课程往往由最具资历的名家大师执教。在这里，校长为教授搬凳子、倒茶水，司空见惯；教授替学生买书籍、查资料，习以为常。

为了让学生养成多元思想，不同教授可以同时开设同一课程"摆擂台"，同一教授可以同时开设多门课程"亮功夫"。为了让更多学生有更广阔的学术视野，有的教授开设上十门课程，倡导学生文理交融，中西贯通，多学科跨界，多角度思维。遇上一些热门教授的课，学生们常常上演"抢座位"大战。

北京大学、清华大学、南开大学三校素有"通家之谊"的传统。合组后的长沙临时大学坚守着北京大学"思想自由，兼容并包"、清华大学"自强不息，厚德载物"、南开大学"允公允能，日新月异"的办学精神，"八音合奏，终和且平"，为西南联大"内树学术自由，外筑民主堡垒"之盛誉奠定了基石。

从国立长沙临时大学到西南联合大学，共走出了2位诺贝尔奖得主、4位国家最高科学技术奖获得者、8位两弹一星功勋奖章获得者，170

多位院士，100 多位各界大师……西南联合大学堪称教育界的"珠穆朗玛峰"，长沙临时大学无疑是这座珠峰的坚实基座。

长沙临时大学师生筚路蓝缕、栉风沐雨，为西南联合大学"刚毅坚卓"的校训储能蓄势，为西南联合大学"一联到底"铺就来源路径

"为使抗敌期中战区内优良师资不至无处效力，各校学生不至失学，并为非常时期训练各种专门人才以应国家需要起见"，长沙被选定为"适当地点"筹设临时大学。在此背景下成立的长沙临时大学无疑肩负着特殊的历史使命。

时任教育部部长王世杰曾致电张伯苓、蒋梦麟、梅贻琦三位校长，希望长沙临时大学"借公等之经营，必能创一文化中心"，"为教界树立新范"。长沙临时大学师生不负众望，在炮火中办教育，于艰难中求生存，在磨难中图发展，在历史坐标上彰显了文化张力、教育魅力。

当时，根据战时需要成立的还有国立西北联合大学和东南联合大学，由于种种原因，它们都在短暂的时间内拆分解散了。长沙临时大学后来西迁昆明，实属迫不得已，可谓壮志未酬。由于长沙临时大学及时西迁，才有效保存了难得的教育机构及人才。也正是由于长沙临时大学薪火相传，弦歌不绝，才成就了西南联合大学"一联到底"、善始善终的教育界传奇。

长沙临时大学注重让教育与国家前途命运紧密相连，广大师生拳拳爱国之心、热切爱国之举，为长沙这座抗战文化名城增添了热力，为伟大的抗战精神注入了活力

"在中国今日状况之下，除安心读书外，还要时时注意到国家的危难。吾们如果要像欧洲中世纪僧院的办法，是绝对做不到的。"梅贻琦曾谆谆教导学生们必须树立爱国思想，而不能"一心只读圣贤书"。

组成长沙临时大学的北大、清华、南开三校既具有优良的学术风尚，也具有光荣的革命传统。长沙临时大学聚集了一批信仰坚定的中国共产党人，建立了长沙临时大学党支部，为西南联合大学党组织保留了珍贵"火种"。他们为抗日救亡高擎猎猎旌旗，为国家的和平、民主奋力呐喊，甚至血洒疆场。

何懋勋来到长沙临时大学不久就毅然投笔从戎，北上抗日，最后壮烈牺牲，被称为"拿自己血肉调换中华民族、国家之复兴者"。民主斗士闻一多用自己的果敢行动诠释着爱国知识分子的铮铮铁骨。顽强的红岩志士刘国鋕，以自己殷红的热血，写就了青年一代的时代强音……

从长沙临时大学到西南联合大学，寻着历史的车辙，我们感悟到一批批爱国师生凭借"学者之风骨"，挺起"国家之脊梁"，彰显了伟大的抗战精神。习近平总书记在西南联大旧址考察时强调，"教育要同国家之命运、民族之前途紧密联系起来"。长沙临时大学努力了，做到了！在努力建设中国特色世界一流大学的砥砺前行中，我们依旧能听到长沙临时大学穿越历史的铿锵回音！

附录

大事记略
（1937 年 7 月—1938 年 4 月）

1937 年

7 月

7 日　卢沟桥事变。

9 日　蒋介石开始在庐山举行国事谈话会，北京大学校长蒋梦麟、清华大学
　　　校长梅贻琦、南开大学校长张伯苓以及北大、清华教授胡适、傅斯年、
　　　顾毓琇、陈岱孙、庄前鼎等参加。

29 日　北平陷落。日机轰炸天津八里台南开大学，主要建筑物被毁。

8 月

5 日　日军占领清华园。

13 日　日军进攻上海江湾、闸北市区。八·一三淞沪抗战爆发。

19 日　教育部在南京举行会议讨论在长沙设立临时大学组织筹备委员会事宜。

28 日　教育部高等教育司分函北大、清华、南开三校称，奉部长密谕："指
　　　定张委员伯苓、梅委员贻琦、蒋委员梦麟为长沙临时大学筹备委员会
　　　常务委员，杨委员振声为长沙临时大学筹备委员会秘书主任。"

30 日　教育部向中英庚款董事会商借 50 万元为临时大学开办费。

△　　梅贻琦等赴长沙，筹组临时大学。北大、清华、南开三校分别通知各
　　　地师生南下长沙。

9 月

3 日　清华大学办事处在长沙成立。

△　　日军进驻北大第二院和灰楼新宿舍。

10 日　教育部发出第 16696 号令,正式宣布以北京大学、清华大学、南开大学合组设立国立长沙临时大学,并公布筹备委员会委员、秘书主任名单。

13 日　长沙临时大学筹委会举行第一次会议,商议校舍及经费问题。常委分工:蒋梦麟负责总务,梅贻琦负责教务,张伯苓负责建筑和设备。中央警官学校让出四十九标营房房舍一部分,租用湖南圣经学校及南岳圣经学校房舍,中美庚款董事会先补助本校开办费 25 万元。

16 日　长沙临时大学第一次常委会推定:陈岱孙、冯友兰(冯芝生)、梁实秋、饶毓泰(饶树人)、杨石先、赵迺抟、方显廷、吴有训(吴正之)、顾毓琇(顾一樵)等 9 人为图书设计委员会委员,由陈岱孙负责召集;杨石先、饶毓泰、曾昭抡、张景钺、孟广喆、吴有训、顾毓琇、李继侗、孙云铸等 9 人为理工设备设计委员会委员,由杨石先负责召集。对开办费议定分配如下:图书费 5 万元(文法商 70%,理工科 30%),理工设备费 15 万元,其他设备费 5 万元(不久教育部通知改为 20 万元,分配数按比例缩减)。

18 日　第二次常委会决定:(一)常委会下属总务、教务、建筑设计各机构分组并指定负责人。(二)设立课程委员会,推定梅贻琦、樊际昌、黄钰生、潘光旦、冯友兰、吴有训、陈岱孙、顾毓琇、饶毓泰、叶公超、张忠绂、杨石先、方显廷为委员,由梅贻琦负责召集。(三)改定开学日期为 10 月 25 日,开始上课日期为 11 月 1 日。

25 日　长沙临时大学筹借校舍基本就绪:校本部租用位于长沙韭菜园的湖南圣经学校,男生住四十九标营房,女生住涵德女校。法商学院、理学院及工学院土木系在湖南圣经学校上课,电机、机械两系借用湖南大学部分教室设备,机械系航空班在南昌清华大学航空研究所和南昌航空机械学校上课,化工系在重庆大学寄读,由本校派教师前往授课。

28 日 启用"长沙临时大学筹备委员会关防"。

本月国民政府实施紧缩政策，原核定北大、清华应领经费按七成拨发。南开大学的经常补助和建设事业专项补助拨款也按七成拨付。由于经费短缺，三校教职员薪金自本月起一律以 50 元为基数，余额按七成发给。

9 月下旬，中共长沙临时大学党支部成立，支部书记丁务淳，党员29 人。

10 月

2 日 第四次常委会通过长沙临时大学借读生简章，并通过临时大学所设学系：（一）文科：中国文学系、外国语文学系、历史社会学系、哲学心理教育学系；（二）理科：物理学系、化学系、生物学系、算学系、地质地理气象学系；（三）工科：土木工程学系、机械工程学系、电机工程学系、化学工程系；（四）法商科：经济学系、政治学系、法律学系、商学系。

4 日 第五次常委会推定各学系教授会主席。

6 日 第六次常委会修正临时大学预算分配比例：薪金及工资 65%，办公费12%，购置费 14%，特别费 2%，学生用费 7%。

7 日 第七次常委会通过临时大学会计室组织规程及该室款项收支暂行办法。

15 日 长沙临时校舍不敷分配，决定文学院设于南岳圣经学校分校。

18 日 长沙临时大学学生开始报到。

△ 第十二次常委会决议：（一）战区学生（东北三省、热河、河北、山西、绥远、察哈尔、上海县、宝山县学生）准予缓交本学期学费及预偿费。（二）在长沙孤儿院或涵德女校空地建设化学实验室及物理修械室。

19 日 第十三次常委会决议：在学校经常费项下，节省 5000 元作为贷金，救济困苦学生，并组织贷金委员会，办理学生贷金事宜。推定朱自清等 7 人为委员，由朱自清负责召集。

20 日 第十四次常委会通过贷金审查办法及女生宿舍规则。

24 日 注册截止。

26 日 举行 1937—1938 年度第一学期开学典礼。

27 日 第十六次常委会通过建筑设备组组成规程和办事细则。

28 日 文学院各学系教授会主席合组文学院院务委员会，推定朱自清负责召集。

△ 新、旧生开始选课。

29 日 朱自清因赴南岳，请辞贷金委员会召集人之职务，改推施嘉炀继任。加推戴修瓒、陈岱孙为贷金委员会委员。

△ 朱自清请辞文学院院务委员会召集人之职务，改推吴俊升继任。

31 日 三校已报到教师共 148 人，其中北大 55 人，清华 73 人，南开 20 人。

11 月

1 日 1937—1938 年度第一学期开始上课。

△ 第二十次常委会推定马约翰为本校体育组主任；潘光旦等四人为学生宿舍管理委员会委员，由潘光旦负责召集。

3 日 第二十一次常委会决议：临时理工实验室暂缓建设，函请清华大学暂借长沙岳麓山校舍应用。建筑费 2 万元，移作理工设备及图书购置之用。

12 日 上海失陷。

13 日 第二十五次常委会通过 1937—1938 年度校历。

15 日 长沙临大筹委会举行第六次会议，筹备工作结束，并呈报教育部。

△ 推定张伯苓为军训队队长兼学生战时后方服务队队长，黄钰生、毛鸿为军训队副队长兼学生战时后方服务队副队长。

17 日 第二十七次常委会通过学生军训队奖惩要则及作息时间表。

18 日 历史社会学系刘崇鋐请辞教授会主席职务，改推雷海宗继任。

19 日 文学院在南岳开始上课。

20 日 截至 20 日，全校共有学生 1452 人报到，其中北大 342 人，清华 631 人，南开 147 人，北大、清华联合在武昌招收新生及南开中学升班新生共 114 人；借读生 218 人。

24 日 第三十次常委会通过学生贷金审核办法，核准领取贷金学生名单。

29 日 学校布告：军事管理办法，自本日起实施。

12 月

6 日 第三十二次常委会推定章廷谦为秘书处秘书兼文书组主任。

10 日 第三十三次常委会决定成立国防服务介绍委员会及国防技术服务委员会。

△ 学校布告：凡服务于与国防有关机关者得请求保留学籍，其有志服务者，由学校介绍。

13 日 日军侵占南京。学校开始议论再度迁校。

15 日 第三十四次常委会加推樊际昌、陈福田为军训队副队长，学生训育事宜由军训队正副队长负责处理。

24 日 第三十六次常委会决议，请蒋梦麟向政府接洽，必要时提供迁移所需的交通工具及组织学生为国防服务事宜。

29 日 第三十九次常委会成立交通委员会，推定黄钰生、庄前鼎、沈履、樊际昌、潘光旦为委员，由黄钰生负责召集。

△ 决定将国防服务介绍委员会与国防技术服务委员会合并为国防工作介绍委员会。

本月 先后邀请张治中、陈诚、陈独秀、徐特立、张季鸾等著名人士来校演讲。

△ 部分学生陆续奔赴抗日前线或去延安。

1938 年

1 月

19 日 国民政府最高当局批准长沙临时大学迁往昆明。

20 日 第四十三次常委会决议：（一）学校迁往昆明，教职员路费津贴每人
65 元，学生每人 20 元。昆明及沿途各地办事处人员除川资津贴外，
由学校负担宿费，并加发办公费每人每日 5 元。（二）教职员学生统
限于 1938 年 3 月 15 日以前在昆明校址报到。（三）本校设立以下三处：
1. 总务处，聘请周炳琳为总务长；2. 教务处，聘请潘光旦为教务长；
3. 建设处，聘请黄钰生为建设长。（四）聘请胡适为文学院院长，吴
有训为理学院院长，方显廷为法商学院院长，施嘉炀为工学院院长，
在本校迁昆后履行职务。（五）成立本校迁移昆明时各地办事处与招
待处：推定昆明办事处负责人为蒋梦麟、秦瓒、汪一彪、庄前鼎、杨
石先、章廷谦、李洪谟、王裕光；河口招待处负责人为雷树滋，海防
招待处负责人为徐锡良，香港招待处负责人为叶公超、陈福田，广州
招待处负责人为郑华炽。

△ 南岳分校结束，文学院师生迁返长沙。

22 日 第四十四次常委会通过修订学生赴滇就学之手续及路程。正式公布学
生迁滇原则和办法及注意事项。

24 日 1937—1938 年度第一学期考试开始。

△ 推定蒋梦麟为昆明办事处主任，秦瓒为副主任兼管会计与事务，李洪
谟为助理，杨石先、王裕光主管建筑，汪一彪主管交通，章廷谦主管
文书。

△ 布告：（一）本校学生在国内其他国立、公立或已立案之私立大学借
读者，其借读成绩交本校核准后，得作为本校修业成绩。（二）凡四
年级学生在原校及在他校借读所得成绩，综计合于各该原校毕业标准

者，准其毕业。

25 日　第四十六次常委会决议：下学期图书仪器之设置，应利用寒假事先筹划，请图书及理工设备二设计委员会及各学系教授会主席召开联席会议，拟定计划，交常务委员会核决，联席会议由陈岱孙负责召集。

27 日　学生开始填写赴滇就学志愿书（2 月 5 日截止）。

△　第四十七次常委会决议：本校迁昆途中，凡步行学生沿途须作调查、采集等工作，以了解各地风土民情，使迁移之举，本身即寓教育意义。学生步行时采用行军组织，各生抵昆后所缴报告成绩优良者，予以奖励。女生及体弱多病，经医生证明不能步行者，得乘舟车。

2 月

4 日　第四十八次常委会决议：（一）通过学生步行入滇之路程及用舟车段落。（二）通过图书、理工设备设计委员会及教授会主席联席会议建议的图书仪器购置办法，并推定各系在广州或香港购买书籍之负责人。

9 日　南岳文学院院务委员会撤销。

10 日　第 51 次常委会核准赴滇就学学生艾光曾等 821 人。

△　广州、香港两地招待处成立。

11 日　设立捐助寒苦学生委员会，推定曾昭抡、黄钰生、潘光旦、姚从吾为委员，由曾昭抡负责召集。

12 日　赴滇就学者共 878 人，其中徒步旅行团学生艾光曾等 284 人，各发给甲种入滇就学许可证，其余发给乙种许可证。

14 日　第五十四次常委会决议：（一）推定樊际昌、黄梅美德、钟书箴领导赴滇就学女生，并照护教职员眷属赴滇。（二）成立湘黔滇旅行团指导委员会。委员为黄钰生、李继侗、曾昭抡、袁复礼，黄钰生为主席。聘请原东北军师长黄师岳为湘黔滇旅行团团长。（三）由教职员捐款中提出 1600 元作为补助赴滇贫苦学生旅费之用。

15 日　蒋梦麟飞抵昆明,主持学校迁滇筹备事宜。

△　　海防、河口两地招待处成立。

19 日　湘黔滇旅行团出发。参加旅行团的教师有黄钰生、李继侗、曾昭抡、袁复礼、闻一多、许维通、李嘉言、王钟山、毛应斗、郭海峰,吴征镒等 11 人,军训教官毛鸿等 3 人,医官徐行敏等 3 人,学生共 284 人。旅行团原定步行至常德,临时改乘民船。后因驳船未到,推迟至 20 日晚始离长沙。

22 日　旅行团抵益阳,开始步行。

24 日　旅行团抵常德。

25 日　部分教职员学生抵昆明。

3 月

1 日　租借昆华农业学校、拓东路迤西会馆、全蜀会馆等处为校舍,并在崇仁街 46 号民宅开始办公(后迁才盛巷 2 号)。

5 日　广州、香港、海防、河口各招待处同时撤销。

6 日　旅行团至沅陵,为大雪所阻,12 日乘汽车至芷江,13 日抵晃县,17 日入贵州省境。

15 日　文法学院决定设在蒙自,三校各派 1 人前往筹设。

30 日　旅行团抵贵阳,略事休整。

4 月

2 日　奉教育部电令:国立长沙临时大学改称国立西南联合大学。

　　1938 年 5 月 4 日,西南联合大学正式开课。5 月 6 日,西南联合大学确定英文名为 The National South-west Associated University。7 月 1 日正式启用"国立西南联合大学关防"。1940 年 8 月,西南联大在四川叙永设分校,1941 年 1 月正式开课。1941 年 8 月迁回昆明本校。

1945 年 8 月抗战胜利的消息传出后，西南联大即准备北返。9 月中旬，教育部举行全国教育善后复员会议，决定三校北返，师范学院留在昆明继续办学。1946 年 5 月 4 日，西南联大举行最后一次结业典礼。10 日开始，学生分批乘卡车离开昆明。7 月 31 日，梅贻琦主持西南联大常委会最后一次会议，宣告西南联大正式结束。

重要文献

一、关于长沙临时大学筹建

教育部设立临时大学计划纲要草案

（1937年8月）

一、政府为使抗敌期中战区内优良师资不至无处效力，各校学生不至失学，并为非常时期训练各种专门人才以应国家需要起见，特选定适当地点筹设临时大学若干所。

二、此项临时大学暂先设置下列一所至三所：

（1）临时大学第一区——设在长沙；

（2）临时大学第二区——设在西安；

（3）临时大学第三区——地址在选择中。

三、各区临时大学之筹备，由政府组织筹备委员会办理之。

四、各区临时大学筹备委员会办理下列各项事宜：

（1）临时大学校址之勘定；

（2）科系之设置；

（3）师资之吸收；

（4）学生之容纳；

（5）已有各种设备之利用及新设备之置设；

（6）其他应行筹备事项。

五、各区临时大学筹备委员会设主席一人，由教育部长兼任；设秘书主任一人，常务委员三人，分别担任秘书、总务、教务及建筑设备四部分事务，其人选由教育部就筹备委员中指定之。常务委员合组常务委员会，依照委员会决定之计划纲领，商决一切具体方案。

六、各区临时大学之经费，由政府就战区内暂行停闭各校之原有经费及其他文化教育费项下拨充。其详由筹备委员会拟定，送请政府核定。

七、各区临时大学之教学应注重国防需要。其方案另行详定。

《国立西南联合大学史料》

教育部关于任命长沙临时大学负责人的密谕
（1937年8月28日）

奉部长密谕："指定张委员伯苓、梅委员贻琦、蒋委员梦麟为长沙临时大学筹备委员会常务委员。杨委员振声为长沙临时大学筹备委员会秘书主任"等因。奉此，除分函外，相应函达查照为荷。此致梅委员贻琦。

教育部高等教育司启

八月廿八日

《国立西南联合大学史料》

王世杰电张、蒋、梅、杨关于推举临大常委负责人事
（1937年8月29日）

临时大学张伯苓、蒋孟邻、梅月涵、杨今甫诸兄惠鉴。化密。组织规程第五条规定：常委一人负执行责，在使常委会议之决议对内对外随时有人执行，不必遇事临时推人。此为合议制度应有之办法，否则将缺乏灵活与统一。兹拟请诸兄互推一人，以便照章指定。如虞一人偏劳，则每隔两月重推轮任亦可。倘尚有其他意见，亦请见示为荷。弟世杰艳。

《国立西南联合大学史料》

胡适函张伯苓、梅贻琦关于临大筹备各事

（1937年8月30日）

伯苓、月涵两先生：

临时大学第一区的事，孟邻兄因体气未复原，又因老父年近八十，不愿他在此时远离，故他一时不能来湘与两公共同努力，他甚以为憾事。他现在杭州，想不久或可来京转湘参加。此时所应做的事甚多，他全权委托樊逵羽兄来湘代劳。

逵羽今日西上，同行的有叶公超、梁实秋、曾昭抡诸先生，也许能拉住张忠绂兄同来，如此则北大三院都可有人在湘计划了。

孟邻兄有信与枚荪兄和我。他说，临时大学实行时，"虽职务各有分配，而运用应有中心。伯苓先生老成持重，经验毅力为吾人所钦佩，应请主持一切"。孟邻兄此意出于十分诚意，我所深知。我们也都赞成此意。所以我把此意转达两公，伏乞两公以大事为重，体恤孟邻兄此意，不要客气，决定推伯苓先生为对内对外负责的领袖，倘有伯苓先生不能亲到长沙之时，则由月涵兄代表。如此则责任有归，组织较易推行。千万请两公考虑。

我此时因政府颇有意把我充军到海外去，所以不能来，只好在此为两公及孟邻兄做一个驻京代理人。规避之咎，死罪死罪，千乞原谅。

弟　胡适

（南京　北京路69号）

《国立西南联合大学史料》

教育部密电梅贻琦、顾毓琇

（1937年8月14日 南京—牯岭）

花旗贝当路12号

梅月涵、顾一樵先生鉴，学密。政府拟在长沙设临时大学一所，特组织筹备委员会，敦聘先生为委员，定于八月十九日下午四时在本部召开预备会，届

时务希出席为盼。教育部，寒。

《清华大学史料选编》

梅贻琦、顾毓琇复电教育部
（1937年8月18日 牯岭—南京）

南京教育部周次长鉴：寒电昨到，现交通困难，无法赶到，拟请庄前鼎兄代表。琦、琇，巧。

《清华大学史料选编》

梅贻琦、顾毓琇急电庄前鼎
（1937年8月18日 牯岭—南京）

南京三元巷二号庄前鼎兄鉴，皓下午四时部有会议，弟不能赶到，请代表出席，并将结果电示。琦、琇，巧。

《清华大学史料选编》

庄前鼎电梅校长、顾毓琇
（1937年8月18日 南京—上海）

成都路 527 弄 16 号梅校长、顾毓琇兄鉴：教会讨论南、北、清共筹湘临时校，势在必行，教王嘱请二兄即日回京，关系重大，盼设法赶回。余函详。鼎，巧。

附梅复电：南京三元巷二号庄前鼎兄：两电悉，日内设法来京。琦，马夕。

《清华大学史料选编》

二、关于长沙临时大学相关工作

朱自清手拟借用校舍公函
（1937年9月1日）

警官学校谈楠荪先生：

径启者：本会向湖南省府民政厅借用四十九标房屋，一时尚未空出，惟平津学生到达长沙者不下数百人，且多属外籍学生，旅费极感困难。长居旅舍，势难负担。拟暂假贵校所借之房屋一部分为学生宿舍，期以本月底为止即行交还。特此函达，即希惠允为荷。

临大筹委会

《国立西南联合大学史料》

教育部函长沙临时大学关于选送教授支援边远事
（1937年9月8日）

径启者：本部据管理中英庚款董事会第三二九八号公函内略开：

"查国内战区各大学教授，人数甚多，而临时大学仅有两所，将来合班上课，原聘教授必有多余。本会拟与贵部会商，选送一部分教授，分赴远边大学如云南、广西、四川等大学担任教席。暂以一年为期，薪俸拟仍照在各大学原额支给，另致送来往川资若干。如此则战区各大学教授既可有充分服务之机会，而云南等三省大学，又可得优良教授，一举两得，谅荷赞同。除由本会分函云南等省各大学，征询意见及实际需要外，相应函达，即请转嘱长沙、西安两临时大学负责人，查明可以选送至云南等省教授姓名略历过会。至一切办法当由本会杭总干事另行商洽"等由。奉部长嘱："应即函知西安、长沙两临时大学筹备委员会常务委员会，查明可以选送至云南、广西、四川等省教授姓名略历，径行送达该会，再行商洽办法"等因。奉此，相应函达查照。此致长沙临时大学筹备委员会常务委员会。

教育部高等教育司启

九月八日

《国立西南联合大学史料》

梅贻琦手拟临时大学筹委会第一次会议报告提纲

（1937年9月13日）

临时大学筹备委员会（第一次），九月十三日十时。

1．报告关于张、蒋两校长来湘消息。

2．上周谈话会。

①杨报告已电催各校重要教职员来湘。

②与北平图书馆合作办法原则通过，详细办法由常委会与袁商定。

③与中研院分用房舍——中研院用南岳一所，圣校一所，教室一间、地下一层。

④一年级新生（北大、清华在武汉考取者、南开由高中保送者）共约一百人收入，但归并院系。

⑤学生用军事管理办法。

⑥课程厘订应注意纲要第七条——注重国防需要。

⑦定双十节为开学日期。

⑧职务分任：秘书杨，总蒋，教梅，设备张。

⑨经费收支问题。缓议。

《国立西南联合大学史料》

临时大学三常委呈教育部关于启用关防事

（1937年9月□日）

呈。案奉钧部二十六年九月十六日文叁4第一六八九五号训令内开："兹刊发该大学筹备委员会木质关防一颗，文曰：'长沙临时大学筹备委员会关防'，附发印鉴用纸五张，希即领收，并将启用关防日期连同印鉴，报部备查。此令"等因，计附发木质关防一颗，印鉴纸五张，奉此，遵于本月二十八日启用关防，理合检同印鉴，备文呈报钧部，仰祈鉴核。谨呈教育部部长王。常务委员张、蒋、梅。

《国立西南联合大学史料》

长沙临时大学各学系设置

（1937 年 10 月）

敬启者：兹由本会常务委员会第四次及第五次会议议决，临时大学所设学系十七系，并推定各学系教授会主席一人，负责进行编制课程，分配工作及筹划设备等事宜。兹将学系名称并各系教授会主席名单开列于下，敬请查照，并希惠允担任，从速进行为荷。

一、关于文科者：

中国文学系教授会主席　朱自清（清）

外国语文系教授会主席　叶公超（北）

历史社会系教授会主席　刘崇鋐（清）

哲学心理教育系教授会主席　冯友兰（清）

二、关于理科者：

物理系教授会主席　饶毓泰（北）

化学系教授会主席　杨石先（南）

生物系教授会主席　李继侗（清）

算学系教授会主席　江泽涵（北）（未到前推杨武之代）

地质地理气象系教授会主席　孙云铸（北）

三、关于工科者：

土木系教授会主席　施嘉炀（清）

机械系教授会主席　李辑祥（清）

电机系教授会主席　顾毓琇（清）

化工系教授会主席　张子丹（南）

四、关于法商科者：

经济系教授会主席　陈总（清）

政治系教授会主席　张佛泉（北）

法律系教授会主席　戴修瓒（北）

商学系教授会主席　方显挺（南）

《国立西南联合大学史料》

长沙临大关于防空洞被占函长沙市警察局

（1937年10月18日）

本校于四十九标附近龙洞坡地方，掘有防空洞30个，专备本校员生使用，乃遇空袭警报时被市民所占据。将来本校学生日多，纠纷必不能免，非特有碍防空秩序，且实危及公众安全，用特专函贵局，祈以设岗保护，是为至荷。

蒋、梅、张

《国立西南联合大学史料》

长沙临时大学关于文学院迁南岳的信笺

（1937年10月26日）

径启者：顷接临时大学常务委员会廿五日函开："本日常委会议决：文学院教职员定十一月三日搬往南岳，学生十二日一律迁往……"等因，特此函达，即希

查照为荷！顺颂

教祺

《国立西南联合大学史料》

刘崇鋐函梅常委报告南岳情况

（1937年11月6日）

月涵夫子大人赐鉴：

鋐于十四日晨离城来南岳。行前本拟趋辞，乃友朋多来送行，直谈至夜深，次晨匆匆就道，竟未及面辞，至为歉仄。来时幸值晴明，一路看山，颇饶趣味。下午二时安达圣经学校。学生共约一百九十人。男生一百六十余，居一宿舍。每室五人，颇为拥挤，室内不能看书作字，只能以课室兼作自修室。女生二十余人，居另一楼房之一半，其他半作办公室。楼下则中央研究院办公室也。教员所居之楼更在山上，须行石阶三百数十级始达。每日数往返，久练成习惯，

想至明年，文学院老夫子个个能健步如飞矣。院务由委员会主持，吴俊升先生为主席，朱佩弦先生为书记，芝生、公超与鋐参与会议，每两三日聚会一次。因课室、图书馆尚未布置就绪，本定十五六上课，兹延至十八，可不至再延矣。鋐既来此上课，系中事务不克遥顾，已函常务委员会辞系教授会主席职，并请姚从吾先生暂为代理。至清华方面，史学系学生在山者只四人，余均留长沙，所有系中事务，拟托雷海宗先生代理。临行未得晤及，曾托邵循正君转达，当再函申，特此报知。并致道安。

受业刘崇鋐谨启

《国立西南联合大学史料》

长沙临时大学关于文学院迁南岳的布告

（1937年11月）

布告　　第　号

查本校长沙校舍不敷，文学院决定暂迁南岳。该院学生兹定本月十三、十四两日，分队乘坐长途汽车前往。其分队办法、出发时间及集合地点，均交由军训队拟定公布。合行布告，仰文学院各生随时注意为要！此布。

《国立西南联合大学史料》

长沙临大、国立北平图书馆合组图书馆办法

（1937年秋）

第一条 长沙临时大学（以下简称甲方）与国立北平图书馆（以下称乙方）为充实图书设备及处理馆务起见，合组图书馆委员会。委员定为7人，除馆长为当然委员外，甲乙两方各推荐3人组织之。

第二条 开办费暂定两万元，甲乙两方各任半数。除内中以百分之五购置家具及设备外，其余之款作为第一次购书费。以后增加之购书费，另由委员会决定之。

第三条 办公费由甲方担任，职员薪水由原机关分别担任之。

第四条 甲乙两方所购书籍，分别登录，各立财产簿。

第五条 甲乙两方合组购书委员会，书籍分下列两种范围：

甲、侧重教学应用之参考书及教科书；

乙、侧重一般参考书及专门期刊。

第六条 甲乙两方原有之书籍及期刊得自由供给合组图书馆应用。

第七条 馆址由甲方拨给之，乙方得在内设立办事处。

《国立西南联合大学史料》

长沙临大借用湖南国货陈列馆图书馆（室）图书办法
（1937年10月6日常委会第六次会议通过）

第一条 湖南省政府建设厅为便利研究起见，特将湖南国货陈列馆图书室藏书，借予长沙临时大学，以供参考。

第二条 图书仍存原来地点，由原保管人负责保管，并由临时大学派定专门人员为之整理编目，以便利用。

第三条 在借用期内国货陈列馆图书室职员之薪金，得由临时大学担任之。

国货陈列馆图书室职员：

程起振 月薪六十元，按七折发放，每月四十二元。

郭葆全 月薪三十六元，按七折发放，每月二十五元二角。

工人 月薪十二元。

共计柒拾玖元二角。

附：另由三和酒家租用阅览室一间，月租贰拾元，内中家具由国货陈列馆供给。

第四条 临时大学教职员、学生持大学图书馆所发之阅览证者，均得入室阅读。

《国立西南联合大学史料》

长沙临大文学院院务委员会关于图书不敷应用函常委会

（1937年11月23日）

径启者：分校自开课后，师生需用书籍杂志甚多，而图书馆所备者颇感不敷应用，兹经散会议决，拟恳钧会转嘱长沙本校图书馆，所有关于文学、哲学、心理、教育之杂志，无论其归何处所有，请借至分校图书馆陈列，俾资参考，实为公便。

《国立西南联合大学史料》

长沙临大购买图书、仪器及其他事项办法

（1938年2月4日第四十八次常委会通过）

第一条　购买书籍，由各系主席开单交图书馆定购，直交昆明本大学办事处。

第二条　原版书籍由系主席及图书理工设备设计委员会联席会议推定各系负责人，在广州或香港定购，由图书馆给予推定负责人以证明文件，负责人应于赴港前到图书馆查明已购订书籍及预算余数，以免重复或超过预算。

第三条　推定各系负责人如下：

哲学　金岳霖　　　西文　叶公超

数学　江泽涵　　　历史　雷海宗

物理　吴有训　　　化学　黄子卿

地学　李宪之　　　生物　张景钺

政治　崔书琴　　　法律　李祖荫

经济商业　方显廷　工业　庄前鼎

第四条　由常务委员会，电中华文化基金委员会，请准北平国立图书馆与本校同赴昆明继续合作。

第五条　由常务委员会进款一万元至香港，委托银行担保理工各系在港定货信用。

第六条　由常务委员会购置西文油印机一具。

第七条　推定各系在港购订仪器负责人如下：

物理　吴有训

电工　任之恭

化学　张大煜　钱思亮

生物　张景钺

《国立西南联合大学史料》

长沙临大与中央研究院关于运书协议

（1938年2月7日）

一、中央研究院书籍二百余箱于本月在长沙点交临时大学图书室收入，以便运往昆明（箱子确数另单开列，即作为此件之附件）。

二、此项书籍至昆明后，即由长沙临时大学图书馆贮藏，备临大及中研院在滇工作之用。

三、所有运费由长沙临时大学垫之。

四、如以后中央研究院欲将此书全部或其某部分提回时，应交付运往时一切费用，并应依照临时大学之需要留一较长之时限，俾得学校应用。

《国立西南联合大学史料》

长沙临大图书馆馆务报告

（1938年2月）

引　言

二十六年七月平津沦陷，全国文化中心陷于敌手，政府为维持战时高等教育起见，特于九月间在长沙、西安分别筹设临时大学。长沙方面则就北大、清华、南开三校联合组织。成立之始图书设备亟待充实，本校当局得国立北平图书馆之合作，设立大学图书馆；十月间并与湖南省建设厅议定合作办法，将该厅附设之国货陈列馆图书全部借给本校作为第二阅览室；十一月间在南岳成立图书分馆。一切设施积极进行，三阅【月】以来规模略具，兹将工作概况摘要报告如下：

组　织

图书馆之效能首重组织。本馆草创伊始将馆中工作分为四组：（一）采访、（二）编目、（三）索引、（四）阅览。馆中职员十月间十七人，十一月间二十五人，十二月间三十三人，内中计北大四人，清华四人，南开一人，国货陈列馆二人，北平图书馆二十二人。同人等服务斯馆和衷共济，以决心克服一切困难，以真诚造就真实成绩，协助政府积极复兴。此同人等所引以自矢者也。

采　访

本校既与国立北平图书馆合作，关于采购图书爰分两种范围。（一）本校之部侧重教学应用之参考书及教科书。（二）国立北平图书馆之部侧重一班【般】参考书及西文专门期刊。分工进行藉避重复而增效能，兹将采访经过分述如次：

（一）本校之部

本校为北大、清华、南开合组而成，三校图书均未运湘，故图书设备基础毫无，一切均须重新购置，加以交通迟滞、寄处不便，书籍来源因之断绝；又以限于经费未能大量采购，故购书范围以与教学有关者为当务之急，求实而不究版本，盖取其价廉而易得也。兹将本学期入藏书籍分别列表如下：

甲、受赠图书　　共计二四七种

　　中文期刊　　一七九种

　　小册子　　　六八种

乙、购入图书

　　中文书　　共计五二七五册

　　总类　　　二五一册

　　哲学　　　四一九册

　　宗教　　　　九册

社会科学　　　一二二九册

语言文字　　　一四八册

自然科学　　　一一七册

应用科学　　　二六四册

美术　　　　　二〇册

文学　　　　　一四二六册

史地　　　　　一三九二册

西文书　　　　共计一二八八册

总类　　　　　五册

哲学　　　　　一七册

宗教　　　　　八册

社会科学　　　二三四册

语言文字　　　五四册

自然科学　　　三二四册

应用科学　　　二八九册

美术　　　　　一六册

文学　　　　　二三四册

史地　　　　　一〇七册

中文期刊　　　四九种

（二）国立北平图书馆之部

北平图书馆购书范围侧重：（1）西南文献，（2）西文专门期刊，兹分述之。

（1）西南文献　在长期抗战中，西南为国防重地。关于已往文献足供参考，实为研究上重要资料，该馆爰对于西南文献从事征购。三阅【月】以来，购入此项图书共计六百四十八种，此外复承各方捐赠者亦不下二百余种，关于湖南文献大致略备，其他各省当视以后经济情形分别缓急陆续购置。

（2）西文专门期刊　为研究上重要资料，本馆成立即由该馆将原订者一律改寄长沙，计陆续收到者已达四百余种，此外并收藏北大所订购者九十余种。

兹分别列表如下：

甲、受赠图书 　　　　　　共计二四六种

　　江苏国学图书馆赠书　　一五〇部

　　各处赠图书　　　　　　四〇部

　　四川省属县赠　图　　　一三种

　　　　　　　　　地志　　二六部

　　广东省属县赠　图　　　二种

　　　　　　　　　地志　　五部

　　广西省属县赠　图　　　四种

　　　　　　　　　地志　　四部

　　湖北省属县赠　图　　　一种

　　　　　　　　　地志　　一部

乙、购入图书

中文书　　　　　　　　　　共计五五〇种

　　湖南通志　　　　　　　二种

　　湖南府州厅县志　　　　二七种

　　外省通志　　　　　　　三种

　　外省府州县志　　　　　一四种

　　湖南古今人诗文集　　　二九七部

　　湖南古今人杂著　　　　一五〇种

　　湖南山川志　　　　　　四种

　　湖南金石志　　　　　　一种

　　　考古录　　　　　　　四种

　　各省地图　　　　　　　四八种

西文期刊　　　　　　　　　四〇〇余种

此外该馆复向国外学术界及出版界征求书籍，先后发函共达三百余通。同时委托各国图书馆协会组织、征书委员会，在各该国重要城市指定收书地点广事征求，一俟战事结束免费运华，各国均已复函积极赞助。复兴事业创其端绪，将来时局大定，国外科学刊物源源而来，则同人之微力殊有助于全国学术界焉。

编 目

入藏书籍均由采访组送至该组从事编目，三阅【月】以来业已整理就绪者约分三部：

（一）本校之部

此部书籍复分为二。一部为理工及法学书籍，编后即存长沙本校。一部为文史教育书籍，俱运送至南岳图书分馆陈列阅览。两地已编之书合计：

中文书　一五〇〇种　　三〇〇〇余册

西文书　一〇三二种　　一二五〇余册

（二）国立北平图书馆之部

此部为西文工程书籍，系由该馆附设之工程参考。图书馆运送来湘者，亦有由国外转寄者计：

西文书　一一七种　　　一四六册

（三）湖南建设厅国货陈列馆之部

该部书籍以前处理不得其法，编制较乱，编目组乃将其已编者加以整理，未编者亦全部编竣。计：

中文书　全部告竣

西文书　一〇二一种　　　　　　一一六三册

各书之分类：中文书系采用北平图书馆之中文书籍分类法；西文书则采用杜威氏十进分类法。书籍之编目则力求简单适用，每书先制书名、分类及著者等卡片三种，共已制成之卡片约为一万七千余张，已编成中西文混合卡片目录各一种，存放于阅览室之目录柜中以便检查。此外更拟添制标题卡片及其他副款目卡片，俾便阅览者。又本馆为便利参考及馆际借阅起见，另编"长沙各图书馆西文书联合目录"，除中华平民教育促进会所藏之西文书已承该会赵福来君之赞助，业已制就卡片外，其他图书馆如海关图书馆、湖南大学图书馆、福湘图书馆之藏书，均将陆续制成卡片目录，以供参考。

索 引

本馆索引工作较重要者可分三种：

（一）抗战资料　本馆所订中西文日报多自本年七月起订阅。盖自卢沟桥抗战发动以来，中外资料均在本馆搜求之列，除分函国内各机关予以赞助外，并函请各国驻华新闻记者及国外各大报馆、剪报公司，将抗战资料及中日双方照片复制，全份陆续寄馆分类排列，以便参考。此外并将国内报纸予以剪裁，国外言论编制索引，此项工作虽在战事结束以后仍当继续，搜求俾得蔚为大观，以供编纂战史者之参考。

（二）"抗战中之国际舆论"　本馆为使国人明了抗战中之国际情势起见，特将西文期刊及日报所载之言论及专载，一一缮录订成复本，三月以来共收入二百五十余篇，今后仍继续搜求，分期付印成为专书，名曰"抗战中之国际舆论 Japanese invasion and world opinion"。此项专著殊足代表国外舆情，既为忠实之记载，又多同情之言论，他日刊印成书可据为抗战中之信史也。

（三）工程期刊索引　我国遭逢艰危，经此大难，欲图复兴，非使全国工业化无由奠定其基础。故工业建设实为今后建国之捷径，年来欧美工业之进展一日千里，重要资料首先在专门期刊中发表，深资吾人之借镜。北平图书馆所订之西文工程期刊，为数三百余种，内中所载论文，可供我国工业界之参考者不可胜数。本馆特将此项论文制成索引，以便检阅此工程文献之一总汇也。

阅 览

关于阅览方面，因限于地址未能积极扩充，一切设备因陋就简，兹撮其要者略陈如下：

（一）采用开架制　本校创立未久，藏书无多，为便利本校教职员、学生研究阅读起见，采用开架制。以求图书之充分利用，阅者亦能谨守规则，有条不紊，便利实多。

（二）阅览室之布置　本馆筹备之始，仅于楼上教室辟室二间作为阅览室，湫隘狭小，殊感不敷，嗣商得学校当局同意，特将本校大礼堂改为阅览室。该室面积宽阔、光线充足，同时可容二百五十人就坐，四周分置书架及杂志架，所有中西文书籍及定期刊物，全部陈列，以资阅者自由检阅，莫不称便。目录柜亦置于室内，内中陈列本馆及长沙各图书馆西文书联合目录，以便检阅。

（三）阅览时间　阅览时间规定每日十一小时，计上午八时至十二时；下午一时半至五时半；晚七时至十时。

（四）阅览人数　关于阅览人数未曾确切统计，但阅览室二百五十座位每日均无隙位，以开放三次计，每日约计七百余人。

（五）第二阅览室　本校自借用湖南建设厅国货陈列馆全部藏书后，爰在该馆原址（中山东路三和酒家楼上）开始阅览，即作为本校第二阅览室。该室藏书以经济、财政、商业之西文书为最有价值，对于本校教学便利实多。

（六）南岳图书分馆　本校文史各系改在南岳授课，本馆特在该处设立图书分馆，其大阅览室可容百人，所有书籍均于登录编目后送往南岳陈列，藉以便利分校师生。

以上所述皆本馆成立以来工作之概况，限于篇幅未能一一列举。同人等以抗战期间图书馆职责更为重大，爰抱最大之决心，继续努力与复旧规，匪特救济战时学术界之恐慌，并在经费困难环境之中积极从事复兴事业，充实文化、开其端绪。目下既为抗战之开始，今后尤赖举国更大之奋斗，本馆既得国内外同情之助，基础已立，自当益加淬励，引以自勉，冀有所贡献于国家、邦人、君子，幸垂察焉。

《国立西南联合大学史料》

长沙临大建筑与设备

（1937 年 11 月 17 日）

关于建筑〔设备〕之筹置：建筑〔设备〕之筹置，概以必要者为原则。可利用者力求利用，其于万不得已时，始行添置，但亦限于基本急需之项目。属建筑方面：初拟建筑临时物理及化学实验室二所，嗣以天气多雨，建筑需时太久，而清华大学在岳麓山之新校舍，两月可成。故经商定，清华大学于下学期将临时大学理工科，迁入该校新建校舍授课。因此除将旧有校舍需要修葺者（特别如四十九标男生宿舍及南岳文学院之校舍）径行修葺外，此外无需另建实验室。即稍有增加，亦限于为绝对必要者，如蓄水池、防空壕等等。属设备方面：理工设备，经与湖南大学，及湘雅医学院接洽，大部尚可利用。惟基本者则不能不备。业已支配专款十二万元，并组织理工设备设计委员会，计划用途。图书设备，现与国立北平图书馆合作，各出资四万元，筹款购书，专供本校师生教学及研究之用。本会亦已组织图书委员会，以便办理一切。

《国立西南联合大学史料》

长沙临大教学设施与校外合作的办法

（1937 年 11 月 17 日）

关于教学之设施：教学设施方面，一面仍重养成各种学术之基础，一面兼重国难中临时之需要。首为课程问题，本会曾组织课程委员会，专任其事。大凡旧有课程，均经重新审定，以应学术上及国难中双方之任务。其次厥为教学设备问题。三校原有之图书及理工设备，殆皆无法迁出；欲大量购置，又为力所不及。然此与教学关系綦切，不能不亟求解决，经本会分向长沙各学校及各文化机关接洽，可合作者合作，可利用者利用。接洽结果：

（一）关于图书，则与国立北平图书馆合作，由双方合组图书馆，除将该馆原有图书之一部，供予阅览外，并另订合同，各出资相当数目，添购图书，专供本校员生教学及研究之用。此外于湖南国货陈列馆图书室，觅得图书全部，与订合作办法，亦能利用。

（二）关于理工设备，其属理科各系，则与湘雅医学院合作，各项设备皆允利用。其属工科各系，则与湖南大学、重庆大学及南昌航空机械学校合作。电机、机械两系学生，全部寄宿湖大上课。机械系航空研究班在南昌航空机械学校寄宿上课，由本校教授前往，分别担任课程。

《国立西南联合大学史料》

长沙临大关于限搬宿舍的布告
（1937年12月6日）

兹经本日常委会议决："本校现搬宿舍容量不足，凡住宿舍之学生以曾住四十九标者为限。凡以前不住宿舍之学生，概不得于此时要求改住宿舍。"等语，合行布告，仰各知照。此布。

《国立西南联合大学史料》

长沙临时大学筹备委员会工作报告书
（1937年11月17日）

本会奉部令组织后，于九月六日起在长沙举行谈话会数次。于九月十三日正式举行第一次筹备委员会议。当即开始工作着手筹备。先后经时月余稍稍就绪。现业于十月二十五日开学，十一月一日上课。筹备工作，至此告一段落。兹谨将其间经过情形胪陈如次：

一、关于校舍之勘定：本校校舍，系经部方与湖南教育厅事先租定长沙韭菜园圣经学校校舍。此校舍原为美国教会所经营，校容清雅可观。教室桌椅设备，亦颇完具，惟全校仅有三层正楼一座，宿舍三座。除正楼充分利用为教室、实验室，宿舍用为单身教职员宿舍外，尚无男女学生宿舍。爰于附近四十九标觅得营房三座，借为男生宿舍。于韭菜园涵德女校觅得楼房一座，租为女生宿舍。然计其全部容量，仍不过千人。经一再讨论，始复勘定南岳圣经学校为分校校舍,将文学院各系暂行迁往。计其地可容纳教职员三十余人,学生约二百人。总计本校全部校舍,其属长沙部分,则办公室、教室、图书室及教职员宿舍,均在圣经学校;男生宿舍在四十九标;女生宿舍在涵德女校。其属南岳部分,则有文学院,设在南岳圣经学校。

二、关于经费支配:经费支配,分开办费与经常费两项。额数系奉部令规定,开办费为二十万元。其支配分:(一)建筑费二三一五〇元;(二)设备费一二四〇〇〇元;(三)购置费四九八五〇元;(四)营缮费三〇〇〇元。其中以设备及购置占其大宗,系包括理工设备与图书二项约占全额五分之四。经常费每月为三校原有经费七成之半,合计七一七四九·九八元。其支配分:(一)俸给费占百分之六七;(二)办公费占百分之一一;(三)购置费占百分之一二;(四)学生用费占百分之九;(五)特别费占百分之一。

三、关于院系之设置:院系设置自始即用归并办法。凡属三总校共有者,固应归并,即一校内性质相近者,亦予归并。意在节省开支,提高教育效率。归并结果,全校共设十七系。其属于文科者有:中国文学系,外国语文学系,历史社会学系,哲学心理教育学系。其属于理科者有:物理学系,化学系,生物学系,算学系,地质地理气象学系。其属于工科者有:土木工程学系,机械工程学系,电机工程学系,化学工程系。其属于法商科者有:经济学系,政治学系,法律学系,商学系。

四、关于师资之遴聘:师资之遴聘,系就学系之多少及课程之需要,以定数量。凡预计必需聘请之教授,皆于事先通知或设法延其来校。至一系每包括三校之教授。为求便于合作起见,各系皆设一系教授会议,其主席由常委会就各系教授中推定之。现全校共有教员一百四十八人。——内北大五十五人,清华七十三人,南开二十人。

五、关于学生之收纳:学生收纳,其中以三校学生为主。于定期开学之后,即于京、沪、汉、粤、浙、湘、鲁、豫各地登报公告,并由三校分函个别通知。截至十一月廿日止,到校旧生共一千一百二十人。内清华六三一人,北大三四二人，南开一四七人。除三校学生外，本会以部令规定，酌收若干他校借读生。经拟定借读生简章公布，凡经教育部立案，性质相当，而现已停办之学校，其学生皆可来校借读。现收借读学生二一八人。合北大、清华前联合在武昌所招收新生及南开附中升班新生共一一四人，共计借读与新生共三三二人。加以三校原有学生到校者，总数为一四五二人。此外因交通阻梗，学生尚有留平拟来及在途未到者，本会皆限其于本年十一月底到齐。预计将来学生必在一千五百人左右之数。

六、关于建筑设备之筹置：建筑设备之筹置，概以必要者为原则。可利用者力求利用，其于万不得已时，始行添置。但亦限于基本急需之项目。属建筑方面：初拟建筑临时物理及化学实验室二所，嗣以天气多雨，建筑需时太久，而清华大学在岳麓山之新校舍，两月可成。故经商定，清华大学于下学期将临时大学理工科，迁入该校新建校舍授课。因此除将旧有校舍需要修葺者（特别如四十九标男生宿舍及南岳文学院之校舍）经行修葺外，此外无需另建实验室。即稍有增加，亦限于为绝对必要者，如蓄水池、防空壕等等。属设备方面：理工设备，经与湖南大学，及湘雅医学院接洽，大部尚可利用。惟基本者则不能不备。业已支配专款十二万元，并组织理工设备设计委员会，计划用途。图书设备，现与国立北平图书馆合作，各出资四万元，集款购书，专供本校师生教学及研究之用。本会亦已组织图书委员会，以便办理一切。

七、关于行政之组织：本会为筹备工作进行方便起见，于未奉部颁组织规程之先，即已遵照设立临时大学计划纲要，粗定行政系统，会内设常委三人。其下分设四部：一为秘书部分，下设文书组；一为总务部分，下设会计组、事务组、校医室；一为教务部分，下设注册组、军训队、体育组；一为建筑设备部分，下设建筑设备组。各部分均有专人负责，各组队室，均设主任一人。另有图书馆、图书委员会、理工设备设计委员会、宿舍委员会、贷金委员会、文学院院务委员会及其他委员会，则直属筹备委员会。

八、关于教学之设施：教学设施方面，一面仍重养成各种学术之基础，一

194

面兼重国难中临时之需要。首为课程问题，本会曾组织课程委员会，专任其事。大凡旧有课程，均经重新审定，以应学术上及国难中双方之任务。其次厥为教学设备问题。三校原有之图书及理工设备，殆皆无法迁出；欲大量购置，又为力所不及。然此与教学关系綦切，不能不亟求解决。经本会分向长沙各学校及各文化机关接洽，可合作者合作，可利用者利用。接洽结果：（一）关于图书，则与国立北平图书馆合作，由双方合组图书馆，除将该馆原有图书之一部，供予阅览外，并另订合同，各出资相当数目，添购图书，专供本校员生教学及研究之用。此外于湖南国货陈列馆图书室，觅得图书全部，与订合作办法，亦能利用。（二）关于理工设备，其属理科各系，则与湘雅医学院合作，各项设备皆允利用。其属工科各系，则与湖南大学、重庆大学及南昌航空机械学校合作。电机、机械两系学生，全部寄宿湖大上课，化工系学生在重庆大学寄宿上课。机械系航空研究班在南昌航空机械学校寄宿上课。由本校教授前往，分别担任课程。

九、关于其他筹备事项：其他事项，大小不一。举其荦荦大者，约有下列数端：一为战区学生之救济。规定凡属东北四省、察哈尔、绥远、河北、山西、上海等处之学生，得准缓缴学费。其制服费不足之数九元，本会予以津贴；二为贷金办法之订立，此则为救济家境清寒者。不限籍贯，凡属清寒学生，皆得请求。贷金总额本学期定为五千元。由经常费项下节省开支。贷金分为三种：甲种二十五元，共三十名；乙种二十元，共一百名；丙种十五元，共一百五十名。合计学生可受贷金接济者，得有二百八十名。三为学生军训之设施。为锻炼学生体格，适应国防需要起见，特规定全校学生，一律应行军事管理。已专设军训队，以资规划。务期养成每一学生除有专门之知能，同时须具一切战时之精神。

以上为本会奉令筹备长沙临时大学之经过，草拟匆促，略存概要。

《国立西南联合大学史料》

长沙临时大学常委会关于迁校的决议

（1938 年 1 月□日）

一、学校迁往昆明，教职员路费津贴每人六十五元，学生每人二十元。昆明及沿途各地办事处人员除川资津贴外，由学校负担宿费，并加发办公费每人每日五元。

二、教职员学生统限于二十七年三月十五日以前在昆明校址报到。

三、本校设立以下三处，分任校务：

1．总务处，聘请周炳琳为总务长；

2．教务处，聘请潘光旦为教务长；

3．建设处，聘请黄钰生为建设长。

四、聘请胡适之为文学院院长，吴有训为理学院院长，方显廷为法商学院院长，施嘉炀为工学院院长，在本校迁移昆明后执行任务。

五、成立本校迁移昆明各地办事处：

推定昆明办事处负责人秦瓒、汪一彪、庄前鼎、杨石先、章廷谦、李洪谟、王明之。

推定河口办事处负责人雷树滋，海防招待处负责人徐锡良，香港招待处负责人叶公超、陈福田，广州招待处负责人郑华炽。

《国立西南联合大学史料》

长沙临时大学关于迁校的布告

（1938 年 1 月 22 日）

布告　　五十三号

本校商承教育当局迁往昆明，嗣后关于设备之充实，教学之整理，务集众长，提高效率。凡学生志愿专心求学而成绩及格者，得按规定手续，请求许可证，随往新址，笃志学问。迁移时本校各予川资津贴二十元。来迁移新址后，学宿各费暂行免收，惟膳食须行自筹。其有志服务，不去昆明而欲至国防机关工作者，本校当竭力介绍，以成其志，并按本校规定办法，为之保留学籍。至借读生，入学之初本规定暂准试读，至学期考试时，从严考核□定去取（见注册组布告），凡成绩优良、操行勤谨者，本校必予录取，准其随迁新址，以后待遇视同本校之学生。除赴滇手续及路程另行公布外。特此布告，仰各知照。

《国立西南联合大学史料》

长沙临大关于汽车入滇函军委会汽车登记处

（1938 年 1 月 24 日）

径启者：兹有本校自备汽车贰辆，定日内装运图书仪器由长沙驶往昆明，查须备有放行证始克出境。除遵章填具汽车放行证请领单外，特再具函贵处，即祈查照发给为荷。

《国立西南联合大学史料》

长沙临大函军委会汽车登记处

（1938 年 1 月 29 日）

径启者：兹有本校自备京字 831 号小包车一辆，因随学校迁移，定日内由长沙驶往昆明，查须携有放行证，始克出境。除遵章填具放行证请领单外，特再具函贵处，即祈查照发给为荷。

《国立西南联合大学史料》

云南省政府训令（秘二教总字第八七三号）

令教育厅、省立云南大学：

案准

湘省府张主席铁电开：

"兹派本府参议黄师岳率领临时联合大学学生三百人，于十八日由长沙沿湘黔滇公路徒步前赴昆明开学，特请转饬贵省境内沿途军团于该生等经过时，派员护送，俾策安全，并饬沿途各县政府预购给券，仍由该率队团长给资垫付为荷！"等由，除电饬沿途经过各该县县长妥为护送，并令省立云南大学、教育厅知照外，合行令知照！

此令！

主席：龙云

中华民国二十七年二月二十一日

选自《云南省政府公报》一九三八年第十卷第二十三期

《八千里路云和月》

长沙临时大学关于行政领导机构设置等问题的布告
（1938年1月）

布告

兹经第四十三次常务委员会会议议决：

一、本校设立以下三处，分任校务：

1. 总务处：聘请周炳琳先生为总务长。

2. 教务处：聘请潘光旦先生为教务长。

3. 建设处：聘请黄钰生先生为建设长。

二、聘请胡适先生为文学院院长，吴有训先生为理学院院长，方显亭先生为法商学院院长，施嘉炀先生为工学院院长。

三、推定本校迁移昆明时，昆明办事处及广州、香港、海防、河口各招待处负责人员如下：

昆明办事处：蒋梦麟（主任），秦瓒（副主任兼管会计与事务），李洪谟（助理），杨石先，王明之（主管建筑），汪一彪（主管交通），章廷谦（主管文书）。

河口招待处：雷树滋。

海防招待处：徐锡良。

香港招待处：叶公超、陈福田。

广州招待处：郑华炽。

注意：

1. 以上各……（缺约 13—15 字——编者）成立，三月五日撤消。昆明、海防、河口□□二月十五日成立，三月五日撤消。

2. 广州、香港、海防各招待处得用学生两三人帮任招待事宜，每人每日给旅费津贴二元。

等案，合行布告，仰各知照。此布。

《国立西南联合大学史料》

长沙临时大学关于迁校步行计划的布告
（1938 年 2 月 4 日）

查本校迁滇原拟有步行计划，借以多习民情，考查风土，采集标本，锻炼体魄，务使迁移之举本身即是教育。嗣以路途长遥、人数众多、指导保护诸多不便，故仅于赴滇路程及手续中另立沿途调查及采集一条，借以鼓励。兹经本校与湖南省政府当局接洽，慨承赞助，允派高级将官并由地方政府负责保护，沿途指导。本校教职员另组辅导团与学生同行。步行计划，既经各方赞助，实施不成问题。爰定纲要如下，先行布公周知。至路程所经及一切详细手续，另行公布。

一、全体赴滇学生，除女生只注射伤寒预防针外，须受体格检验，检验时并注射伤寒预防针。其体格健好者由学校组为步行队，公布之。至女生及体弱者，仍以乘舟车为便。学校除为办发护照外，仍予以川资津贴二十元。惟经编入步行队之学生，若不归队同行，学校不更发给川资及护照。

二、步行学生，其沿途食宿之费用由学校担任。

三、步行时概适用军队组织。

四、步行被毡及漱洗之物，由学校设法随队运输。其书籍衣物得交由学校另行运输（详细办法另定之）。

五、步行队到昆明后得将沿途调查或采集所得作成旅行报告书，其成绩特佳者学校予以奖励。

《国立西南联合大学史料》

长沙临时大学关于步行赴滇路线之布告
（1938 年 2 月□日）

布告　六十七号

本校旅行团计划，重在选择体格健好之学生二百人至三百人，组织湘黔滇旅行团，自湘西入黔赴滇。兹规定经过路程如下：

一、自长沙至常德一百九十三公里步行。

二、自常德至芷江三百六十一公里，乘民船。

三、自芷江至晃县六十五公里步行。

四、自晃县至贵阳三百九十公里，乘汽车。

五、自贵阳至永宁一百九十三公里步行。

六、自永宁至平彝二百卅二公里乘汽车。

七、自平彝至昆明二百卅七公里，步行。

附注：

①因舟车之便否，随时酌加修正。

②凡按本规定行程乘坐舟车，其费用概由学校担任，教职员学生有因行路过疲，欲自雇代步者，费用概须自理。

《国立西南联合大学史料》

长沙临大由长沙水运昆明货物清单（英文）

（1938年2月）

List of things to be shipped by the National provisional University at changsha to kunming （Yunnanfu）, Yunnan China, via French Indo - China.

I. Books of the University Library. Box No 87 - 361 - 275 Boxes.

II. Reference books of the Departmental Libraries of the University. Box No 5 - 9, 65 - 70, 80 , 362 - 371 - 22 Boxes.

Ⅲ. Apparatus of Departments in the College of Natural Science. Box No. 1 - 4, 10 - 19 , 20 - 61, 63 , 64 , 352 - 357 , 372 - 381 - 74 Boxes.

Ⅳ. Records of the Registrar and other office, Box No. 72 - 79, 382 - 391-18 Boxes.

V. Books of the Treasurer's office. Box No. 81 - 86 - 6 Boxes.

VI. Apparatus of the Univesity Informaty, Box No. 162 - 1 Box.

Ⅶ. Baggage of the Univesity Faculty and Staff. No 1001 - 1350 - 350 pieces.

Total Number of Boxes and pieces of Baggage - 735. The National provisional University at Changsha, Changsha, Hunan, China.

Februaiy 17, 1938.

《国立西南联合大学史料》

长沙临大为租用蒙自海关等地
房舍函云南省教育厅
（1938年3月6日）

仲钧先生厅长道席：

此次临大迁滇，情承照拂，毋任感幸！敝校校址本拟全部设在昆明，嗣以校舍赶筑不及，日前在蒙自方面，租赁海关及商店旧屋，暂资文法两院之用；理工两院及其他部分，尚须设在昆明，并仍按照原定计划，在昆明赶筑全部校舍。然经营需时，而员生图籍均在途中，一部分日来且已陆续到达。预计建筑工程，约一年始克告竣，一时无地棲止，殊为困难。不得已拟恳请设法拨借昆华农业学校、昆华工业学校及昆华师范学校三处校舍之一部分，暂资应用，以一年为期，俟建筑工竣，当即交还。如承惠允，将来迁入之后，关于散校学生之管理及一切措置，当令各部分严密注意，以不妨碍原校一切设施为原则，期能和衷共济，彼此相安，谅亦为先生之乐许，谨函奉恳，诸维鼎成，相关各方并乞转达。蒋、张。

《国立西南联合大学史料》

清华大学金属研究所设备概况（摘录）

（1938年）

民国二十五年，本校拟在长沙新建校舍，筹设特种研究所，意在对应用方面问题，特加注意。金属学研究所为该种计划中决定设立之一。当时资源委员会正在长沙附近筹建钢铁、机器及其他工厂，曾由该会与本校商议有关研究问题之合作方法，冀双方工作多有联系。同时资源委员会之冶金室工作性质与本所相类，为分工及工作便利计，曾拟定：资源委员会冶金室工作偏重于方法或制造冶金学问题，而本所则偏重于物理冶金学问题，俾双方进展可收合作之效。查金属学研究，对于学理及应用，均属重要。凡工业发达之国家，金属工业必须先具基础，故金属学研究，亦必联带发展。国内工业落后，金属学研究亦少进行。大学中有冶金系者，不过一二校，且设备均不甚充实，对于研究颇属不易，其他与金属研究最有关系之物理、化学两系，亦尚未致力于斯。设以国内对于金属方面已能进行之工作，较之日本附属于东北帝国大学物理学系之钢铁及其他金属研究所之工作，实属相差甚远。故本所之设立，在国内可称首创。自决定筹设后，本校即拟向国外延聘专家参加工作，俾克按步进行，惟因当时平津局势时在变荡之中，本校整个计划，常受影响，致在英国接洽之犹太籍某德国流亡教授及在美国接洽之某金属学专家，均未能应聘。自"七七"事变后，本校南迁长沙，本所计划，暂告停顿。自本校迁昆明后，校中各事，渐能逐步推进，学校当局鉴于重要工厂均陆续迁滇，而西南各省金属工业，政府正锐意开发，特照前议，对本所筹设，决继续进行。于民国二十七年夏季，任本校物理学系主任吴有训君兼本所主任，本所始正式成立，进行筹备。

本所工作目标

本所工作拟偏重于物理冶金学问题，即对于金属及其合金之构造及性质特加注意。对制造方法或冶金学问题，本所预备以实验室规模进行研究，冀对方法或技术上，有所贡献。同时本所拟与有关机关及工厂，切实合作，俾对该项问题，能同时顾及。

二十七年度工作报告

二十七年度为本所初步筹设时期，工作可报告者，有下列数点：

（一）本年度本所聘余瑞璜先生任副教授，担任关于金属学之X射线研究。余君于二十七年十一月到校，其所需研究设备，立即进行购置。该项购置，大要分下列八项：（1）制造X射线管之材料；（2）发生高电压设备；（3）发生真空设备；（4）制造电阻火炉之材料及零件；（5）制造X射线照相器之材料及零件；（6）分析晶体及暗室设备；（7）X射线强度测量仪及零件；（8）一般用品、材料及零件。

（二）本所为工作便利，对工厂设备及图书，本年度亦进行购置。关于工厂之主要设备、用具及材料，均已择要定购。图书方面，除重要参考书外，关于金属学方面之重要期刊，已定购下列数种：

（1）The Journal of the Institute of Metals,

（2）the Journal of the Iron and Steel Institute,

（3）Metallurgia,

（4）Metals and Alloys,

（5）Metals Technology,

（6）Transactions of the American Institute of Mining & Metallurgical

Engineers, Iron and Steel Division & Institute of Metals Division,

（7）Transactions of the American Society for Metals,

（8）La Revue de Metallurgie,

（9）Archir für das Eisenhüttenwesen,

（10）Metallwirtschaft,

（11）Stahl and Eisen,

（12）Zeitschrift für Kristallographie A,

（13）Zeitschrift für Metallkunde.

《国立西南联合大学史料》

清华大学农业研究所设备概况（摘录）
（1938年）

此项工作概况，限于在昆明后情形（二十七年春至三十年春），分（甲）病害组，（乙）虫害组，（丙）植物生理组三章。

甲、病害组工作概况

本组在北平时曾于二十五年及二十六年刊布工作报告。二十六年八月本组随校迁湘。在湘时缺乏设备，只作调查工作。二十七年二月又由湘迁滇，重新购置设备，采集籽种，并进行调查工作。以后之工作计划，则根据在滇调查之结果，重行规定，计有小麦、大麦、棉作、蚕豆、大豆等病害及抗病育种之试验。二十八年度起，小麦锈病试验得中央农业实验所之补助，棉作抗病育种之试验得农产促进委员会之补助，工作范围较前略为扩大。

设备、仪器大都系迁滇后重新购置，或借自本校生物系者，现有蒸汽杀菌器、干燥器、定温箱、显微镜、切片机等，日常工作尚可敷用。书籍方面亦尚敷用。

《国立西南联合大学史料》

三、长沙临时大学学程表及教职员、学生名录

长沙临时大学各院系必修选修学程表
（1937年至1938年度）

文 学 院
中国文学系

学　　　程	必修或选修	学期	学分	教师
国文读本（甲）			4	许维遹
国文作文（甲）			2	许维遹
国文读本（乙）			4	罗　庸
国文作文（乙）			2	罗　庸
国文读本（丙）			4	李嘉言
国文作文（丙）			2	李嘉言
国文读本（丁）			4	许维遹
国文作文（丁）			2	王了一（即王力）
国文读本（戊）		上	4	李嘉言
国文作文（戊）		上	2	李嘉言
中国语文通论		上	2	王了一
文字学			6	陈梦家
音韵学			6	魏建功
西人中国音韵学			4	罗莘田
中国文学史			6	浦江清
宋诗			6	朱佩弦
词曲			2	浦江清
诗经			4	闻一多
楚辞			4	闻一多
陶渊明		上	2	朱佩弦
中学国文教学法		下	2	朱佩弦
语音学			4	罗莘田
汉字形体变迁史		下	2	魏建功

学期栏内空白者，系表示全学年学程，填上下者，系表示上下学期学程；必修或选修栏内，用罗马数码字填写者，系表示某年级必修学程，如Ⅰ、Ⅱ、Ⅲ、Ⅳ等码，各表示第一年级、第二年级、第三年级及第四年级必修学程。用阿拉伯数码字填写者，系表示某年级选修学程，如1、2、3、4等码，各表示第一年级、第二年级、第三年级及第四年级选修学程。

外国语文学系

学　　程	必修或选修	学期	学分	教　师
一年级英文读本（甲）				陈福田
一年级英文作文（甲）				徐锡良
一年级英文读本（乙）				邱汉森
一年级英文作文（乙）				刘荣恩
一年级英文读本（丙）				朱木祥
一年级英文作文（丙）				邱汉森
一年级英文读本（丁）				莫泮芹（邱汉森代）
一年级英文作文（丁）				邱汉森
一年级英文读本（戊）				陈福田
一年级英文作文（戊）				刘荣恩
一年级英文读本（己）				毛玉昆（刘荣恩代）
一年级英文作文（己）				朱木祥
一年级英文读本（庚）				莫泮芹（朱木祥代）
一年级英文作文（庚）				朱木祥
一年级英文读本（辛）				徐锡良
一年级英文作文（辛）				毛玉昆（徐锡良代）
二年级英文（甲）				陈福田
二年级英文（乙）				莫泮芹
二年级英文（丙）				徐锡良
二年级英文（丁）				陈福田　毛玉昆
第一年德文（甲）			8	陈　铨
第一年德文（乙）			8	雷　夏
第一年德文（丙）			8	陈　铨
第二年德文			8	陈　铨

续表

学　程	必修或选修	学期	学分	教　师
第一年法文（甲）			8	雷　夏
第一年法文（乙）			8	雷　夏
第二年法文			3	雷　夏
第一年俄文				噶邦福
合并 第二年俄文				噶邦福
第三年俄文				噶邦福
二年级英文				叶公超
合并 三年级英文				燕卜荪
四年级英文				燕卜荪
第一年德文				杨业治
第二年德文				杨业治
第一年法文				吴达元
第二年法文				吴达元
第三、四年法文				吴达元
西洋文学概要				吴　宓
英国文学史				柳无忌
欧洲名著选读				吴　宓
英诗选读				燕卜荪
※ 英国散文选读				
英国小说				罗皑岚
莎士比亚研究				燕卜荪
文学批评				叶公超
英国戏剧				柳无忌
短篇小说				罗皑岚
※ 英国十七世纪文学				
英国十八世纪文学				翟孟生
英国十九世纪文学				叶公超
浮士德研究				杨业治
现代英国文学				柳无忌
欧洲古代文学				吴　宓

※ 暂不开班之课程。

哲学心理教育学系

学　　　程	必修或选修	学期	学分	教　师
哲学概论			4	郑　昕
普通心理学			6	孙国华
逻辑		上	6	金岳霖
中国哲学史			6	冯友兰
西洋哲学史			6	贺　麟
朱子哲学			4	冯友兰
知识论		上	6	金岳霖
数理逻辑			4	沈有鼎
康德哲学			4	郑　昕
动物心理学			4	孙国华
社会心理学		上	3	孙国华
教育心理学			4	周先庚
心理学史			6	周先庚
学习心理学			4	陈雪屏
儿童心理学			4	陈雪屏
统计测验		上	2	陈　立
工业心理		下	4	陈　立
普通教学法		下	3	罗廷光
教育行政			4	罗廷光
比较教育			4	罗廷光
西洋教育史			4	邱　椿
现代教育思潮			4	邱　椿
教育名著选读		上	2	吴俊升
教育哲学			4	吴俊升
王阳明哲学			6	容肇祖
汉晋自然主义			4	容肇祖
形上学			4	沈有鼎
伦理学			4	贺　麟
印度佛学概论		上	4	汤用彤
汉唐佛学		下	4	汤用彤

续表

学　　程	必修或选修	学期	学分	教　师
逻辑		下	6	任　华

历史社会学系

学　　程	必修或选修	学期	学分	教　师
中国通史	Ⅰ，Ⅱ		8	钱　穆
中国通史	Ⅰ，Ⅱ		8	雷海宗
西洋近代史	Ⅰ，Ⅱ		3	皮名举
西洋近代史	Ⅰ，Ⅱ		8	刘崇鋐
辽宋金元史			6	姚从吾
欧洲十九世纪史	Ⅱ，Ⅲ		6	皮名举
欧洲十九世纪史	Ⅱ，Ⅲ		6	刘崇鋐
现代日本	2,3,4		4	王信忠
俄国近代史	3,4		6	噶邦福
近代中国外交史	3,4		6	邱循正
近代中日外交史	3,4		4或6	王信忠
欧洲经济史			6	张德昌
近代欧洲经济发展史			6	张德昌
史学研究法	Ⅳ		4	姚从吾
战史资料收集试习	3	上	2	雷、姚及本系其他教授
中国近三百年学术史			4	钱　穆
社会学通论	必		6	陈序经
民族与优生		上	3	潘光旦
初级社会调查	Ⅲ		6	李景汉
※高级社会调查	4		6	李景汉
△社会机关参观	必		4	苏汝江
中国上古史			4	雷海宗
科学史			6	毛子水
年代史			2	毛子水
晋南北朝史				陈寅恪

续表

学　　程	必修或选修	学期	学分	教　师
晋南北朝隋唐史研究				陈寅恪
隋唐五代史			6	郑天挺
劳工问题			6	陈达
人口问题			6	陈达
社会心理学			6	樊际昌

※ 选此课者，以五人为限。

△ 本系生必选，他系生可选修，但人数总共不得过二十人。

理　学　院

物理学系

学　　程	必修或选修	学期	学分	教　师
普通物理	Ⅰ		8	吴有训
普通物理实验	Ⅰ			霍秉权
力学	Ⅱ		6	刘晋年
电磁学	Ⅱ，Ⅲ		6	霍秉权
热学与热力学	Ⅱ，Ⅲ		6	郑华炽
高等实验				郑华炽
光学	Ⅲ，Ⅳ		6	饶毓泰
无线电学			7.5	任、朱、孟
无线电学实验				
实用无线电			6	任、朱、孟
实用无线电实验			2	
近代物理	Ⅳ		6	霍、饶、郑、吴、周
流体力学			6	周培源

化　学　系

学　　程	必修或选修	学期	学分	教　师
普通化学演讲（甲）		上	4	杨石先

210

续表

学　　程	必修或选修	学期	学分	教　师
普通化学演讲（甲）		下	4	杨石先
普通化学试验（甲）		下		杨石先
普通化学演讲（乙）		上	4	孙承谔
普通化学演讲（乙）		下	4	孙承谔
普通化学试验（乙）		下		孙承谔
定性分析			6	钱思亮
定量分析			6	高崇熙
有机化学（甲）			8	朱汝华
有机化学（乙）			4	钱思亮
有机分析		上	1	曾昭抡
高等有机			6	高、朱、曾、杨、钱
理论化学（甲）			8	黄子卿
理论化学（乙）			4	刘云浦
高等理论				孙、刘、邱、黄
热力学		下		黄子卿
无机工业化学			4	张大煜
有机工业化学			4	曾昭抡
工业化学计算		上	2	苏国桢
化学工程			6	苏国桢
胶体化学		下	2	张大煜
稀有金属之化学		上		高崇熙
生理化学		下	2	刘云浦
食物及营养化学		上	2	刘云浦
国防化学（甲）			2	曾昭抡
国防化学（乙）		上	1	张大煜
化学工程热力学（一）		下	3	
综合药物化学		下	2	

算 学 系

学　　程	必修或选修	学期	学分	教　师
微积分（甲）			8	赵　淞（江泽涵代）
微积分（乙）			8	郑之蕃
微分方程		上	3	赵访熊
线性代数	2,3,4	上	3	蒋硕民
线性代数	2,3,4	下	3	程毓淮
高等几何			6	程毓淮
高等微积（高等分析）			6	曾远荣
理论力学	2,3,4		6	刘晋年
数论		下	3	杨武之
微分方程论			6	蒋硕民
复变函数论		下	3	赵访熊
实变函数论（I）		上	3	申又枨
实变函数论（II）		下	3	申又枨
微分几何		上	3	陈省身
形势几何		上	3	江泽涵
形势几何		下	4	江泽涵
群论		上	3	杨武之
黎曼几何		下	3	陈省身
微积分（丙）		下		戴良谟

地质地理气象学系

学　　程	必修或选修	学期	学分	教　师
地质学			4	张席禔
地史学　演讲			6	张席禔
地史学　实习				张席禔
地层学			4	孙云铸
经济地质　演讲			6	冯景兰
经济地质　实习				冯景兰

212

续表

学　　程	必修或选修	学期	学分	教　师
古生物学　演讲			6	孙云铸
古生物学　实习				孙云铸
岩石学　演讲			6	冯景兰
岩石学　实习				冯景兰
地文学　演讲			6	袁复礼
地文学　实习				袁复礼
地质测量及野外实习			6	谢、冯、袁、张、孙
矿物学			6	王　烈
矿物学　实习		下		王　烈
光性矿物			5	上　何作霖 下　王　烈
光性矿物　实习				何作霖
中国地理　演讲			6	张印堂
中国地理　实习				张印堂
气候学			4	张印堂
气象学			6	李宪之
理论气象			6	李宪之
气象观测　演讲		上	3	李宪之
气象观测　实习		上		李宪之
航空气象		上	2	李宪之
世界地理		下	3	刘　汉
构造地质　演讲			6	袁复礼
构造地质　实习				袁复礼
天气预报　演讲		下	3	李宪之
天气预报　实习		下		李宪之
地图投影		下	2	毛子水
海洋气象		下	2	李宪之

生物学系

学 程	必修或选修	学期	学分	教 师
普通生物学　演讲	I		8	彭光钦
普通生物学　实验	I			彭光钦
无脊椎动物　演讲	II		8	沈嘉瑞
无脊椎动物　实验	II			沈嘉瑞
植物形体学　演讲	II		8	张景钺
植物形体学　实验	II			张景钺
比较解剖学　演讲	III，IV		6	崔芝兰
比较解剖学　实验	III，IV			崔芝兰
植物分类学　演讲	III，IV		6	吴韫珍
植物分类学　实验	III，IV			吴韫珍
遗传学　　　演讲	III，IV		6	陈　桢
遗传学　　　实验	III，IV			陈　桢
动物生理学　演讲	III，IV		4	赵以炳
动物生理学　实验	III，IV		2	赵以炳
植物生理学　演讲	III，IV	上	4	李继侗
植物生理学　实验	III，IV		2	李继侗
植物生态学　演讲	3，4	下	4	李继侗
植物生态学　实验	3，4	下		李继侗
※ 真菌学	3，4		6	戴芳澜
※ 昆虫学	3，4		6	刘崇乐

※ 时间与教师商定。

法 商 学 院
法律学系

学 程	必修或选修	学期	学分	教 师
物权法	II，III	下	6	赵凤喈
债编总论	II		6	李祖荫

续表

学　程	必修或选修	学期	学分	教　师
刑法分则	Ⅱ		6	蔡枢衡
民事诉讼法（Ⅰ）	Ⅱ		6	张守正
法院组织法	Ⅱ	上	2	戴修瓒
※ 民法通论			8	赵凤喈
※ 刑法通论			6	蔡枢衡
债编各论	Ⅲ		6	戴修瓒
亲属法	Ⅲ		4	李祖荫
民事诉讼法（Ⅱ）	Ⅲ		6	陈瑾昆
刑事诉讼法	Ⅲ		6	陈瑾昆
保险法	Ⅲ ,Ⅳ	下	2	戴修瓒
国际公法	Ⅲ		6	王化成
破产法	Ⅲ		4	张守正
继承法	Ⅳ		4	李祖荫
海商法	Ⅳ		4	戴修瓒
民事执行法	Ⅳ		4	张守正
国际私法	Ⅳ		4	赵凤喈
民刑事诉讼实务	Ⅳ		2	陈瑾昆
监狱学	4		4	蔡枢衡

※ 政治系必修科。

政治学系

学　程	必修或选修	学期	学分	教　师
政治学概论			6	浦薛凤
近代政治制度			6	陈之迈
宪法			4	陈之迈
地方政府			4	沈乃正
市政府及市行政			4	沈乃正
国际公法			6	王化成
国际关系及组织			4	王化成

续表

学　　　程	必修或选修	学期	学分	教　师
条约论			4	崔书琴
外交惯例			4	崔书琴
西洋政治思想史			8	张奚若
中国政治思想史			6	萧公权
西洋近代政治思想			4	浦薛凤
公民学原理			4	张佛泉
中国政治之改造			4	张佛泉
中国政治思想史			6	萧公权

经济学系

学　　　程	必修或选修	学期	学分	教　师
经济概论	必		6	陈岱孙
初级会计	必		6	余肇池
高级会计			6	余肇池
成本会计			4	丁　佶
初级统计			6	李卓敏
欧洲经济史			6	张德昌
近代欧洲经济发展史			6	张德昌
财政学			6	陈岱孙
高级财政学			6	秦　瓒
经济思想史			6	赵迺抟
货币银行			6	周作仁
高级货币银行			6	周作仁
国际贸易汇兑			6	秦　瓒
经济理论			6	赵迺抟
经济概论讨论（甲）				陈、王
经济概论讨论（乙）				陈、王
经济概论讨论（丙）				陈、王

工 学 院

土木工程学系

学　　　程	必修或选修	学期	学分	教　师
平地测量	Ⅱ	上	2	吴柳生
工程地质	Ⅱ	上	3	李洪谟
材料学	Ⅱ	上	2	吴柳生
机件学	Ⅱ	上	3	曹国惠
静动力学	Ⅱ	上	4	汪一彪
高等测量	Ⅱ	下	3	吴柳生
应用天文	Ⅱ	下	2	张泽熙
铁路曲线及木工	Ⅱ	下	4	李谟炽
热机学	Ⅱ	下	3	刘仙洲
材料力学	Ⅱ	下	4	汪一彪
构造学（一）	Ⅲ	上	3	蔡方荫
道路工程	Ⅲ	上	3	李谟炽
铁路工程	Ⅲ	上	3	张泽熙
水力学	Ⅲ	上	3	覃修典
环境卫生及都市设计	Ⅲ	上	2	杨铭鼎
大地测量	Ⅲ	上	2	张泽熙
构造学（二）	Ⅲ	下	3	蔡方荫
构造设计	Ⅲ	下	2	吴柳生
钢筋混凝土	Ⅲ	下	3	王裕光
给水工程	Ⅲ	下	3	杨铭鼎
水力实验	Ⅲ	下	1.5	覃修典
※地基及库房	Ⅳ	上	3	王裕光
※桥梁设计	Ⅳ	上	2	吴柳生
※钢筋混凝土设计	Ⅳ	上	2	王裕光
※下水工程	Ⅳ	上	3	杨铭鼎
○道路设计	Ⅳ	上	2	李谟炽
○高等铁路工程	Ⅳ	上	3	张泽熙
※高等构造学	4	上	3	蔡方荫

续表

学　　程	必修或选修	学期	学分	教　师
○高等道路工程	4	上	2	李谟炽
※ 工程估计及契约	IV	下	2	王裕光
○铁路设计	IV	下	2	张泽熙
※ 高等构造学（二）	4	下	2	蔡方荫
○养路工程	4	下	2	李谟炽
※ 堡垒工程	4	下	2	施嘉炀
△水文学	IV	上	2	施嘉炀
△河港工程	IV	上	3	施嘉炀
△灌溉工程	4	上	2	覃修典
△水电工程	IV	下	3	覃修典
△水工设计	IV	下	2	覃修典
△卫生工程设计	IV	下	2	杨铭鼎
△卫生工程实验	4	下	1.5	杨铭鼎
军事运输				张、李
军用桥梁				蔡、王
军事卫生工程				杨铭鼎
飞机场设计				吴柳生

※ 两组相同课程。

○ 铁路及道路工程组课程。

△ 水利及卫生工程组课程。

机械工程学系

学　　程	必修或选修	学期	学分	教　师
航空工程	IV		6	华、冯、秦
飞机构造	IV		6	林
机架设计	IV		6	冯、林、张
飞机原动机	IV		4	秦
航空工程实验	IV		8	全体教授
原动力厂	IV	上	3	殷祖澜

218

续表

学　　程	必修或选修	学期	学分	教　师
工业管理	IV	上	3	李辑祥
高等机械设计	IV	上	3	陈继善
制冷工程	4	上	2	殷祖澜
汽轮机	IV	下	3	刘仙洲
内燃机（Ⅱ）	IV	上	2	陈继善
原动工厂	IV	下	2	殷祖澜
原动力厂设计	IV	下	2	殷祖澜
水力机械	4	上	3	李辑祥
内燃机设计	IV	下	3	陈继善
机车工程	IV	下	3	殷文友
专题讨论	IV	下	3	全体教授
工程画	I	上	2	戴中孚
画法几何	I	下	2	戴中孚
锻铸		下		
制模		下		
工程画（物）		上		

电机工程学系

	学　　程	必修或选修	学期	学分	教　师
四年级电力组	电力传输	IV	上	3	顾毓琇
	电机设计	IV	上	3	章名涛
	原动力厂	IV	上	3	殷祖澜
	原动力厂设计	4	上	2	殷祖澜
	无线电原理	4	上	3	任之恭　叶　楷
	实用无线电	4	上	3	孟昭英　任之恭
	无线电实验	4	上	1.5	孟昭英　叶　楷
	电话学	4	上	3	赵友民
	高等电工学	IV	下	3	顾毓琇　章名涛
	电工实验	IV	下	2	章名涛
	原动力厂实验	IV	下	1.5	殷祖澜

续表

学　程	必修或选修	学期	学分	教　师
发电所	4	下	3	倪孟杰
无线电原理	4	下	3	任之恭　叶　楷
实用无线电	4	下	3	孟昭英　任之恭
无线电实验	4	下	1.5	孟昭英　叶　楷
电话实验	4	下	1.5	赵友民
论文	IV	下	3	全体教授
电力传输	IV	上	3	顾毓琇
无线电原理	IV	上	3	任之恭　叶　楷
实用无线电	IV	上	4	孟昭英　任之恭
无线电实验	IV	上	1.5	孟昭英　叶　楷
电话学	IV	上	3	赵友民
电讯网络	IV	上	3	朱汝华
无线电原理	IV	下	3	任之恭　叶　楷
实用无线电	IV	下	3	孟昭英　任之恭
无线电实验	IV	下	1.5	孟昭英　叶　楷
电话实验	IV	下	1.5	赵友民
电讯网络	IV	下	3	李郁荣　范绪筠
论文	IV	下	3	全体教授
无线电原理（湖南大学）			3	张友熙
无线电实验（湖南大学）			1.5	张友熙　昝宝澄

（四年级电力组）

不附学系

学　程	必修或选修	学期	学分	教　师
体育（1）				
体育（2）				
体育（3）				
体育（4）				
体育（5）				

续表

学　程	必修或选修	学期	学分	教　师
体育（6）				
体育（7）				
体育（8）				
体育（9）				
体育（10）				
体育（11）				
体育（12）				
体育（13）				
体育（14）				
体育（15）				
体育（16）				
体育（17）				
体育（18）				
体育（19）				
体育（20）				
体育（21）				
体育（22）				
女生体育 甲				
女生体育 乙				
一年军事训练（学科）				毛　鸿
一年军事训练（术科）				毛　鸿
体育（1）		下		
体育（2）		下		
体育（3）		下		
体育（4）		下		
体育（5）		下		
体育（6）		下		
体育（7）		下		
体育（8）		下		
女生体育		下		

长沙临时大学教职员名录

（1937 年）

清华大学

校长办公处		梅贻琦
注 册 部		朱荫章、钟文藻、陈　隆、张友铭
宿舍办公室		钟书箴
图 书 馆		刘中藩、陈汉标、傅梅芳
体 育 部	教　授：	马约翰
	专任讲师：	涂　文
	教　员：	夏　翔、李剑秋
秘 书 处		沈　履
庶 务 科		李景羲、胡　节
中国文学系	教　授：	朱自清、陈寅恪、闻一多、王　力
	专任讲师：	浦江清
	教　员：	陈梦家
	助　教：	李嘉言
外国语文系	教　授：	陈福田、吴　宓、翟孟生、陈　铨、吴达元
	专任讲师：	杨业治、雷　夏
	教　员：	徐锡良、毛玉昆、朱木祥、邱汉森
哲 学 系	教　授：	冯友兰、金岳霖、沈有鼎
历 史 学 系	教　授：	刘崇鋐、雷海宗、噶邦福、王信忠、邵循正
社 会 学 系	教　授：	潘光旦、陈　达、李景汉
	助　教：	苏汝江
物 理 学 系	教　授：	吴有训、周培源、霍秉权
	专任讲师：	孟昭英
	助　教：	赫崇本、孙珍宝、戴中宸、田金棠
化 学 系	教　授：	高崇熙、黄子卿、张大煜
	专任讲师：	苏国桢

222

	教　员：	张为申
	助　教：	罗建业、陈光旭、高振衡、张光世
算学系	教　授：	杨武之、郑之蕃、曾远荣、赵访熊、陈省身
	教　员：	戴良谟
	助　教：	段学复、闵嗣鹤
	半时助教：	郑曾同
地学系	教　授：	冯景兰、袁复礼、张席褆、张印堂、李宪之
	助　教：	刘汉、李洪谟、何玉珍
生物学系	教　授：	陈桢、李继侗、吴韫珍、彭光钦、赵以炳
	助　教：	顾昌栋、杨承元、梁其瑾、吴征镒
	半时助教：	黄瑾
心理学系	教　授：	孙国华、周先庚
	助　教：	张民觉、郑沛疁
政治学系	教　授：	浦薛凤、张奚若、萧公权、沈乃正、王化成、赵凤喈、陈之迈
	助　教：	曹保颐
经济学系	教　授：	陈总、赵人俊、余肇池
	专任讲师：	张德昌
	助　教：	王秉厚、周新民
土木工程	教　授：	施嘉炀、王裕光、张泽熙、蔡方荫、李谟炽、吴柳生、杨铭鼎
	专任讲师：	覃修典
	助　教：	周葆珍、茅荣林、吴尊爵、刘隽快、夏震寰
	绘图员：	张明贵
	练习生：	裴荫桐
机械工程学系	教　授：	李辑祥、庄前鼎、刘仙洲、殷文友、

殷祖澜、汪一彪、冯桂连、秦大钧、
陈继善

专任讲师：李宗海、林同骅

教　　员：曹国惠、戴中孚、张捷迁

助　　教：董树屏、张听聪、陈文龙

助　　理：郑　洁

工厂管理员：蒋蕴章

电机工程学系　教　　授：顾毓琇、章名涛、赵友民、任之恭、
叶　楷

教　　员：严　畯

助　　教：朱曾赏、张思侯、钟士模、孙绍先

绘　图　员：石文元

南开大学

校　　长：张伯苓

教　　授：杨石先、张子丹、黄子坚、柳无忌、陈序经、刘伯蕃、
皮名举、高少白、张友熙、罗凯岚、蒋硕民、孟广喆、
李笔渔

教　　员：昝宝澄、陈荫毅、伉铁儁、刘荣恩、侯洛荀

讲　　师：陈笾谷

助　　教：俞其型、赵镛声、姚玉林、钟秉智、孙本旺

职　　员：董明道、赵子聘、王植庚、郭屏潘

北京大学

北大来长职员（计十人）

蒋校长、章延谦、严文郁、李仲三、薛德成、杨作平、赵增印、
魏泽馨、于宝榘、杨荣贞

224

北大来长教授及专任讲师（计四十九人）

（理）（算）江泽涵、申又枨、程毓淮、赵　松（副）

（物）饶毓泰、朱物华、郑华炽

（化）曾昭抡、孙承谔、刘云浦、钱思亮、朱汝华（副）

（地）孙云铸、王　烈、何作霖（专讲）

（生）张景钺、沈嘉瑞

（文）（哲）汤用彤、贺　麟、郑　昕（副）容肇祖（副）

（教）吴俊升、樊际昌、邱　椿、陈雪屏、罗廷光

（中文）胡　适、罗常培、罗　庸、魏建功、郑天挺

（外文）叶公超、莫泮芹、安浦生

（史）姚从吾、毛　准、钱　穆

（法）戴修瓒、陈瑾昆、李祖荫、蔡枢衡（副）、
　　　张守正（专讲）

（政）张忠绂、钱端升、崔书琴、张佛泉（副）

（经）赵迺抟、秦　瓒、周作仁

北大来长助教（计十四人）

（算）李盛华、樊　畿、王湘浩

（化）刘　钧、买树槐、蒋明谦、魏　璠

（物）薛琴访、卓　励

（生）牛满江、李中宪、徐　仁（陈阅增代）

（地）郭文魁、王嘉荫

计共到七十三人

《国立西南联合大学史料》

225

长沙临时大学学生名录

国立长沙临大学生名录			
廿七年一月			
	詹 锳	男	中
	张肇敏	男	外
	张起钧	男	政
	张缙云	男	经
	张景轼	男	算
	张景苍	男	外
	张卓芃	男	地
	张中立	男	经
	张干胜	男	哲心教
	张明试	男	经
	张保福	男	经
	常丕烈	男	哲心教
	张炳熺	男	地
	张盛祥	男	中
北京大学	常师贞	男	物
	常澍生	男	经
	张 泰	男	法
	张德光	男	史社
	张自源	男	经
	张 嶽	男	哲心教
	张耀璿	男	算
	赵 夐	男	经
	赵春谷	男	史社
	赵忠懿	男	经
	赵效清	男	哲心教
	陈庆宣	男	地
	陈傅方	男	哲心教
	陈纯英	女	经

	陈忠经	男	经
	陈福曙	男	地
	陈熙昌	男	哲心教
	陈锡龄	男	经
	陈化权	男	哲心教
	陈瑞图	男	化
	陈历光	男	经
	陈履鳌	男	化
	陈 念	男	外
	陈伯容	男	政
	陈三苏	女	中
	陈士骏	男	政
	陈士林	男	中
	陈登亿	男	中
	陈 策	男	经
	陈祖祥	男	物
北京大学	陈文修	男	法
	陈 莹	男	史社
	郑逢源	男	史社
	纪乃超	男	外
	贾福海	男	地
	贾性甫	男	化
	贾士吉	男	物
	蒋 英	男	政
	钱金达	男	政
	钱能兴	男	政
	迟习儒	男	中
	郅玉汝	男	哲心教
	秦 镩	男	哲心教
	金 宏	男	经
	靳古铭	男	化
	金宝祥	男	史社
	秦本立	男	哲心教

续表

	金灿然	男	史社
	金文荷	女	法
	青义学	男	算
	邱济群	男	政
	邱 曜	男	经
	周正仪	男	外
	周敬修	男	经
	周风楼	男	法
	周锡福	男	物
	周兴文	男	物
	周连陛	男	物
	仇申唐	男	史社
	周树人	男	哲心教
	周定一	男	中
	周永升	男	物
	渠川祜	男	化
北京大学	朱 钧	男	地
	祝修济	男	化
	楚瑞延	女	化
	朱桂农	男	经
	权 绅	男	生
	庄景琦	男	法
	钟秉哲	男	经
	冯辉珍	男	中
	冯泰昆	男	算
	傅魁良	男	经
	傅懋勣	男	中
	傅登廉	男	经
	韩裕文	男	哲心教
	郝剑涛	男	地
	郝天和	男	生
	何兆男	女	经
	何锡麟	男	经

续表

	何显威	男	法
	何克淑	女	物
	何善周	男	中
	何与钧	男	中
	夏胤中	男	政
	向长清	男	中
	向远宜	男	中
	萧安源	男	地
	萧厚德	男	哲心教
	萧燕甫	男	外
	谢锐生	男	化
	谢才俊	男	算
	解子魁	男	算
	辛 膺	男	经
	熊光民	男	经
	徐心源	男	化
北京大学	许焕国	男	政
	徐克清	男	哲心教
	徐明道	男	经
	徐松林	男	中
	徐德全	男	生
	徐腾蛟	男	经
	徐东学	男	外
	胡正谒	男	法
	胡继联	男	法
	胡树藩	男	政
	黄淑生	女	经
	黄德禄	男	政
	任继愈	男	哲心教
	容汝煜	男	哲心教
	高亚伟	男	史社
	葛君柱	男	史社
	耿秀尊	男	外

续表

	耿韵泉	男	史社
	谷国瑞	男	中
	谷德振	男	地
	关士聪	男	地
	孔宪杰	男	史社
	孔会晟	男	化
	郭松懋	男	哲心教
	郭殿章	男	史社
	郭宗山	男	地
	赖家玮	男	物
	雷志耽	男	经
	李昭俊	男	经
	李珍焕	男	算
	李珍荧	男	化
	李其泰	男	政
	李强光	男	外
北京大学	李缄三	男	政
	李金锷	男	物
	李懔	男	法
	李庆庚	男	物
	李鲸石	男	外
	李敬亭	男	外
	李楚安	男	哲心教
	李崇墅	男	经
	李锡杰	男	中
	李欣	男	史社
	李恭贻	男	经
	李迈先	男	史社
	李名涛	男	经
	李滨孙	男	哲心教
	李善甫	男	哲心教
	李劭	男	外
	李松筠	男	中

续表

	李增辉	男	中
	李婉容	女	史社
	力望霖	女	经
	李毓樟	男	地
	梁发叶	男	哲心教
	梁亨甲	男	政
	梁行素	男	政
	梁维纲	男	经
	梁文郁	男	地
	廖实中	男	哲心教
	连履丰	男	化
	林振述	男	外
	林钧南	男	史社
	凌钟清	男	外
	刘长锐	男	外
	刘长兰	女	外
北京大学	刘成骏	男	经
	刘家俊	男	经
	刘景丰	男	政
	刘景尧	男	史社
	刘庆余	男	史社
	刘著章	男	政
	刘重德	男	外
	刘 樊	男	政
	刘鹤年	男	外
	刘孝伯	男	物
	刘熊祥	男	史社
	刘 薮	男	经
	刘瑞涵	男	政
	刘泮溪	男	中
	刘 斌	男	经
	刘秉三	男	政
	刘绍庭	男	化

	刘　旦	男	政
	刘定邦	男	经
	刘禹昌	男	中
	刘元镇	男	地
	罗长维	男	经
	罗梦赉	男	政
	陆承新	男	算
	陆智常	男	算
	逯钦立	男	中
	陆庆乐	男	算
	卢蔚民	男	物
	栾汝书	男	算
	马照阳	男	政
	麻成瓒	男	化
	马学良	男	中
北京大学	马　奎	男	史社
	马连捷	男	史社
	马彭骥	男	中
	马丹祖	男	经
	马德曾	男	地
	马祖望	男	地
	马同骧	男	物
	马毓泉	男	生
	孟宪德	男	哲心教
	孟广龄	男	外
	南肯堂	男	地
	倪中岳	男	化
	牛步贵	男	史社
	白展厚	男	经
	白家驹	男	地
	潘祜周	男	政
	潘丙坤	男	算
	潘裕然	男	化

续表

	庞　礼	男	化
	鲍光祖	男	哲心教
	裴尚行	男	算
	裴耀山	男	中
	彭彰彩	男	中
	彭　鑑	男	外
	彭建屏	男	史社
	毕世华	男	外
	萨福诜	男	外
	邵钦来	男	法
	沈克家	男	外
	沈宝鉌	男	外
	沈增提	男	经
	沈友淦	男	经
	石　峻	男	哲心教
	石天麟	男	经
北京大学	索瑞章	女	经
	司徒钦	男	化
	苏学良	男	经
	苏滋禄	男	化
	孙昌熙	男	中
	孙兆年	男	生
	孙福煜	男	化
	孙一中	男	法
	孙云畴	男	政
	宋继元	男	物
	宋景仁	男	经
	宋汉濯	男	中
	宋泽生	男	史社
	宋宗景	男	化
	宋同福	男	经
	达应彻	男	经
	谭镇黄	男	政

	谭文耀	男	算
	唐敖庆	男	化
	唐铮	男	地
	唐继明	男	化
	唐志玟	男	哲心教
	汤德明	男	经
	邓俊昌	男	物
	田其稔	男	经
	田凤章	男	中
	田效诗	男	物
	田文蘅	男	政
	丁景鸿	男	法
	丁福申	男	中
	蔡秉堃	男	物
	曹震书	男	中
	曹国权	男	地
北京大学	曹美英	女	外
	曹树经	男	法
	曹灿尧	男	法
	曹子喆	男	化
	曹颖深	男	物
	曾福如	男	物
	曾荣	男	地
	曾鼎乾	男	地
	左萍	男	政
	左宗白	男	经
	左宗柟	女	政
	崔熙讷	男	外
	崔维岭	男	物
	杜羡孔	男	法
	杜廷瑞	男	经
	董庶	男	中
	仝书淇	男	外

续表

北京大学	王正笏	男	化
	王级丞	男	经
	王纪元	男	物
	王济沅	男	外
	王介藩	男	经
	王金钟	男	外
	王靖大	男	政
	王俊升	男	史社
	王恩治	男	外
	王法西	男	政
	王喜增	男	物
	汪孝龙	男	经
	王先镕	男	物
	王蕙兰	女	哲心教
	王鸿祯	男	地
	王鸿图	男	中
	王克崴	男	外
	王克勤	男	中
	汪国华	男	经
	王丽辰	男	政
	王联芳	男	算
	王 般	男	外
	王本葵	男	地
	王世安	男	哲心教
	王寿仁	男	算
	汪绥英	女	哲心教
	王代璠	男	物
	王德昭	男	史社
	王德祎	男	物
	王祖荫	男	化
	王玉哲	男	史社
	王耀华	男	地
	魏奉典	男	史社

续表

魏西和	男	物
吴成高	男	地
吴承明	男	史社
吴景岩	男	经
吴宜平	男	法
武 果	男	地
吴磊伯	男	地
伍民璋	男	法
吴宝仁	男	经
吴世法	男	法
吴祖麟	男	中
杨昶康	男	经
杨成堉	男	外
杨志玖	男	史社
杨劲弓	男	经
杨锡钧	女	史社
杨心培	男	算
杨隆誉	男	政
杨铭昌	男	外
杨谋适	男	外
杨迺信	男	物
杨培根	男	哲
杨炳延	男	政
杨博泉	男	地
杨树德	男	经
杨登华	男	地
杨荫华	男	外
姚海庭	男	经
姚廷芬	男	物
叶 桯	男	外
颜锡嘏	男	外
晏鸿敬	男	外
严倚云	女	哲心教

（北京大学）

续表

	姓名	性别	院系
北京大学	燕树檀	男	地
	阴法鲁	男	中
	尹士伟	男	哲心教
	于 仅	女	史社
	喻 亮	男	政
	余世箴	男	物
	余寿年	男	化
	余道南	男	经
	于道源	男	中
	喻存梓	男	史社
	余文豪	男	史社
	袁方祚	男	政
小　计		370	
清华大学	艾华濬	男	化
	艾光曾	男	经
	安 佑	女	生
	查良铮	男	外
	翟维灏	男	土
	昝 凌	男	物
	张兆杰	男	哲心教
	张朝楚	男	算
	张镇邦	男	政
	张启宽	男	土
	张家骅	男	物
	张志信	男	土
	张志毅	男	史社
	张志岳	男	中
	张景哲	男	地
	张志疑	男	电
	张傅忠	男	机
	张恩虬	男	物
	张学曾	男	机
	章宏道	男	机

续表

	张一中	男	化
	章人骏	男	地
	张克昌	男	机
	章光安	男	化
	张 琨	男	中
	张澜庆	男	地
	张亮祖	男	经
	张慕凯	男	土
	张炳星	男	外
	张伯勋	男	机
	张卜庥	男	中
	张时俊	男	政
	张时中	男	地
	张世恩	男	机
	张师载	男	电
	张世英	男	土
清华大学	张树棠	男	机
	张树梅	男	土
	张四维	男	机
	张道昭	男	土
	张德基	男	机
	张德澍	男	生
	张宗鑫	男	电
	常 迥	男	电
	张自存	男	经
	张婉英	女	外
	张伟文	男	政
	张闻礼	男	土
	张有恒	男	电
	章煜然	男	哲心教
	张友端	女	生
	张韵芝	女	物
	赵继昌	男	经

续表

	赵仲邑	男	中
	赵中英	男	外
	赵芳瑛	女	物
	赵儒洵	男	经
	赵荣富	男	土
	赵融炎	男	电
	赵关华	男	经
	赵甡	男	哲心教
	赵殿奎	男	土
	赵泽丰	男	经
	赵月增	男	经
	陈镇南	男	算
	陈之颉	男	电
	陈致忠	男	土
	陈锦源	男	经
	陈庆宁	男	化
清华大学	陈举乾	男	经
	陈傅惠	女	外
	陈芳允	男	物
	陈福德	女	经
	陈希亮	男	电
	陈孝昆	男	史社
	陈鑫	男	地
	陈恺	男	地
	陈丽妫	男	电
	陈乃能	男	电
	陈宝仁	男	机
	陈赉	男	地
	陈善庄	男	土
	陈守常	男	土
	陈树仁	女	地
	陈舜礼	男	经
	陈舜瑶	女	土

	陈四箴	男	化
	陈斯恺	男	经
	陈体强	男	政
	陈宗德	男	电
	陈 慈	女	外
	陈文鑑	男	史社
	陈文镜	男	电
	陈营生	男	土
	陈远志	男	土
	陈岳祥	男	化
	程家春	男	土
	诚静容	女	生
	程骏声	男	史社
	程恩林	男	化
	郑 钫	男	土
	郑新惠	男	电
清华大学	程秀芳	男	土
	郑学燧	男	土
	郑仁圃	男	化
	郑名儒	男	史社
	郑世泽	男	机
	郑 垚	男	经
	成莹犀	女	土
	纪 莼	男	政
	嵇 铢	男	机
	祁广誉	男	外
	祁连生	男	电
	齐潞生	男	电
	季能哲	男	电
	季 平	男	史社
	嵇同懋	男	电
	江爱钟	男	经
	蒋庆琅	男	经

续表

	姜希贤	男	土
	姜淮章	男	生
	姜桂侬	女	外
	蒋增海	男	化
	蒋永兴	男	土
	乔曾鑑	男	生
	简悼坡	男	生
	池际尚	女	地
	金正铨	男	机
	秦宝雄	男	物
	金大勋	男	生
	金道森	男	化
	景慧灵	女	史社
	邱继祖	男	中
	邱永权	男	生
清华大学	周振堡	男	算
	周其壬	男	经
	周启同	男	外
	周景绍	男	外
	周崇经	男	电
	周锡荣	男	经
	周孝谦	男	物
	周醒华	男	化
	周学濂	男	土
	周华章	男	地
	周国铨	男	物
	周 琳	男	地
	周鸣峦	男	经
	周葆文	男	经
	周树枬	男	机
	周德清	男	哲心教
	周德珪	男	土
	周应霖	男	政

	周裕辉	男	经
	朱箕元	男	经
	朱景梓	男	机
	朱和周	男	地
	朱汝瑾	男	化
	朱 钢	男	机
	朱南铣	男	哲心教
	朱世璋	男	政
	朱德祥	男	算
	瞿维熊	男	政
	朱亚杰	男	化
	朱延辉	男	史社
	朱应麟	男	经
	朱有圻	男	算
	全广辉	男	经
	庄炎生	男	电
清华大学	钟一均	男	政
	钟开莱	男	物
	钟达三	男	地
	范其愚	男	机
	范金合	男	地
	范纯一	男	土
	范中廉	男	地
	范宁生	男	算
	范寿仁	男	土
	方钜成	男	政
	方孝淑	男	机
	方仁倬	男	电
	方德麟	男	经
	方文衡	男	机
	费自圻	男	化
	冯俊达	男	土
	冯仲豫	男	土

续表

	冯宝麟	男	哲心教
	冯秉恬	男	地
	冯绳武	男	地
	冯师颜	男	地
	傅国虎	男	地
	傅孟遽	男	电
	傅趣寰	男	土
	傅幼侠	男	外
	韩鉅先	男	物
	韩克信	男	经
	韩本真	男	机
	韩荫正	男	土
	郝锡安	男	外
	郝锡家	男	电
	郝贵德	男	土
	何成钧	男	物
清华大学	何家麟	男	物
	何治贤	女	外
	何怀祖	男	经
	何广慈	男	土
	何明经	男	地
	贺善徽	男	政
	何文蛟	男	电
	侯家泽	男	地
	侯硕之	男	电
	侯玉麟	男	生
	夏壮图	男	经
	夏绳武	男	物
	向仁生	男	物
	萧长钦	男	化
	萧嘉魁	男	经
	萧家亚	男	化
	萧人俊	男	机

续表

	萧人麟	男	机
	萧汝淮	男	机
	萧 伦	男	化
	谢怀栻	男	机
	谢光道	男	地
	谢大元	男	机
	谢文辉	男	化
	鲜于文林	男	化
	熊汇荃	男	经
	熊绍龄	男	土
	熊应栋	男	经
	许安民	男	机
	徐骧宝	女	物
	徐 昭	男	经
	徐兆华	男	电
	许金钊	男	机
	许京骐	男	电
清华大学	许 倬	男	经
	徐纯善	男	土
	徐孝通	男	哲心教
	徐贤议	男	算
	徐一郎	男	土
	许如琛	女	生
	徐高阮	男	史社
	许国璋	男	外
	徐励学	男	经
	徐 抡	男	电
	徐乃良	男	机
	徐炳华	男	土
	徐寿寅	男	经
	徐淑英	女	经
	徐绥昌	男	经
	徐天球	男	电

续表

	许 伇	男	经
	徐燕秋	女	经
	徐燕榴	女	经
	许衍敦	男	地
	徐永龄	男	电
	宣化五	男	物
	薛彦良	男	外
	胡佳生	男	史社
	胡崇尧	男	土
	胡锡年	男	外
	胡可镛	男	机
	胡灵泉	男	电
	胡伦桢	男	机
	胡 宁	男	物
	胡鹏飞	男	机
清华大学	胡秉方	男	化
	胡善恩	男	地
	胡绍安	男	经
	胡盛恩	男	化
	胡守道	男	算
	胡宛善	女	史社
	胡玉和	男	物
	胡永春	男	电
	黄承宪	男	电
	黄 敬	男	机
	黄雄盛	男	机
	黄辉宙	男	土
	黄乙武	男	化
	黄克新	男	史社
	黄宽钧	男	化
	黄明信	男	史社
	黄培熙	男	化
	黄培云	男	化

续表

	黄秉枢	男	土
	黄世洗	男	电
	黄达河	男	化
	黄元盛	男	经
	黄钺	男	经
	洪朝生	男	电
	洪绥曾	男	经
	洪宗华	男	算
	霍天一	男	经
	易甲欧	男	电
	任福善	男	史社
	任孝遂	男	史社
	任泽雨	男	地
	康士伦	男	机
	亢玉瑾	男	地
	高承修	男	经
清华大学	高钧	男	机
	高本乐	男	史社
	高本荫	男	算
	高秉湛	男	经
	高秉洁	女	史社
	高士	男	化
	高仕功	男	地
	高世英	男	机
	高廷章	男	经
	高文彬	男	机
	高文泰	男	地
	高有裕	男	算
	寇淑勤	女	经
	顾钧禧	男	物
	顾柏岩	男	物
	顾作铭	男	政
	管伯英	男	土

246

	孔昭锷	男	土
	龚乾一	男	土
	孔祥瑛	女	中
	郭见恩	女	史社
	郭惠成	男	经
	郭鸿运	男	化
	郭世康	男	机
	郭守田	男	史社
	郭铎	男	政
	郭文昭	男	电
	赖振东	男	生
	赖湘祥	男	土
	来光祚	男	化
	蓝仲雄	男	算
	郎世俊	男	电
	郎维田	男	哲
清华大学	李安宇	男	机
	厉征庆	男	机
	李整武	男	物
	李家治	男	生
	李家丰	男	经
	李家骥	男	机
	李节发	男	物
	李智汉	男	机
	李志伟	男	经
	李金定	男	电
	李景森	男	土
	李传基	男	土
	李仲民	男	土
	李鄂鼎	男	土
	李赋宁	男	外
	李海明	男	土
	李鹤龄	男	电

续表

	李忻	男	政
	李恂	男	化
	李循棠	男	电
	李慧可	女	外
	李宏纲	男	经
	李立睿	女	史社
	李廉锟	男	土
	李蔺田	男	外
	黎禄生	男	经
	李民志	男	电
	李敏华	女	机
	方伯法	男	土
	李博高	男	外
	李璞	男	地
	黎盛斯	男	地
	李式金	男	地
清华大学	李士亭	男	经
	李诗颖	男	土
	李世又	女	外
	李顺祥	男	经
	李舜英	男	经
	栗思提	男	经
	李天璞	男	经
	李鼎声	男	土
	李宗熹	男	经
	李为扬	男	经
	李玉瑞	男	土
	李玉廉	男	化
	李永龄	男	经
	梁家骥	男	生
	梁燊	男	经
	梁一中	男	电
	梁瑞琪	男	机

续表

	廖仲周	男	土
	廖伯周	男	物
	廖世静	男	电
	廖增武	男	电
	林征祁	男	经
	林 霞	女	史社
	林兴育	男	经
	林 骅	男	经
	林 堃	女	物
	林蒲美	女	哲心教
	林世昌	男	机
	林士骧	男	电
	林宗基	男	哲心教
	林从敏	男	生
	林同毁	男	电
	林为干	男	电
清华大学	林慰梓	男	机
	刘昌年	男	物
	刘振鹏	男	政
	刘介儒	男	外
	刘金旭	男	生
	刘主青	男	土
	刘 庄	男	经
	刘福堂	男	土
	刘汉民	男	土
	刘 淮	男	电
	刘以美	女	地
	刘明候	男	经
	刘鸣岗	男	机
	刘 班	男	经
	刘鹏岩	男	地
	刘柏年	男	土
	刘世海	男	化

	刘寿嵩	男	中
	刘树森	男	经
	刘　璞	男	电
	刘同声	男	机
	刘维勤	男	化
	刘文雅	男	史社
	刘友锵	女	经
	刘毓琳	男	经
	刘允中	男	经
	罗　旭	男	机
	罗慨才	男	经
	罗绍志	男	土
	罗士瑜	男	机
	罗宗兴	男	经
	罗钰如	男	化
	律长祺	男	土
清华大学	吕禛祥	男	土
	陆家驹	男	经
	陆传贤	男	政
	卢锡畴	男	机
	陆希言	男	化
	吕桂彤	男	机
	吕明羲	男	土
	吕保维	男	电
	卢伯章	男	土
	卢盛景	男	机
	陆迪利	男	化
	马肇椿	男	外
	马继孔	男	土
	马　忠	男	中
	马芳礼	男	机
	马嗣涓	男	土
	马惕乾	男	土

续表

	马廷声	男	机
	马瑛	男	经
	马遇蕙	男	土
	毛钟璧	男	土
	梅镇岳	男	物
	梅希古	男	化
	孟庆基	男	机
	苗宝泰	男	外
	牟羲琴	女	化
	牟庶咸	男	机
	牟敦煜	男	电
	穆广文	男	外
	宁孝勷	男	化
	牛其新	男	外
	区纬昌	男	外
清华大学	欧阳昌明	男	土
	欧阳超	男	电
	欧阳琛	男	史社
	白家祉	男	机
	白冲浩	男	史社
	白祥麟	男	地
	潘钊元	男	土
	潘家晋	男	物
	潘夐婧	女	生
	潘湘	男	物
	庞瑞	男	土
	庞廉勤	男	地
	鲍栋年	男	土
	裴元龄	男	经
	彭琪瑞	男	地
	彭究成	男	地
	彭弘	男	电
	彭瑞鋆	男	电

	彭克谨	女	化
	胡秉璋	男	土
	毕志德	男	土
	毕列爵	男	物
	卞学鐄	男	机
	卞又新	男	土
	桑恒康	男	经
	桑士聪	男	机
	邵循恺	男	物
	邵 良	男	土
	邵森棣	女	外
	沈长钺	男	外
	沈肇熙	男	电
	沈季能	男	土
	沈新祥	男	电
	沈洪涛	男	物
清华大学	沈如瑜	女	经
	沈 功	男	土
	沈立禹	男	机
	沈宝琦	男	经
	沈在崧	男	电
	沈增复	男	经
	沈维基	男	电
	谌亚选	男	哲心教
	沈 元	男	机
	施忠谠	男	中
	施惠同	男	算
	史固华	男	机
	史国衡	男	史社
	施养成	男	政
	司徒润麟	男	经
	斯允一	男	物
	苏经国	男	电

续表

	粟翼寰	男	土
	苏有威	男	电
	孙振均	男	机
	孙承烈	男	地
	孙继祖	男	电
	孙方铎	男	机
	孙 湘	女	物
	孙宏道	男	化
	孙毓华	男	地
	孙幼达	男	化
	孙毓棣	男	土
	孙永庆	男	史社
	孙永明	男	电
	宋金声	男	土
	宋 憬	男	机
	宋镜瀛	男	机
清华大学	宋华樾	男	土
	宋励吾	男	地
	宋鸣篪	男	土
	宋淑和	男	地
	宋延平	男	化
	谭惠凡	男	电
	谭顺瑜	男	经
	谭彦稣	男	地
	唐炯炎	男	地
	唐立镇	男	物
	唐绍密	男	物
	唐绍宾	男	算
	唐士坚	男	电
	唐 旦	女	电
	唐云寿	男	外
	陶家澂	男	机
	陶家淦	男	经

	陶 亿	男	经
	邓孝思	男	土
	邓铿章	男	经
	邓文礼	男	外
	滕 荫	男	电
	铁作声	男	经
	田长谟	男	机
	田方增	男	算
	丁振岐	男	机
	丁承谦	男	土
	丁鹤年	男	土
	丁锡祉	男	地
	丁锡和	男	算
	丁道炎	男	土
	丁则良	男	史社
	丁为恕	男	算
清华大学	丁务淳	男	经
	蔡承祖	男	经
	蔡孝敏	男	经
	蔡德洪	男	机
	蔡祖德	男	经
	曹家齐	男	物
	曹乐安	男	土
	曹本熹	男	化
	曹世穆	男	政
	曹宗震	男	经
	曹宗巽	女	生
	曹望舜	男	地
	曹岳维	男	土
	曾克京	男	电
	曾 实	男	机
	左景伊	男	化
	左大炘	男	经

续表

清华大学	邹新垓	男	地
	邹尚录	男	外
	崔芳棠	男	经
	崔恩珺	男	外
	杜鸿德	男	电
	杜润生	男	经
	屠守锷	男	机
	段贤俊	男	土
	段国璋	男	地
	段 龙	男	经
	段绍汉	男	机
	董家铭	男	电
	董 奋	男	化
	仝允杲	男	土
	万发贯	男	电
	万良逸	男	土
	王爱荣	女	经
	王正海	男	中
	王正宪	男	经
	王继光	男	地
	王吉枢	男	机
	王嘉辰	男	化
	汪 篯	男	史社
	汪 瑾	女	物
	汪纯白	男	土
	王恩源	男	经
	王丰年	男	史社
	汪复强	男	地
	王 浩	男	土
	王鹤孙	男	机
	王贤沣	男	电
	王兴仁	男	土
	王 逊	男	哲心教

续表

	王洪藩	男	哲心教
	王鸿楷	男	经
	王曼明	女	外
	王 勉	男	史社
	王乃樑	男	地
	王 霈	男	化
	王平一	男	机
	王尚文	男	地
	汪绍坊	男	政
	王世真	男	化
	王守京	女	化
	王守中	男	机
	王寿华	女	外
	汪顺贵	男	史社
	王大纯	男	地
	王天眷	男	物
清华大学	王 载	男	电
	王佐良	男	外
	王宗炯	男	电
	王同辰	男	电
	王慰苍	男	政
	王文铮	男	电
	王务义	男	土
	王 旸	男	政
	王玉京	男	机
	王玉书	男	中
	王 瑷	男	机
	王原真	女	外
	汪月熙	男	物
	王用楫	男	土
	王永兴	男	史社
	魏兆麟	男	土
	魏蓁一	女	哲心教

续表

	魏奇	男	电
	魏慎之	女	物
	魏娱之	女	化
	魏宇彬	男	史社
	文镇洋	男	电
	文志杰	男	经
	闻立恕	男	地
	翁惠庆	男	机
	翁同文	男	史社
	吴继周	男	哲心教
	吴春曦	男	经
	吴仲华	男	机
	伍崇让	男	电
	吴瑞三	男	土
	吴匡	男	土
清华大学	吴大昌	男	机
	吴宗岱	男	机
	杨正道	男	机
	杨承栋	男	史社
	杨捷	男	机
	杨春芳	男	土
	杨锡祥	男	经
	杨汝楫	男	机
	杨荣春	男	外
	杨名聪	男	经
	杨少任	男	经
	杨式德	男	土
	杨宗权	男	土
	杨戊生	男	中
	杨砚零	男	化
	杨雠鸣	男	算
	姚家瑾	男	机
	姚傅澄	男	电

续表

	姚荷生	男	生
	姚 霓	男	史社
	姚梓繁	男	政
	姚应尊	男	土
	叶克恭	男	化
	叶上苊	男	机
	叶 苍	男	电
	叶笃正	男	地
	严志达	男	物
	颜锡瑛	男	经
	严克信	男	化
	严国泰	男	电
	颜保民	男	化
清华大学	颜道岸	男	算
	郁振镛	男	经
	由芝阶	男	电
	喻治平	男	经
	郁兴民	男	机
	余瑞芝	女	外
	游高麟	男	电
	于岱南	男	经
	俞言昌	男	土
	袁荣生	男	经
	袁可尚	男	史社
	袁公昶	男	经
	袁随善	男	土
	云选卿	男	经
小 计		707	
	翟松年	男	电
	张昌明	男	经
南开大学	张肇珍	男	经
	张建侯	男	化工
	张志浩	男	电

258

续表

	张恩田	男	政
	张尔慈	男	化工
	张芳谔	男	经
	张芳笠	男	机
	张光汉	男	电
	张炳炎	男	经
	张善昌	男	经
	张宗汶	男	政
	赵世宛	女	经
	赵世燕	女	外
	赵泽华	女	经
	赵玉良	男	外
	赵悦霖	男	哲心教
	陈家麟	男	物
	陈庆涛	男	机
	陈瀋	男	政
南开大学	陈冲鹏	男	经
	陈连昌	男	经
	陈龙章	男	哲心教
	陈文耀	男	经
	陈与霖	男	经
	郑兆滋	男	电
	齐植樑	男	电
	齐毓枫	男	经
	贾希琛	男	化
	贾朴	男	经
	乔守莹	女	经
	金鸿举	男	经
	金绍端	男	化工
	周寿珍	女	经
	周德惠	男	经
	朱志明	男	经
	储锐	男	经

续表

	祝宗岭	女	生
	朱宗寅	男	电
	朱武雄	男	经
	樊濬清	男	化工
	范伯林	男	化工
	樊玉堂	男	经
	冯耀华	男	电
	傅梦罴	男	电
	韩业镕	男	化工
	何懋勋	男	经
	侯立臣	男	经
	席秉劼	男	经
	向子刚	男	经
	向 瑶	男	经
	萧伊莘	男	算
	谢光泉	男	电
南开大学	修乃身	女	经
	熊其杰	男	物
	熊柏龄	男	电
	徐 璋	男	化
	徐钟尧	男	外
	徐博文	男	电
	许寿谔	男	史社
	徐大有	男	电
	徐汤莘	男	经
	胡熙明	男	化
	胡鸿昌	男	化工
	胡祖望	男	机
	黄振威	男	化工
	黄景琛	男	电
	黄鸿钧	男	化工
	黄仁宇	男	电
	黄邦翰	男	经

续表

	霍世章	男	物
	易懽联	男	化
	伉铁健	男	算
	伉铁侠	男	化
	高小文	男	电
	管琳生	男	电
	郭兴柯	男	经
	郭宝玉	男	哲心教
	郭宗仪	男	化
	李春祐	男	经
	李相宸	男	政
	李象森	男	机
	李学新	男	土
	李汝霖	男	经
	李汝铎	男	经
	李国章	男	政
南开大学	李 明	男	经
	李盛普	男	经
	李达海	男	化
	李为光	男	化工
	李文铨	男	机
	李文渊	男	电
	李元坤	女	经
	梁世熙	男	电
	凌德铭	男	经
	刘兆吉	男	哲心教
	刘 珩	男	经
	刘晓晞	男	经
	刘效韫	女	哲心教
	刘兴家	男	经
	刘焕藻	男	电
	刘谟仙	女	经
	刘保楹	男	经

续表

	刘维礼	男	经
	刘荫藩	男	经
	刘友钧	男	电
	刘毓璠	男	经
	刘渔溪	男	经
	刘元吉	女	经
	刘永魁	男	经
	刘永理	男	经
	骆风峤	男	电
	罗思济	男	土
	罗德洪	男	化
	娄光后	男	电
	陆智周	男	哲心教
	陆孝威	男	电
	卢耀彤	男	经
	马芳芸	男	经
南开大学	马大恢	男	经
	明景乾	男	政
	莫松森	男	化工
	宁谨菴	男	政
	欧阳平	男	机
	潘志英	男	电
	庞慎勤	男	经
	彭福京	男	经
	彭克谦	男	化工
	彭克诚	男	外
	彭泽民	男	化工
	浦承爵	男	经
	邵 诒	男	化工
	邵曾猷	男	电
	申宪文	男	政
	申泮文	男	化
	司徒愈旺	男	生

续表

	孙常龄	男	生
	孙炎初	男	经
	孙毓驷	男	化工
	宋淑贤	女	经
	汤楷孙	男	机
	唐尊绳	女	经
	唐伟英	男	化工
	唐衍瑞	男	政
	邓金城	男	电
	田 鑑	男	经
	田文瑜	女	经
	丁熙春	男	电
	丁 宣	男	政
	丁道谦	男	经
	蔡子定	男	化工
	曹启璋	男	电
南开大学	曹 谦	男	经
	崔成章	男	经
	崔荫阡	女	化
	涂光炽	男	土
	段学悌	男	经
	董祥泰	男	经
	童宝琪	男	电
	董寿莘	男	化工
	汪成兰	男	经
	王纪勋	男	化工
	汪志华	女	经
	汪敬煦	男	电
	王慧敏	女	外
	王鸿章	男	政
	王观芬	女	经
	王立勤	男	经
	王立声	男	经

续表

	王守民	男	土
	王树嶟	男	电
	王松声	男	经
	王端瑠	男	化工
	汪子砺	男	化
	王玉堂	男	政
	王运成	男	生
	吴征鎏	男	电
	伍启芬	男	化工
	吴连胜	男	经
	吴讷孙	男	外
	吴宝麟	男	电
	吴蔚陞	男	机
	伍扬臻	男	化工
	杨　棨	男	化工
南开大学	杨启元	男	电
	杨　杰	男	电
	杨瑾珣	男	化工
	杨锡诚	男	电
	杨桂和	男	经
	杨　涟	男	土
	杨慰春	男	经
	杨毓玮	男	化工
	姚上茂	男	经
	么自兴	男	经
	晏才栋	男	经
	殷汝棠	男	生
	殷孟屏	女	经
	喻娴令	女	生
	于秀蓉	女	化
	于学义	男	经
	恽肇强	男	电
	恽肇文	男	电

264

续表

南开大学	云　镇	男	电
小　计		204	
	张执中	男	法
	张周勋	男	外
	张崇恩	女	生
	张恒仁	男	土
	张孝说	男	经
	张宪坤	女	经
	张仁仲	男	法
	张仁煦	男	物
	张碧华	男	生
	张淑立	女	史社
	张淑敏	女	化
	张　煜	男	经
	赵景德	男	物
	赵瑞霖	男	外
	赵丕华	男	土
借　读	陈福和	男	化
	陈刘笃	男	生
	陈伯流	男	经
	陈伯玙	男	经
	陈淑愚	男	土
	陈述元	男	经
	陈宗祥	男	经
	陈文杰	男	政
	郑怀之	男	史社
	成佩璋	男	法
	郑森林	男	政
	郑士宁	女	生
	程绥楚	男	生
	郑裕歧	男	物
	程玉琢	男	生
	季镇淮	男	中

续表

	蒋锡生	男	化
	蒋璇华	女	中
	蒋隆树	男	法
	蒋文达	男	化
	钱重慈	女	经
	剪天民	男	经
	金绍文	男	生
	秦维敏	女	哲心教
	周贞一	女	中
	周亦庄	女	经
	周纫蕙	女	生
	周缦	女	经
	周佩仪	女	史社
	屈翠荷	女	算
	屈毓钟	男	土
	钟泽高	男	中
借读	范傅钧	男	物
	樊筠	女	经
	冯德福	女	哲心教
	傅乐淑	女	化
	傅懋勉	男	中
	贺仁怀	女	中
	何绵山	男	外
	何佩珍	女	经
	贺燧初	男	法
	何文龙	男	经
	侯定远	男	中
	向贤荣	男	化
	项旭东	男	法
	萧爱光	女	化
	萧前椿	男	生
	萧新民	男	政
	萧敏建	男	法

续表

借 读	萧敏蓉	女	法
	萧韵雅	男	政
	谢慧兰	女	化
	熊兴生	男	史社
	徐长龄	男	法
	徐传家	男	外
	徐先开	男	经
	许光锐	男	经
	徐则尧	男	哲心教
	胡承藩	男	经
	胡书绅	女	史社
	胡德姜	女	经
	华道一	男	经
	黄志章	男	土
	黄锦淇	男	经
	黄忠显	男	化
	黄孝蔚	男	外
	黄石麟	女	经
	黄淑婵	女	外
	黄大莹	女	史社
	黄定戎	男	政
	黄源达	男	政
	洪经明	男	经
	洪业漳	男	化
	易 琪	女	哲心教
	高传芳	女	史社
	高宏佐	男	经
	顾毓琛	男	土
	旷 琴	女	史社
	匡 复	男	法
	匡 一	男	法
	郭若翰	男	经
	郭迪光	男	政

续表

	黎锦扬	男	外
	李仲瑘	女	化
	李先芬	男	土
	李秀清	女	哲心教
	李学曾	男	史社
	李 恭	女	法
	李良序	男	化
	李泽民	男	土
	李 悦	男	哲心教
	梁学华	男	中
	林菊仙	女	经
	刘稼兰	女	外
	刘静莹	女	史社
	刘 骏	男	中
	刘开荣	女	中
	柳克明	男	政
借　读	刘伯英	男	土
	刘淑珍	女	史社
	刘书业	男	经
	刘淑玉	女	经
	刘 达	男	化
	刘雯江	女	经
	刘瀛洲	男	土
	罗家熊	男	化
	罗晴江	男	算
	罗传祜	女	化
	罗宏孝	女	外
	罗大骧	女	外
	鲁光琦	女	中
	吕保生	男	土
	卢石丞	男	法
	吕世俊	男	经
	马复乾	男	经

续表

	马翼云	男	史社
	马 蒙	男	史社
	毛春金	女	政
	牛傅镛	男	经
	潘世棣	男	经
	贝远袚	男	经
	彭乃璟	男	经
	彭寿泉	男	化
	彭叔常	男	土
	彭思成	男	法
	毕继先	男	生
	石昭量	男	法
	水世芳	女	史社
	苏 镜	女	史社
	孙厥贻	男	化
	孙惠畴	男	史社
借 读	孙惠君	女	史社
	孙孟君	女	史社
	宋道心	男	法
	宋廷琛	男	政
	戴昌年	男	土
	戴植本	男	法
	戴经怀	女	算
	戴修驹	男	经
	戴蕙本	女	法
	戴朴本	男	化
	戴原本	女	化
	谈 素	女	史社
	谭子元	男	法
	邓德昭	女	政
	狄癸初	女	化
	田家瑭	男	化
	田盛德	男	史社

续表

	蔡报瑗	男	土
	蔡 端	男	史社
	蔡永宁	男	经
	曾昭镳	女	经
	曾哲明	男	法
	曾享瑞	男	法
	曾荣森	男	化
	曾维侨	男	经
	邹选魁	男	经
	崔之荣	女	算
	段良谟	男	法
	董慎仪	女	外
	万宝康	男	地
	万淑芬	女	经
	万卫芳	女	外
	王昌迈	男	经
借 读	王兆荷	女	外
	王卓燊	男	法
	汪奉曾	男	经
	王鸿勋	男	经
	王 霖	男	经
	王名衡	男	哲心教
	王秉文	男	土
	汪绍诚	男	化
	汪绍曾	男	经
	汪受琪	女	哲心教
	王唐生	男	土
	汪德秀	男	哲心教
	王文锦	男	中
	王务本	男	生
	王亚文	男	经
	王永年	男	化
	魏 壮	男	土

续表

	魏湘云	女	物
	文熹	男	经
	吴静之	女	化
	吴庆鹏	男	中
	吴福恒	男	生
	吴贵宜	女	化
	吴梅君	女	外
	吴士元	男	经
	吴曙曦	男	政
	吴维先	女	史社
	杨起	男	物
	杨芳	男	化
	杨荷亭	女	史社
借读	杨熙川	男	哲心教
	杨少华	男	经
	姚万新	男	法
	叶高	男	政
	叶宗宪	男	经
	晏显世	男	哲心教
	尹钟逮	男	经
	殷玉松	男	经
	俞诚	女	经
	俞欣	女	中
	余贻骥	男	化
	余南康	男	经
	余树声	男	外
	由毓淼	男	中
	袁幼篁	女	地
小 计		224	
总 计		1505	

《国立西南联合大学史料》

271

四、长沙临时大学常务委员会部分会议记录

第一次会议
（1937年9月16日）

时　间　廿六年九月十六日

地　点　筹备委员会会议室

出席者　梅贻琦　张伯苓（黄钰生代）

蒋梦麟（樊际昌代）

列　席　杨振声

主　席　梅贻琦　　　记　录　杨振声

一、中央警官学校让出四十九标房舍一部分，要求补出修理费四百元案。

议决：派人接收该部分房舍，视察其修理之处后，补出修理费四百元。

二、北平图书馆按与临时大学合作办法请发予购书费一千五百元案。

议决：照付一千五百元。

三、租用长沙及南岳圣经学校房舍应即交付九、十、十一三个月房租四分之三计洋五千二百三十一元二毛五分，又房主 Robert 为定约时【事】赴汉口旅费五十元。

议决：照付五千二百八十一元二角五分。

四、管理中英庚款董事会允补助临时大学开办费二十五万元应如何分配用途及详细设计案。

议决：

甲、用途分配如下：

（一）图书费五万元（文法商占十分之七、理工十分之三）。

（二）理工科教学基本设备［费］十五万元。

（三）其他设备费五万元。

乙、设立图书及理工设备二设计委员会。

（一）推定陈岱孙、冯芝生、梁实秋、饶树仁、杨石先、赵迺抟、方显廷、吴正之、顾一樵九人为图书设计委员会委员，由陈岱孙负责召集。

（二）推定杨石先、饶树仁、曾昭抡、张景钺、孟广喆、吴正之、顾一樵、李继侗、孙云铸九人为理工设备设计委员会委员，由杨石先负责召集。

五、中央庚款董事会选送教授分赴远边大学担任教学，部嘱本会拟具教授名单及略历，径送该会案。

议决：先函请该董事会开示各远边大学所需要科门之教授。再由常委商酌推荐。

九月十七日续开常务委员会。

六、如何通知学生，并规定报到及注册、选课日期案。

议决：

（一）对学生分函通知及登报启事。

（二）报到日期：定为九月二十五日起至十月廿五日止。

（三）注册选课日期：定为十月十五日起至十月卅日止。

七、规定本学期学生应缴各费案。

（一）学费十元。

（二）理工实验预偿费五元。

（三）制服费五元。

八、估计教室及宿舍之容量并需要设备案。

议决：设立一教室宿舍设备委员会，推定黄子坚、樊逵羽、侯洛荀、陈隆、钟舒余为教室宿舍设备委员会委员，由黄子坚负责召集。

九、与其他各校接洽实验合作办法案。

议决：交由理工设备委员会办理。

《国立西南联合大学史料》

273

第二次会议

（1937年9月28日）

时　间　廿六年九月廿八日

地　点　会议室

出席者　梅贻琦　张伯苓　蒋梦麟

列　席　杨振声

主　席　梅贻琦　　　记　录　杨振声

一、常务委员会各部应成立分组并指定每组负责人员以利事务上之进行案。

议决：

1.关于总务之部分，暂设事务、会计两组，并分别推定事务组主任沈萠斋，干事钟舒余。会计室主任沈叔文，干事王家祥。

2.关于教务之部分，暂设注册组，并推定注册［组］主任潘光旦，干事朱荫章、薛德成、伉乃如。

3.关于建筑及设备之部分，暂设建筑设备组（购置在内）并推定建筑设备［组］主任黄子坚。

4.图书及理工设备二设计委员会直属常务委员会。

二、推定梅月涵、樊逯羽、黄子坚、潘光旦、冯芝生、吴正之、陈岱孙、顾一樵、饶树仁（未到前由曾昭抢代）、叶公超、张子缨、杨石先、方显廷为课程委员会委员，由梅月涵负责召集。

三、改订开学、报到及注册选课日期案。

议决：

1.报到注册日期：十月十八日起至十月廿四日止。

2.开学日期：十月廿五日。

3.选课日期：十月廿五日起至廿七日止。

4.上课日期：十一月一日。

注意：上课后一星期不到者，本校不再为保留名额。

《国立西南联合大学史料》

274

第三次会议

（1937 年 10 月 1 日）

时　间　[廿六年]十月一日

地　点　会议室

出席者　琦　苓　麟

列　席　杨振声

一、管理中英庚款董事会允协助临时大学开办费二十五万元曾经本会第一次会议议决分配用途为：图书费五万元、理工教学基本设备费十五万元、其他设备费五万元。兹接部电称按二十万元之数造具开办费预算，应如何处理案。

议决：将前分配数目，各按比例减去五分之一、即

图书费　四万元

理工教学基本设备费　十二万元

其他设备费　四万元

二、关于临时大学开办费，部电提前赶造预算呈核并转达管理中英庚款董事会备案，应如何提前赶造案。

议决：请图书及理工设备二设计委员会从速开会，按上案减定数目分配各学系图书及设备数目，以便赶造预算。并推定黄子坚负责起草其他设备费分配数目。

《国立西南联合大学史料》

第十四次会议

（1937 年 10 月 21 日）

时　间　[廿六年]十月廿一日上午十时

地　点　会议室

出　席　梅贻琦　蒋梦麟　张伯苓（黄钰生）

列　席　杨振声

一、贷金委员会建议贷金办法五条请予通过案。

议决：

除第一条贷金额改为下外【列】三种：

  甲种　二十五元　三十名

  乙种　二十元　　一百名

  丙种　十五元　　一百五十名

余如议。

计开

第二条　请求贷金者须具备下列条件：

1.本校正式生。

2.确系困苦需要救济者。

第三条　请求贷金者，须填具请求书（空白请求书在注册组领取），如有证件须一并附缴。

第四条　贷金请求书须于十一月八日以前送交注册组。

第五条　凡在本学期内接收他处津贴或贷金者，概不得再向本校贷金。

二、通过女生宿舍规则十一条。

计开

长沙临时大学女生宿舍规则：

（一）凡本大学女生，除有女生保护人函请，经本校女生宿舍管理处核准者得住亲属家中外，余者概须住女生宿舍。

（二）寄宿女生须受女生宿舍管理处指导员之指导。

（三）舍内学生寝室之分配，由宿舍管理处订定办法决定之。

（四）舍内除会客室外，不得招待男宾。

（五）在自修时间（上午八时前，下午八时后），舍内除会客室外，不得招待女宾。

（六）女生不得在舍内自行烹饪。

（七）如有银钱应交银行存储，贵重物品不得携入校内，以免遗失。

（八）女生每晚须于十时以前回舍，宿舍十时上锁，非因特别事故经女生指导员许可者，不得开启。

（九）女生如患疾病，经指导员认为须离宿舍时，得由校方送入医院留医。

（十）女生如因事须外宿时，须由家长或保证人来函证明，声明外宿地址及日期，经宿舍管理处核准后，方得外宿。

（十一）本规则自公布之日施行。

《国立西南联合大学史料》

第二十五次会议

（1937 年 11 月 13 日）

时　　间　［廿六年］十一月十三日上午十时

地　　点　会议室

出　　席　梅贻琦　张伯苓（黄钰生代）

列　　席　杨振声

一、议决：

通过本学年校历如下：

长沙临时大学二十六年度校历

第一学期

民国二十六年

十月十八日至二十四日	星期一至日	旧生注册
二十五日	星期一	开学礼
二十五日至三十日	星期一至六	新生报到注册
二十九日至三十日	星期五至六	新旧生选课
十一月一日	星期一	第一学期始业

民国二十七年

一月一日	星期六	中华民国开国纪念日放假
三十一日至二月五日	星期一至六	寒假
二月十四日至十九日	星期一至六	学期考试

第二学期

民国二十七年

二月二十一日至二十三日	星期一至三	学生注册
二十三日	星期三	第二学期始业
四月四日至九日	星期一至六	春假
六月十三日至十八日	星期一至六	学年考试
二十二日	星期三	休业式
二十三日	星期四	暑假起始

二、议决：

不住宿舍学生对于下列各项应行遵守：

1.参加每晨升旗礼及晨操。

2.一律穿着制服。

三、议决：

责成宿舍委员会、军训队、校医覆案暂准不住宿舍学生之确实状况：

1.其请求理由是否确实及充实。

2.其在外住居之情形是否适宜。

《国立西南联合大学史料》

第四十三次会议

（1938年1月20日）

时　间　［廿七年］一月廿日上午十时

地　点

出　席　梅贻琦　张伯苓（黄钰生代）　蒋梦麟

列　席　杨振声

一、学校迁移昆明，对于教职员学生之路费应否予以川资津贴及如何津贴案。

议决：

1.教职员每人津贴六十五元，由各原校在昆明发给（临大添用职员之津贴由临大发给）。

2.学生每人津贴二十元，由临大在长沙本校及南岳文学院发给。

二、议决：南开寄存天津之图书仪器由校函请中法教育基金委员会资助并设法运往昆明。

三、议决：

1.昆明办事处人员，除川资津贴（每人六十五元）照发外，其在昆明之宿费由学校担任。

2.沿途各办事处负责人员，除川资津贴照发外，其在办事处之时间每人每日各补助旅费五元。

四、修正通过交通委员会所拟学生赴滇就学之手续及路程。

五、教职员学生统限于廿七年三月十五［日］以前在昆明校址报到。

六、议决：

本校设立以下三处，分任校务。

1.总务处：聘请周炳琳先生为总务长。

2.教务处：聘请潘光旦先生为教务长。

3.建设处：聘请黄钰生先生为建设长。

在本校迁移昆明后执行职务。〈公布〉

七、议决：聘请胡适先生为文学院院长，吴有训先生为理学院院长，方显廷先生为法商学院院长，施嘉炀先生为工学院院长。在本校迁移昆明后执行职务。

八、议决：

推定本校迁移昆明时昆明办事处及广州、香港、海防、河口各招待处负责人员如下：

昆明　秦瓒 庄前鼎 杨石先 汪一彪 王明之 章廷谦 李洪谟

河口　雷树滋

海防　徐锡良

香港　叶公超 陈福田

广州　郑华炽

注意：

1.以上广州、香港招待处限于二月十日成立，三月五日撤消。海防、河口限于二月十五日成立，三月五日撤消。

2.广州、香港、海防、河口各招待处得用学生二三人帮助招待事宜，每人每日给旅费津贴二元。

《国立西南联合大学史料》

第四十八次会议
（1938年2月4日）

时　间　[廿七年]二月四日上午十时

地　点　会议室

出　席　梅贻琦　张伯苓（黄钰生代）

列　席　杨振声

一、议决：本校迁移昆明，学生步行入滇者，组织为湘黔滇旅行团，团员限二百人至三百人。

二、通过旅行团经湘西由黔入滇路程，途中并得由学校雇用汽车民船，更迭步行与乘船车，以资休息。

路程及用船车之段落规定如下；

1.自长沙至常德，一百九十三公里步行。

2. 自常德至芷江，三百六十一公里乘民船。

3. 自芷江至晃县，六十五公里步行。

4. 自晃县至贵阳，三百九十公里乘汽车。

5. 自贵阳至永宁，一百九十三公里步行。

6. 自永宁至平彝，二百三十二公里乘汽车。

7. 自平彝至昆明，二百三十七公里步行。

（以上共需时间约□□□）

三、通过交通委员会提议"修正学生赴滇就学之手续及路程"。

四、通过交通委员会建议学生赴滇必须经过安南者，其护照由学校代为办理并担任领照费用。

五、通过系主席及图书、理工设备设计委员会联席会议建议购买图书仪器及其他事项六条。

（一）翻版书籍由各系主席开单交图书馆定购直寄昆明本大学办事处。

（二）原版书籍由本会推定各系负责人在广州或香港定购，由图书馆给与推定负责人以证明文件，负责人应于赴港前到图书馆查明已定购书籍及预算余数，以免重复或超过预算。

（三）推定各系负责人如下：

1. 哲学 金岳霖　　2. 西文 叶公超

3. 历史 雷伯伦　　4. 数学 江泽涵

5. 物理 吴正之　　6. 化学 黄子卿

7. 地学 李宪之　　8. 生物 张景钺

9. 政治 崔书琴　　10. 法律 李祖荫

11. 经济商业 方显庭 12. 工业 庄前鼎

（四）建议常务委员会电中华文化基金委员会请准北平国立图书馆与本校同赴昆明继续合作。

（五）建议常委会购置西文油印机一具。

（六）建议常委会设法汇款一万元至港委托银行担保理工各系在港定货信用。

推定各系在港购定仪器负责人如下：

1.物理 吴正之

2.电工 任之恭

3.化学 张大煜、钱思亮

4.生物 张景钺

六、议决：汇寄香港图书仪器购置费除建议案中一万［五千］元作为信用担保外，另汇五千元为零星购置之用（西文油印机在内）。

七、以上信用存款及零星用款通由吴正之先生负责支用及报销。

《国立西南联合大学史料》

第五十四次会议
（1938年2月14日）

时　间　［廿七年］二月十四日上午十时

地　点　会议室

出　席

列　席　杨振声

一、通过捐助寒苦学生委员会建议捐助寒苦学生赴滇就学旅费办法五项。

二、议决：由捐助学生之教职员应得旅费中在长沙先拨一千六百元作为捐助寒苦学生之用。＜［通知］会计室＞

三、议决：本校教官随旅行团赴滇并担任沿途指挥各事宜，其旅费津贴每人发给一百元。

四、议决：推定樊逯羽先生、黄梅美德女士、钟书箴女士领导本校赴滇就学女生并照护同人家眷。

五、议决：推定黄子坚、李继侗、曾昭抡、袁复礼诸先生为湘黔滇旅行团指导委员会委员。并推定黄子坚先生为委员会主席。

六、议决：聘定黄师岳先生为本校湘黔滇旅行团团长。

七、议决：凡经本校委托指导本校学生赴滇者其沿途舟车食宿各费概由本校担任。

《国立西南联合大学史料》

特别报道

在武汉南开校友公宴会上的演讲词
张伯苓
（1937年9月26日）

南开中大学被日机轰炸时，余适未在校内，因庐山会议后，余过南京稍留，当时本欲行返津，以在京朋友之挽留，并劝告本人谓：日本人对南开及余个人均甚不高兴，其实吾人能得日本人之嫉视，已自足荣兴。友人更谓至必要时，日本必将予南开以破坏，并将予本人以不利，余遂即暂留南京。

7月29日，余得到报告，谓南开被炸。时余并不惊讶，因此事已在意料之中。教育是立在精神上的，而不是立在物质上的。当晚中央社记者访余时，余已向彼等言之。当时轰炸南开学校时，幸未伤人，而在事前，校内仪器图书亦多已迁出。本人以为建立一个大学，精神难而物质易。南开已经40年来之经营，当去年政府计划接办时，估计全部校产已达270万元之巨，在私立大学中似已可观。如今牺牲掉，本人并不过分爱惜，因南开精神已散布于全国，愈毁坏，愈有更新发展之可能。

当日余接到被炸消息不久，教育部部长王世杰曾到旅馆来慰问，并表示政府必尽力帮助恢复南开，余当时答称，在此抗战期间，余绝不愿使政府分心。后蒋介石亦向余有同样表示，亦如此答复。现时南开中学已在南渝重新建立成功。本人于前年已料到北方必要发生问题，当即开始向各方奔走募款，不久即募得 30 余万元。进行能如此容易，实因南开之奋进创造精神，已布满全国。

至于今后南开大学之恢复，若在平时，当然不成问题，但现时正在抗战期间，恢复工作须告待后日续谈，现时政府已在长沙设立临时大学，此校将容纳清华大学、北京大学、南开大学及中央大学研究院四校学生。现时该处所有之房屋及用品，均已备妥，一切亦均有办法。余此次赴长沙，即为办理校中各事。本校已决定将电工一部与湖南大学合作，化工一部与重庆大学合作至于理、文、商三科，则设于长沙。

南渝中学方面，只有原来南开中学生数十人，现已开学，学生均甚好，至于其他一切，均较在天津时更有进步。因南渝方面一切都是有计划的。今年 10 月 17 日本校纪念日，当扩大举行纪念，表示北方南开学校被毁，而南方之南开又展开其更伟大之生命。

论吾人对今日抗战之态度及认识一问题时，吾人应先理解今日之中国已为新中国，吾人已变成新中国人。以前吾人均有三大病：一为"怕"，二为"退"，三为"难"。即遇事来即怕，怕而退，退即觉所有各事都难，结果什么事都办不成。自从抗战爆发以后，可以证明国家是变了。第一因不怕日本凶，再即不因日本之用强力压迫而退却，三不顾一切艰难，向前迈进。

中国此种情形，较之昔日非改变而何。即吾人亦如之。中国现时之抗战，实占有绝对有利之条件，经济、政治、外交三方面，均有利于我，而无利于日本，中国只要打，一切都有办法。无论如何想，中国都不会亡国。中国历年来进步不易，其原因是中国是大国，故要亡中国，因其大，故亦不易亡之。余希望大家自己应了解已变为一新国民。但希望注意不要使身体成新的，而留下一副旧成分或剩下一条尾巴在身上。中国之领袖的进步，实一日千里，余已自己感觉追逐不上，希望全体同学当努力力追云。

苦干、硬干，努力不息——在南开校友总会第一次临时大会上的讲话

张伯苓

（1937年12月24日）

诸位校友踊跃参加大会，实在值得庆幸！这种肯干求长进的精神是很好的。一个国家或一团体，因为它是正在那里向上长进，敌人才想把它毁掉。但是事实则不然，他愈是想方设法去毁，而我们愈往上长进，如同以斧伐树枝，愈伐而后愈长得茂盛，也就是这个道理。南开学校是这样，校友事业更是这样，他愈想毁灭我们，我们愈向上长进。在两年前，在此地若召集校友会，到会的至多也不过20多人，而现在竟至如此之多。这固然一方面是由于时间的关系，但是另一方面也是向上长进的表现。我们学校现希望大家也要本这种精神向前干，我们终归要逢凶化吉的，虽然敌人是步步进逼，但是我们不要怕，更不要颓唐，精神要贯注，小小的失败算什么！我们仍然是要干！最后希望大家要本着南开精神，一致往前努力！

蒋梦麟先生会见记

湖南虽不是一个文化落后的地方，可也说不上发达。大学校都集中在北平、上海，纵然间常有几个学者到湖南来，也不过是"路过此地"而已。这一次，因为平沪都作了战区，许多大学南移，于是名流学者也跟着到湖南来，使这闭塞的湖南沾光不少，这是我们应该觉得荣幸的。

久想访问蒋梦麟、张伯苓、朱自清诸先生，但他们都很忙。今日这里，明日那里，弄得我也无法问津，直到前天晚上，才冒冒失失的跑到韭菜园临时大学去访蒋梦麟先生。从灯光点点中，隐约的看得出几栋房屋围着大操场建筑起来，摇曳的树影在晚风中摇晃，有点阴森的气概。

我和蒋先生谈话的地方大概是教职员吃饭的食堂，蒋先生，浙江绍兴人，五十来岁，有着单瘦的身材，着蓝色长衫，说话很快，仿佛他那肚子里满装着学问，永远是说不完的。首先，我将临时大学画了一轮廓，再将蒋先生的伟论作一个简单的代述。

临时大学的房子是借用圣经学院的，其实圣经学院还只住教授，作教室，学生都住在四十九标，也有住在外边的。全校以北大、清华、南开三大学合成，有学生一千三百人。在圣经学院上课的，不过法学院与理学院。文学院设南岳，工学院在岳麓山借湖大的一部分校舍作用。虽然有许多东西暂时缺乏，可是现在正努力添制，务使上课不发生困难。

校务由常务委员会主持，设三个主任，教务主任梅贻琦先生，总务主任蒋梦麟先生，工程设计主任张伯苓先生，建筑房屋、购买仪器，添置校具，定印书籍等等都属工程设计的事务。张先生因为主持四川的临时大学，现在已经到重庆去了。教授共二百余人，每周授课的时数不及平时那么多，因为临时大学对学生有救济的性质，对教授亦有此意存焉，所以把课都分开了，大概以七八时者为多。所以三校的原有教授除了因地域关系或其他原因不能到长沙来的以外，大都能够有课可授。他们住在这里，虽然不及故居的舒服，可是他们都在

287

埋头苦干，希望把自己所有的学问都教给他们的弟子，不久，即可发挥他们自己的能力，再打回老家去。

他们的课程与原有的并没有什么变更，不过看什么东西为抗敌所急切需要，便对那一项加工研究，同时注意指导学生与社会接触，推动社会的抗战运动。临时大学虽由三个学校组织，但内部人员异常团结，有事商量，商量好了，就各自努力。务求达到目的，教授们对湖南都能表示好感，安心教书。学生们也觉得他们的学校移到这儿来完全是临时性，他们都急切的等待着再回到平津去。

至于他们原来的学校现在怎样了呢？大部分是封钉了。寄宿舍住了不少的日本兵，我们的土地已经任他们自由自在的住居来往了。南开呢，那是老早就成了颓垣败柱的瓦砾之场。日本人给我们的烙印实在太深刻了，我们怎么能够忘记呢？

以后便写入蒋先生个人了。

蒋先生丰富的生活经历，与他高深的学识相互辉煌。蒋先生的一通电文，不仅可以使民众起来，还可以使政府感动。从他风尘仆仆的面容上，可以看出他这几年在华北的苦心撑持。他对任何事件，只要是他应该做的，总加倍的去做，做出来的成绩不说一定比人家好，但总得不比人家落后。所以他说"叫你做什么事，你便用心的做，不叫你做的，你不要去管"。

"比如说，我的职务是办学校，我便努力办学校，我的能力可以办学校，而且只能办学校，为什么要强拉着我去做别的事呢？要是现在拉我到前线去打仗，跑不动，饿不惯，这有什么用？不但无益，而且有害。所以我们不能做非分的事，我们要做我们自己的事。"学者终是学者。记得孙伏园先生曾在大公报发表了一篇"战时文艺作者应该做些什么"，他的结论是"战时的文艺作者应该做文艺"。今日证之于蒋先生的伟论，也可以说是异曲同工了。

蒋先生不赞成"非常教育"。中国过去教育的失败并不是非常时教育的失败，而是"常时"教育的失败，"非常时期"是临时抱佛脚的办法，与事无补。

比如，现在战时需要无线电人才，这并不是在"常时"教育中所没有的。因为无线电不过是电气工程中的一部分，要是平时学得好的时候，不是战时就可拿来应用吗？倘若我们此时因为需要电气人才专注重电气学，等到将来需要别的人才的时候，不是又要专重于别的科目么？因此他觉得根本无所谓"非常时期的教育"。

我说："那么非常时期教育这个口号不是有头痛医头，脚痛医脚的毛病吗？"

"岂只如此，简直是在头痛医脚，脚痛医头呢"

我听了这带滑稽口吻的话，笑不可仰。蒋先生做事之脚踏实地的精神，我们由此可以明白看出。不过"屎急了挖茅厕"是不应该，但屎急了连毛厕也不挖，就会要屙到裤裆里去，所以在这严重的时期"非常教育"也未可厚非。

我提到请他为本报道写星期论文的事，劳他说："五年以来，不做文章，不讲学"，害我碰了满鼻子灰，我问他什么原因。

他说："这东西太空洞了，我们的工作应该还得实际一点。过去我也曾写文章、讲学，但是根本没有用处，比如说你要我做一篇文章，随便写两句吗，害了别人。用心写吗，可没有这么多的工夫。我们现在做事，要能够种下一粒种子，就有一点收获。"

这一着不成，便退一步要求为本报题词。他拿着笔就写下下面几个字：舆论先导。

实在麻烦他太久了，恐怕他还有事情，便辞出来了。

蒋先生是特别令人敬佩的，他的人格异常伟大。去年，不是为着大学教授联名通电，蒋先生会被会被执于日本兵营么？他在兵营里讲了一个多钟头的话，说得非常强硬，叙明日本侵略中国，如何不该，如何不该，理直气壮。日本人没有办法，只好把他放出来。这种精神，是给我们青年一个如何伟大的感召呢。

摘自 1937 年 11 月 16 日《力报》

我们究竟怎么样？——长沙临时大学学生演讲

张治中

1938 年 1 月 18 日

各位先生，各位同学：

本来很久就想来看看大家，见见我们最有名的平津最高学府的青年同学，但是本人因为初到此地，不能够抽出工夫，常和大家相会，这次得承蒋梦麟梅贻琦诸先生邀约来见面，对大家讲讲话，觉得很是高兴。今天看到各位的精神，很是不错，个个不像大学生的样子，都有丘八的样子，我没有想到有这样的精神，这样的整齐。到底大家都成为非常时代的青年了。

今天讲一个什么问题呢？我的题目是："我们究竟怎么样？"

过去作战方面一个概要的叙述

一　北方失败的原因

第一、我们把过去看一看，远的不讲，从卢沟桥事变以后，"八一三"上海战事发动以来，各方面的情形，大家都知道的。我们在北方的形势，北方局面的造成，可以讲，不是什么军事的失败，而是政治的失败。敌人仅仅利用三条铁路——就是平汉津浦平绥三线——当初我们北方的将领，因为没有决心，没有抵抗的决心，所以兵力没有集中，部署没有完成，结果当然要失败。所以没有经过什么了不得的战争，而平汉线上的保定，津浦线上的德州，平绥线上的大同，很轻易的放弃了，终于形成了现在华北这种严重的局面。

二　上海战场初期概述

在上海方面，大家都知道，上海抗战支持了三月之久，以上海地理方面的情形来看，是不应该支持这样久的。在上海的战事中，我们是以一个陆军来对抗敌人陆海空军的力量，虽然我们也有空军，我们的空军也能奋勇作战，但是因为数量的关系，技术的关系，终究不能取得制空权，所以对付敌人的陆海空军的联合进攻，还是完全以我们的陆军来做抗战主要的力量。在作战之初期，我们把敌人驱逐到黄浦江边，在这一时期是取的主动攻击的姿势。但是我们攻击的兵力抵在江边，我们是以血肉之躯来抵挡敌人几十条兵舰，几百门大炮的轰击，是整天不断的在敌人几十几百架飞机轰炸之中。这是一种什么样的战争？这简直就是血肉与机械的战争，精神与科学的战争。试问，血肉能够抵抗机械吗？精神能够胜过科学吗？但是我们凭着这种血肉精神来抗战，就能支持三月之久。虽然在战略上看，有人以为是有许多迁就政略的地方，也有人讲我们对于国际形势有过于侧重的估计，可是，一般的讲，我们在军事上虽然结果还是失败，但是我们军队之勇敢善战，我们民族牺牲精神之旺盛，却大大地改变了国际的观听，也大大地矫正了敌人蔑视我们轻视我们的心理。这些是我们争取未来胜利——也就是最后胜利的因素。

上海撤退以后情形之说明

不过，在从上海退却以后一直到南京陷落，这个期间的经过，实在是出乎我们意料，甚至可以说万万想不到有一个这样的结果。不过要追究这个原因，那是十分明白的。我们大家想，在上海作战的部队，最初在我的指挥之下，只有两三师人，以后增加到五六师人，此后不断的增加，总计有二三十万，而这二三十万的军队，彼此素质不同，教育不同，历史不同，干部训练不同，以种种不同的部队硬拉到一条战线上来作战，是没有法子可以组成一条巩固的阵线。为什么呢？因为好坏不齐，好的军队可以守得住，但是坏的军队就不能支持了，因此，常因牵一发全身皆动。便是说：假使有那一方面被敌人突破，整个战线就为之动摇，此其一。再者，当在上海退却的时候，沿途军纪太坏，秩序太乱，本来没有教育没有训练的军队，到那时便完全把真面目暴露出来了，以致原来教育很好纪律很好的军队，也受了影响，分不出好坏来，使各级指挥官掌握不住。于是，在这种情形之下，便不能在预定的阵地上支持抗战。所以上海之线撤退之后，跟着昆山一线不守，苏常一线不守，锡澄一线不守，一直退到南京，芜湖，还是不能守，此其二。再次，还有一点，即使是教育很好的部队，但是因为多次作战的结果，原有的士兵，已经牺牲殆尽，所补充上来的，都是新兵，所以作战的力量，至少减至百分之七十以上这个道理是很明白的：譬如，这个军队的教育本来是很好的，但是因为作战牺牲一半，就要补充一半，再打一仗，牺牲一半，又补充一半；这样逐渐的损失，逐渐的补充，这样就把原有的质量大大地改变，甚至变成一个到处拉拢到处杂凑补充的一种军队。所以作战的能力，也就因而大大地减少，这是我对于过去作战方面一个概要的叙述。

现在局势之分析

一　版图还在我们手里

现在怎么样？大家同学们现在可以看到，华北五省已经在敌人铁蹄蹂躏之下，大江以南，我们的首都，杭州，上海，也是相继沦陷了。我们领土丧失了这么多，在这已丧失的领土上，我们估计一下，总有一万万以上的同胞，做了敌人暂时的奴隶。在这一个形势之下，似乎是很严重的。究竟敌人会不会再事疯狂的向我们侵略呢？所谓在广东登陆，所谓从杭州突进，所谓从黄河南下，直迫武汉，就敌人种种企图，种种阴谋看来，我们是处在万分严重的局面之下了。可是我可以告诉大家，这算不了什么一回事。大家都知道，敌人虽然占领了我们许多地方，实际上不过占领了几条铁路线，公路线，纵然铁路线公路线，完全在敌人掌握里，但是这些线，时时刻刻可以被我们切断，被我们包围的。所以我们还是可以说，广大的面积，广大的版图，依旧是在我们的手里，这是一。

二　我们可以打击敌人

其次，敌人侵略我们在这几个月之内，对于中国所使用的兵力，估计是有八十万人，在军费方面，最少已经用了二十五万万到三十万万元。在这么短促的期间里面，敌人已经出动这么多的兵力，消耗这么多的军费，而结果只占了几条铁路公路线，但是仍然有时时被我们切断包围的可能，例如，太原虽然被他们占领了，但是太原以北，雁门关各地方，还是在我们的手里，南京虽然被他们占领了，但是南京以西，宣城广德等地，还在我们控制之下，他究竟还能动员多少兵力，筹措多少军费，来支持更大的战争？何况我们过去的战略和现在的战略，我们过去的形势和现在的形势，更有主动被动的不同。我们可以很肯定地讲：敌人愈深入，对于我们愈有利，我们夏可以因利乘便地打击他！这是二。

三 我们欢迎敌人快快来

就这两点来看，已经够作为我们对于前途的判断的依据，国际形势不讲，敌人内部矛盾不讲，专讲军事方面的情形。如果敌人现在停止军事行动，运用其政治的外交的手腕，是他聪明的地方，而我们就要吃亏，如果他不是这样打算，而还要继续疯狂的战争，这倒是我们所最欢迎，求之不得的。为什么？各位在地图上看看，可以知道，从南京到武汉有多远，从杭州到南昌有多远，从南昌到长沙又有多远，以这么长的距离，他们光是单纯的靠铁路公路的交通，就可以占领了我们这些地方吗？他们能够运用大兵团，来向这些地方作战吗？即使他们要做的话，那么，在作战上，他们怎样来补充，怎样来给养？即使我们避开了铁路线，公路线，让敌人长驱直入，试问他们怎样办？他们要拿多大的兵力才能巩固这占领的地区，要有多少军费才能维持这样大部的兵力？我可以对各位讲：我们欢迎敌人来，欢迎敌人快快地来！他们越来得快，越要失败得快，崩溃得快。如果敌人现在来了，我们不能以透彻的眼光，在军事方面分析一下，而形成了一种摇动的状态，恐慌的心理，这就是我们失败的根源，就是我们精神上，心理上，已经被敌人征服了。那我们就快要灭亡！如果精神上心理上不为敌人的疯狂侵略所征服。而我们真能抱定战至一枪一卒为止的决心，任何打击不以为是失败，任何失败也不足摇动我们的信心，我确信我们可以获得最后的胜利。

四 今后是我们胜利的肇端

今天不是同各位讲哲学，甚至于讲玄学，我们就各种情形来判断，实在无所用其摇动，更无所用其恐怖。可以同大家讲，现在已经是敌人失败的开始；今日以前，我们虽然是失败，但是今日以后，已经是我们胜利的肇端，这不是我故意如此讲法，来安各位的心，大家都是热血的青年，用不着我来安各位的心。这个判断却实在根据于各种事实之发展分析出来的一个结论。

我们究竟怎样办?

下定一个决心

现在我们究竟怎么样,究竟怎么样办呢? 很简单的说一句话告诉大家,我们每一国民,尤其是每一个知识分子,领导群众表率民众的知识分子,应该要有一个决心。什么决心呢? 就是我们只有两条路可走,一条是生路,一条是死路,我们不生则死,不死则生,要生便要痛痛快快的生,要死便要轰轰烈烈的死。如果在不生不死半生半死,是生非生,是死非死的状态之下,我们不愿生,宁愿死! 我相信只要中华民族每一个国民大家都有这个决心,都有这个抱负,都有这个破釜沉舟有死无生的决心与抱负,必定可以挽救国家的危亡,中华民族一定可以复兴起来。那怕一个日本帝国主义者,就是十个百个日本帝国主义者,他们那个灭亡我们吗? 威吓我们吗?

讲到这里,却又不能不回头看看现在一般的情况。就我所看到的,在这一种局面之下,我们的行政机构,教育制度,还是在不生不死的状态之中,几十年来,几百年来,大家都是生存在这种不生不死的状态之中,所以国家才会有今日,才会有今日被敌人侵略的严重局面,几几乎要做亡国奴,几几乎要走上国亡种灭的道路上来了。而大家现在是不是都决定了这一个态度,就是要生就要痛痛快快的生,要死就要轰轰烈烈的死,拿这一种决心来死中求生,死里得生呢? 现在有很多人说,我们要抗战,我们要革命,究竟事实上革了什么命? 那一件事情不是因循下来的,那一种办法不是传统下来的? 到处都是充满了保守因循的习气,新的形式里依旧是旧的组织,旧的状况,旧的习惯。要讲到改革,马上问题就来了,马上障碍就来了,马上就要你动弹不得! 大家想想看,在这种情形之下,在这种不生不死的状态之中,旧的氛围不能打开,旧的势力不能铲除净尽,以这一种社会,这一种组织,这一种人事,这一切一切腐败守旧不长进的情形,怎能谈得到挽救危亡,争取最后的胜利?

要求一个转变

可以问大家讲,我一向是一个办学,练兵,打仗的人,对于地方政治很少研究，甚至可以讲，向来是没有打算过的。到了湖南以后，只有个把月，为期不久，但是耳闻目见，觉得目前这种社会状态，到底不是可以应付伟大时代的社会，到底不是可以支持长期艰苦抗战的组织。大家看，那一样不是平时的状态，那一样不是平时的机构？这样前方打仗，后方一切还是如常；所不同的，就是敌人飞机一来，只见人山人海向郊野中逃命，像这样国民的常识，这样国民的精种，能够不受敌人的征服吗？我自己看到这一点，大概大家也看到这一点。许多人何尝没有看到这一点？但是终究给"安土重迁""因循旧习"的传统精种所陷，这一种毒深中了人心，不只一般国民，就是一般领导国民的知道分子，连我自己在内也都中了毒！

讲到教育方面也是一样。临时大学的课程改革了没有，我不知道，我所知道的是所有中小学的课程，都依旧和平时一样。依旧和三年前五年前，乃至十年前一样，我觉得这是太不合理了。我就下定了决心要改革这一点，我计划在湖南发动知识分子，分布到湖南全省做领导民众的工作，这不是一个空洞的理想，而是改革社会救亡图存的革命的办法。但是一提到要把所有高中以上学校停办，所有高中以上的学生通通下乡去做领导的工作，革命的工作，就有人很不以为然。还有人说：这是国家教育，我们还要准备上"最后一课"！我知道科学的重要，工商业的重要，教育与国家关系的重要，但是在这样非常的时期，还要保持着一成不变吗？

我以为这一个大计划的根本精神是适应战时需要，把学校教育一部分的制度改革一下，这并不是停办教育。我的意思是要国家很多优秀的青年到民间去做点实际工作，去寻求服务的经验，也就是去报效国家。试问：在这一个国家存亡危急之秋，我们口口声声喊全民的动员，而我们还把这些青年关在学校里不让他们去致力国家，这是不是合理的？我想：如果我们一二年内大翻身，那大家还不是各回各的老家去，各回各的母校去读书，譬如你们南开的学生可以回到天津去，北京清华的学生可以回到北平去，照样地优游岁月，大家也不必搬来搬去做着变相的难民！大家如果在非常时期还要保持平常的办法，那不仅会感觉到不能适合，而且自己想想也觉得有过不去的地方。所以，我以为适应战时需要，应该是抗战时期一切设施的最高原则。

改革一切的机构

我说：一切机构我要改革，我要把一切平时的机构改为战时的机构，我要把湖南省政府改为一个总司令部，所属机关公务员都成为战斗员或者幕僚，我以为惟这样才能尽到战时政治的职责，战时政府的职责。可是又有人讲，省政府究竟是省政府，公务员究竟是公务员，人民也到底是人民。这样因循守旧，这成什么话？时局已经到了这样非常的局面，我们牢守平常的办法，如何应付得了？我们不用革命的方法，革命的手段，我们怎样能够改革一切，改造一切，怎样能够谈到支持抗战，谈到战胜敌人？最后胜利那里是一个符咒，是喊几句口号，贴几张标语，马上就可以变得来的？我们不从最根本最重要处来努力，试问所谓最后胜利究竟有什么凭据，有什么把握？老实讲，如果我们没有决心，没有果断，还是故步自封，蹈袭故常的话，那只好等待亡国，等待做亡国奴，或者准备日本人来了，大家就背了行李向深山里逃命。像这样子，我们愿意吗？我们做知识分子的，做领导民众的人愿意吗？当然大家不愿意的。但是有很多人又是站在一个矛盾的地位，一方面要抗日，要求得最后的胜利，但是一方面仍然依恋于平时的状态，过这不生不死的生活，这就是我们民族不长进的地方，也就是我们几十年来所以不能迎头赶上世界的进步，终于一天一天落伍，一次一次失败的真实原因。这一种心理习惯之毒害，大家是不能忽视的。我以为我们革新中国，第一步就要斩除这个心理的病根——这一种有着几千年历史根深蒂固遗害无穷的守旧的不进步的心理！

前天蒋梦麟先生来看我，因为彼此都很熟，所以大家谈话也没有什么拘束。他说："临时大学有七八百个学生，现在怎么办？"我说："你预备怎么办？"他说："打算迁移到别的地方去，但是没有汽车，没有轮船。"我说："这样是有两个办法，一个办法是不迁移，临时大学的学生全体参加我们湖南民训的工作，一个办法是要迁移，就不要希望汽车轮船，只好凭着大家两条腿走路去。

两条腿走路，也可以认为是一种训练，一种教育。"结果，蒋先生便采了一个折中的办法，说回来征求各位同学的同意，愿意迁移的学生，就跟着学校到别的地方去，不愿意迁移的学生，就留在湖南参加民训工作。但是临时大学究竟迁移不迁移呢？我没有过问。不过我的意思哩，是不赞成你们迁移的。如果说要迁移，迁移到什么地方去呢？迁移到贵阳好不好，迁移到昆明好不好，敌人能到长沙，难道就不能到贵阳吗？敌人既能到贵阳，难道就不能到昆明吗？我总以为这不是办法。

抓住一件事情就干下去

那么，我们怎样办？我们现在究竟怎么办？我只能提供一个原则：我以为在这时候，我们抓住一件事情我们就干下去，用不着什么踌躇，也用不着什么顾虑，我们只要下定决心，把平时生活转变为战时生活，把平时状态转变为战时状态，决心迎着战争，决心迎着必然就要到来的新时代苦斗下去，我相信就没有什么迟疑审顾的地方，如大家仍旧因袭平时的心理，一方面想求生，一方面又怕死，我就没有两全的办法！古话说："偷生不生，誓死不死。"这句话，实在是可以要我们深深觉悟的！我以为我们只要抱定破釜沉舟有死无生的精神，我们就可以摧毁一切，建造一切，就可以摧毁旧的习惯，旧的心理，旧的组织，旧的制度，也就可以把我们所需要的战时新制度，战时新生活建造起来，这样我们一定可以得到最后的胜利，一定可以以我们的精神来制胜敌人！

希望热血青年助成改造湖南的大业

今天我和各位同学讲的这番话，完全是一种空话，但是我要告诉大家，只要你们有这个决心，能够本着这个决心，有果断，有担当去做，一定可以把我这番空话变成实话，一定可以把我这个理想变成事实。我可以顺便告诉大家：我到湖南来是做事，不是做官，我一定要使我自己对于我所负的责任，我所接受的使命，都要当之无愧。在我的责任上，我是要把湖南三千万同胞发动起来，领导起来，来做我们抗敌自卫复仇雪耻收复失地的基础。我很希望一般热血的青年能够助成我们的大业，也就是国家民族复兴的大业。像目前这种不生不死

297

的日子，我们有一点热心热血的青年实在忍受不了。那么，我们究竟怎么样？
我希望大家多多地去想一想！

选自《张主席言论选集》，湖南省学生集中训练总队政训委员会
一九三八年八月印

临大记忆

梅贻琦：抗战期中之清华

一

自卢沟桥事变迄今已 21 个月矣，在此期间，吾校之所遭遇固多有与他校相同者，然吾校校舍之被敌人占据摧毁，同人南迁后之艰苦维持，与夫目前校务之推进状况，凡我校友，必欲闻其详。今兹所述，犹虑未能详尽。盖前年夏间，琦因事赴京，"七七"变作，即未能再返清华园，关于园内经过情形，皆同人事后南来或通信相告者，琦今据以转告校友。虽其间详略不齐，或近屑琐，然皆目睹心伤，垂涕而道者也。

本校因地处平西，毗连宛平，当"七七"之夜，敌人进攻卢沟桥，枪炮之声，校内清晰可闻，斯时正当暑假，一、二、三年级学生在西苑兵营集中受军事训练，四年级已毕业学生，为谋职业及准备研究院与留美公费生考试，留校者约 200 余人，教职员除少数南下参加庐山谈话会与做短期旅行者外，大部分仍留校中，对于时局演变，严切注意，校内秩序，则力予维持。自 7 月 8 日至 27 日，地方当局举棋不定，谣言繁兴，迫 28 日我军后撤，北平遂于 29 日沦陷矣。当 28 日晨，敌机大举轰炸西苑，同日午前，29 军与敌战于沙河，炮弹有落入园内者；迫 29 日，我军退出北平之讯证实，留校同人，乃纷纷向城内迁徙，学校情形，暂时最为惊慌，盖敌军所在，已去本校不远，随时有窜扰之虑。斯时也，琦已由庐山到京，因平津交通中断，无法北上，除与校中同人函电询商外，日唯向京中各方探取消息，每闻及沙河激战，西苑被炸，念我介乎其间之清华校园，不知被破坏至何种程度矣。某日报中载有清华学生 200 余人在门头沟附近被敌人屠杀，更为焦急，凡兹传闻，虽事后幸未证实，然在当日闻之者，实肠一迥而九折也。

7月29日下午3时，即有敌军在校内穿行。尚无若何举动但以后来者益多，应接不暇。校中同人，于8月中决定疏散办法，并组织保管委员会，保管校产。9月12日，日本宪兵队带俄籍翻译来本校搜查，凡校长办公室、秘书处、庶务科、学生自治会会所，及外籍教员住所，均被搜查，旋即封闭学生自治会所及噶邦福先生住宅而去。

10月3日，日本特务机关人员及竹内部队长来校参观，临行将土木系之图书、气象台图书、仪器、打字机、计算机等，用大汽车装载以去，是为敌军自由窃取本校什物之始。自此每日参观，每日攫取，虽经保委会交涉制止，全无效果。

10月13日，敌军实行强占校舍，此批军队，即为卢沟桥事变祸首牟田口部队，占住之房舍，为工学院，办公楼，工字厅，甲、乙、丙三所，女生宿舍，二院宿舍，大礼堂等处，是为敌军驻入本校之始，斯时在本校保管人员，被逼退至学生宿舍"四院"。

1938年1月20日，敌军又要求迁移科学馆、生物馆、化学馆为驻兵之用，中间几经交涉，终于2月初强逼搬完，并限校内员工，一律迁出旧校门，保管人员退住旧南院，自此以后，旧校门以内情形，不堪言问矣。迨至8月中，敌军驻本校者，增至3000余人，又将校外住宅区占去，即保管委员住之旧南院，亦被屋占，于是清华园内，遂不复有我人之足迹矣。今年春，有新自北平来者谈及园内情形，云图书馆已被用作伤兵医院，新体育馆、生物馆用作马厩，新南院用作敌军俱乐部。各馆器物图书，取用之外，复携出变卖，有时且因搬移费手，则随意抛弃或付之一炬者。夫敌人之蓄意指残我文化机关，固到处如是，清华何能例外，虽然，物质之损坏有限，精神之淬励无穷，仇深事亟，吾人宜更努力灭此凶夷，待也日归返故园，重新建设，务使劫后之清华，益光大灿烂，斯琦予缕述母校情形之余，愿与同人共勉者也。

二

自北平沦陷，战祸延长，我政府教育当局，爰于8月中命本校与北大、南开合组临时大学于湖南省会之长沙，琦于8月底赴湘筹备，为谋本校员生来湘之便利，商托天津、南京、上海、汉口四处同学会，一方举行登记，一方指导行旅。斯时也，我校员生家属之来询问其子弟消息者，函电纷驰，亦赖各处登记报告，得知行止，备处同学会之热心帮助此项工作，至可感佩。长沙临时大学赁得校址于湘垣圣经学院，乃于11月1日开学，本校学生到者600余人，教职员到者180余人，烽火连天，弦歌未辍，虽校舍局促，设备缺乏，然仓促得此，亦属幸事。本校原在长沙河西岳麓山南起建房舍，最初计划，原为各研究所在湘工作之用，兹三校南来，爰由本校扩大建筑，由二所增至六所，预计可于1938年春间完工。乃敌人破坏计划，渐及我后方，长沙虽去前线尚远，亦因空袭时来，渐感不安，1938年2月，临时大学又奉命迁于云南省会之昆明，4月底全部到达，改名为西南联合大学，本校学生到者600余人，同年7月毕业者200余人，教职员除由湘随来者外，由平南来者，又增数起，共达200人以上。关于西南联合大学之组织，可约略述之者，在行政方面，由常务委员会主持全校事务，常务委员，以三校校长任之，合秘书主任为常务委员会。常务委员会之下，设教务、总务两处，每处各设若干组，分司经常行政事务，此外另设工程处，办理建筑校舍事宜。（目前联大所用房舍，全系租赁或暂借性质，布置上极感不便，计划上已时虑变迁。故不得不自筹建造简单之校舍，以应自身之需要。）在教学方面，院系之分设，系参酌三校原有情形，共分四院，文、法、理、工；十八学系，中国文学、外国语文、历史社会、哲学心理、物理、化学、生物、数学、地质地理气象、法律、政治、经济、商学、土木、机械、电机、化工、航空；去夏复遵部令，设立师范学院，以教育系并入该院，今年2月，在电机系附设电讯专修科，期以较短时间（一年半）造就电讯技术人才，备国家抗战之用。联大经费之来源，系北大、清华原定经费之四成，及南开应领教部补助之四成拨充，合计每月不足8万元。在开办之初，幸得管理中英庚款董事会及中华教育文化基金董事会之补助，图书、仪器稍稍添购，但因外汇价涨之故，所能购得者，质量均尚差甚多。至建筑费，则系以中基会补助费之一部，即三校节余之款，凑合共得 20 万左右，当此工料均贵之际，联大建筑之力求简，一因符抗战节约之旨，而亦因经费所限，不得不然也。自去夏秋季，学生人数骤增，课程设备，一切均有增加，联大每月经费，遂益感不敷，幸于 1939 年度经商准教部，以上半年清华节余之款拨助，每月可增 1.5 万元。至设备方面，清华除以前（3 年前）由平南运之器物尽量供应外，清华在滇所设各研究所，在可能范围，谋于合作，于联合教学之需要，亦可稍有补助耳。

三

至清华之事业，近年以来，吾人在平时即认为学校在充实大学本科各系之外，应并注重于研究工作之推进，故南迁以后，除农业研究所（原设清华园）、航空研究所（原设南昌）、无线电研究所（原设汉口、长沙）均次第迁设昆明外，更因地方与时势之需要，于去秋添设国情普查及金属学二所。凡此五所，现均布置大致就绪，工作已有相当进展，虽设备方面，一时因经费与时间所限，未能尽敷工作之需要，但同人之努力，益形紧张，以求适应环境，于抗战期中对国家多少有所贡献。盖吾人以为研究事业特别在创始之际，规模不宜扩张，贵在认清途径，选定题材，由小而大，由近而远，然后精力可以专注，工作可以切实，至于成效，虽不可预期，然积渐积久，必有相当之收获也。

清华留美公费生，自前年夏间，因战事关系，暂停考送，以前派出留学欧美者，现尚有四五十人，各生成绩，均甚良好，抗战以来，尤知奋勉，学校虽予经费困难之中，仍设法维持，使于学业各能有所成就，但川资及生活费两项，已酌予减少，一以节省用费，一以使诸生知与校中同人共甘苦也。

此外关于母校情形欲为各校友述之者，尚有庚款停付之问题，盖自本年 1 月财部当局，因海关收入十九为敌人所扣留，遂将庚款债款，（为关税担保者）一律停付，本校经费，一时遂竟无旨落，庚款停付之事，在 1932 年 3 月至 1933 年 2 月之间，政府曾有是举，当时学校赖有财部拨垫之款，未致中断。

此次政府之出此，其困难必更甚于前，但学校之各项事业，同人之所日夜努力者，亦实国家抗战后方重要工作之一部，而在建国因素中，尤不可废弃，故吾人深信，政府当局，亦必有维持之办法。最近已商请教部转呈行政院长，准令拨垫，虽详细办法，尚未确定，但校务之得继续进行，约可无虑也。

梅贻琦：怀念不能复员的师生

今天是联大成立9周年纪念日，半年前，好多人还在昆明，半年后，大部分已经回到平津。在目前运输情形下，感觉到很侥幸，也很愉快，所以三校都愿意联合纪念这一天。今天大家聚集在这个地方，大部分是来自昆明的。想到9年前在长沙、在昆明，更想到开始领导联大之张伯苓、蒋梦麟、傅孟真诸先生没有来，还有很多师长或因特殊任务留在昆明，或因某种原因也不能随校来平津，前者如大家所爱护之查训导长，为了养成云南的师资，主持昆明师院，不仅只是政府的任命，也是经过同人的研讨，请查先生留下来的。同时怀念到从军与翻译员的同学，经过几年的辛苦工作，有的已经欢欣地回来了，有的已经牺牲在战场，固然为国家出力，牺牲在所难免，回忆起来，一方面很愉快，一方面也很感伤。特别是去年与今年夏天，由于当局的戒备不够，错乱措施，因而遭难被杀害者，今天更觉悲痛！

联大联合到底，三校原是通家

想起9年的工夫，在长沙，在昆明，三校联合的结果很好，同人咸认为满意。今后分开，三校联合精神还要保持并继续。前几年，教育当局谈抗战中，好多学校联而不合，只有联大是唯一的联合到底，这不是偶然的，而是由于抗战前，三校对事情的看法与做法，大同小异，人的方面多半是熟人，譬如：胡适先生即为清华校友，冯友兰先生是清华文学院长，但[也]是北大校友，再如南开之黄子坚先生，亦为清华校友，张伯苓曾为清华教务长，我本人亦为南开校友，已为"通家"。间或有远有近，但是很好。抗战开始时三校负责人都在南京，商议联合起来。计划定在长沙，当地有圣经学院，可以容纳九百人，同时清华在南岳正在营造房舍，所以决定到长沙。不幸胡适奉命到国外，有更重之任务担当，但是临行前，尚在机场停留半点钟，才飞走了，可见胡先生对于我们的关心了。后来南京失陷，武汉告急，长沙不宜久在，才另外找地方迁校。当我们选择地方时，并不是专以安全为原则：因为单纯为安全可到西藏或喜马拉雅山。但是过分闭塞的地方，不是学校所在的目的地，到云南，是因为有滇越与滇缅两条路可以通到国外，图书仪器容易运进来。不幸，太平洋战起，越南与缅甸相继沦陷，这时被圈在里面，无法通出去，且安全又成问题，所以一部分又到叙永。政府曾经提醒我们注意，万一敌人攻云南时，得求一安全之地。可是仍不愿离开昆明，宁愿冒险，去叙永是做万一的准备。后来因为联系上发生困难，过一年，又搬回昆明。后来敌人几乎要攻到保山了，两年前，贵阳一度告急，依然留在昆明，不打算逃难，幸而渡过去了。

曾有人讨厌联大，没有人不让搬家

抗战胜利后，大家自然要复员。原来打半年主意，因为据说滇越路如果有材料，半年内就可以通车。幸而没听他们的话，过半年后，据说还得一年，现在再问恐怕还得一年（全场大笑）。因而胜利后，又做一年计划，提早开学，到今年三四月，看一看运输情形，还没有顶大的进步，其实从学术工作着想，与其搬家，不如再继续一年。到明年春天或可有更经济的办法，可是在那时，一般人"归心似箭"，有人说不是政府不让我们搬回去吧？因为联大是讨厌的（全场大笑），姑无论讨厌与不讨厌，但政府并没有不让搬家。

于是在"五四"结业后，开始搬，7月底就相继离开了昆明。同学搭义民还乡的车子，救济总署给了不少便利。教职员携眷运输困难，幸而三校同人努力奔走，出人意料，大部到达。现在不光是人，物品也有1/3到达了。可以继续不断地工作。

三校合作精神应继续发扬

让我们八九年来在昆明同事的人想一想，在勉强的情形下，有勉强的结果，主要的是依仗了三校合作的精神，今后精神依然存在，为了以后的成就，本着原有的精神，互助合作，每个学校都可以对国家有贡献。

《在纪念联大9周年校庆大会上的讲话》（1946年11月1日）

蒋梦麟：在长沙临时大学的日子

长沙是个内陆城市。住在长沙的一段时期是我有生以来第一次远离海洋。甚至在留美期间，我也一直住在沿海地区，先在加里福尼亚住了四年，后来又在纽约住了五年，住在内陆城市使我有干燥之感，虽然长沙的气候很潮湿，而且离洞庭湖也不远。我心目中最理想的居所是大平原附近的山区，或者山区附近的平原，但是都不能离海太远。离海过远，我心目中的空间似乎就会被坚实的土地所充塞，觉得身心都不舒畅。

我到达长沙时，清华大学的梅贻琦校长已经先到那里，在动乱时期主持一所大学本来就是头痛的事。在战时主持大学校务自然更难，尤其是要三个个性不同历史各异的大学共同生活，而且三校各有思想不同的教授们，各人有各人的意见。我一面为战局担忧，一面又为战区里或沦陷区里的亲戚朋友担心，我的身体就有点支持不住了。"头痛"不过是一种比喻的说法，但是真正的胃病可使我的精神和体力大受影响。虽然胃病时发，我仍勉强打起精神和梅校长共同负起责任来，幸靠同仁的和衷共济，我们才把这条由混杂水手操纵的危舟渡过惊涛骇浪。

联合大学在长沙成立以后，北大、清华、南开三校的学生都陆续来了。有的是从天津搭英国轮船先到香港，然后再搭飞机或粤汉铁路火车来的，有的则由北平搭平汉路车先到汉口，然后转粤汉路到长沙。几星期之内，大概就有两百名教授和一千多名学生齐集在湖南圣经学校了。联合大学租了圣经学校为临时校舍。书籍和实验仪器则是在香港购置运来的，不到两个月，联大就粗具规模了。

因为在长沙城内找不到地方，我们就把文学院搬到佛教圣地南岳衡山。我曾经到南岳去过两次，留下许多不可磨灭的回忆。其中一次我和几位朋友曾深入丛山之中畅游三日，途中还曾经过一条山路，明朝末年一位流亡皇帝（永历帝）在三百年前为逃避清兵追赶曾经走过这条山路。现在路旁还竖着一个纪念碑，碑上刻着所有追随他的臣子的名字。在我们经过的一所寺庙里，看见一棵松树，据一位老僧说是永历帝所手植的。说来奇怪，这棵松树竟长得像一位佝偻的老翁，似乎是长途跋涉之后正在那里休息。我们先后在同一的路上走过，而且暂驻在同一寺庙里，为什么？同是为了当北方来的异族入侵。一千多年来，中国始终为外来侵略所苦。

第一夜我们住宿在方广寺。明朝灭亡以后，一位著名的遗老即曾在方广寺度其余年。那天晚上夜空澄澈，团圆明月在山头冉冉移动，我从来没有看到过这样低、这样近的月亮，好像一伸手就可以触到它这张笑脸。

第二夜我们住在接近南岳极峰的一个寺院里。山峰的顶端有清泉汩汩流出，泉旁有个火神庙。这个庙颇足代表中国人通俗的想法，我们一向认为火旁边随时预备着水，因为水可以克火。

第二天早晨，我们在这火神庙附近看到了日出奇观，太阳从云海里冉冉升起，最先透过云层发出紫色的光辉，接着发出金黄色、粉红和蓝色的光彩，最后浮出云端，像一个金色的鸵鸟蛋躺卧在雪白的天鹅绒垫子上。忽然之间它分裂为四个金光灿烂的橘子，转瞬之间却又复合为一个大火球。接着的一段短暂时刻中，它似乎每秒钟都在变换色彩，很像电影的彩色镜头在转动。一会儿它又暂时停住不动了，四散发射着柔和的金光，最后又变为一个耀目大火球，使我们不得不转移视线。云海中的冰山不见了，平静的云浪也跟着消逝，只剩下一层轻雾笼罩着脚下的山谷；透过轻雾，我们看到缕缕炊烟正在煦和的旭日照耀下袅袅升起。

来南岳朝山进香的人络绎于途，有的香客还是从几百里之外步行来的。男女老幼，贫贱富贵，都来向菩萨顶礼膜拜。

长沙是湖南省的省会，湖南是著名的鱼米之乡，所产稻米养活了全省人口以外，还可以供应省外几百万人的食用。湘江里多的是鱼、虾、鳝、鳗和甲鱼，省内所产橘子和柿子鲜红艳丽。贫富咸宜的豆腐洁白匀净如浓缩的牛奶。惟一的缺点是湿气太重，一年之中雨天和阴天远较晴天为多。

我每次坐飞机由长沙起飞时，总会想到海龙王的水晶宫。我的头上有悠悠白云，脚下则是轻纱样的薄雾笼罩着全城；正像一层蛋白围绕着蛋黄。再向上升更有一层云挡住的阳光，在长沙天空飞行终逃不了层层遮盖的云。

湖南人的身体健壮，个性刚强，而且刻苦耐劳。他们尚武好斗，一言不合就会彼此骂起来，甚至动拳头。公路车站上我们常常看到"不要开口骂人，不要动手打人"的标语。人力车夫在街上慢吞吞地像散步，绝不肯拔步飞奔。如果你要他们跑得快一点，他准会告诉你"你老下来拉吧——我倒要看看你怎么个跑法"。湖南人的性子固然急，但行动却不和脾气相同，一个人脾气的缓急和行动的快慢可见并不一致的，湖南人拉黄包车就是一个例子。

他们很爽直，也很真挚，但是脾气固执，不容易受别人意见的影响。他们要就是你的朋友，要就是你的敌人，没有折中的余地。他们是很出色的军人，所以有"无湘不成军"的说法。曾国藩在清同治三年（1864年）击败太平军，就是靠他的湘军。现在的军队里，差不多各单位都有湖南人，湖南是中国的斯巴达。

抗战期间，日本人曾三度进犯长沙而连遭三次大败。老百姓在枪林弹雨中协助国军抗敌，伤亡惨重。

在长沙我们不断有上海战事的消息。国军以血肉之躯抵御日军的火海和弹雨。使敌人无法越过国军防线达三月之久。后来国军为避免继续作无谓的牺牲，终于撤出上海。敌军接着包围南京，首都人民开始全面撤退，千千万万的人沿公路涌至长沙。卡车、轿车成群结队到达，长沙忽然之间挤满了难民。从南京撤出的政府部会，有的迁至长沙，有的则迁到汉口。

日军不久进入南京，士兵兽性大发。许多妇女被轮奸杀死，无辜百姓在逃难时遭到日军机枪任意扫射。日军在南京的暴行，将在人类历史上永远留下不可磨灭的污点。

新年里，日军溯江进逼南昌。中国军队结集在汉口附近，日军则似有进窥长沙模样。湖南省会已随时有受到敌人攻击的危险。我飞到汉口，想探探政府对联大续迁内地的意见。我先去看教育部陈立夫部长,他建议我最好还是去看总司令本人。因此我就去谒见委员长了。他赞成把联大再往西迁,我建议迁往昆明,因为那里可以经滇越铁路与海运衔接。他马上表示同意,并且提议应先派人到昆明勘寻校址。

民国二十七年(1938年)正月,就在准备搬迁中过去了:书籍和科学仪器都装了箱,卡车和汽油也买了。二月间,准备工作已经大致完成,我从长沙飞到香港,然后搭法国邮船到越南的海防。我从海防搭火车到法属越南首府河内,再由河内乘滇越铁路火车,经过丛山峻岭而达昆明。

原载《蒋梦麟回忆录》

于光远：第一次到长沙

"第一次"的印象总是比较深的。我第一次到长沙的时间是1938年1月至2月。那时我二十二岁半。

我去长沙是完成组织指派的任务，那时我在武汉长江局青委工作，去长沙是奉中共长江局之命研究处理临时大学内迁昆明的问题。这是我主要的工作，也可以说唯一的工作。

临时大学

平津轮陷后，北京大学、南开大学和我的母校清华大学决定在长沙成立一所三校联合的临时大学。最初三校当局还以为战争的烽火不会很快蔓延到中原，长沙还是大后方。可是到1938年初看法变了：日寇在八一三侵入上海后，沿长江西进的势头很猛。南京各机关纷纷撤退，九江南昌乃至武汉受到威胁。于是国民党政府教育当局与三校负责人商量决定南迁到远离前线的昆明。消息传到学校，三个学校里都有一部分党员认为这是国民党当局逃跑主义的表现，主张党对这项决定进行抵制，阻挠其实行。我们长江局青委了解到这个情况之后，认为党不应该持这种态度。理由第一，内迁是国民党政府权力范围内的事，我们党在校内虽然有一定的影响，但力量不足以阻止这个决定的实行，抵制也者，结果只能是党的力量退出学校，而学校仍然内迁；第二，三校原有同学不想继续学习、投笔从戎的人大都已经离校。当时在临时大学的学生中虽然还有一小部分是因为尚未找到合适的岗位，暂时在校内安身，多数同学还是愿意继续上学，因而愿意到一个能够安心读书的地方。如果我们抵制内迁，就会脱离广大同学。第三，在云南地区我们党的组织力量很薄弱，三校内迁，一部分党员随往，对党在全国开展工作有积极意义。我向长江局的领导人申述了这些观点之后，长江局同意这些看法，并且要我立刻去长沙，做好党内工作。工作的内容一是说服一些同志抵制三校内迁的想法，使党内同志理解正确对待这件事的意义，二是对校内的党员和民先队员中何人随校内迁、何人离校留在抗日战线前沿阵地作出部署,一个人一个人地落实。这个部署要兼顾两个方面:既要使迁往昆明后的学校内部有一个坚定的有力的党的领导,能在校内和当地开展工作,发展党组织,又要满足战争前沿对革命青年的迫切需要。长江局指示我在工作中要同湖南省委领导商量,一起解决好这件事。

后来可以看出,长江局批准的这些方针是很正确的。只是当时眼光不够远大,没有把战争不能使我国的教育科学事业中断,在战争期间仍旧要有人学习科学文化知识、培养青年人才和在科研文化领域作出创造性的成就视作一个必须坚持的方针。临时大学西迁后就改名西南联大。这个学校不但在政治上和科学文化上都作出了重大的贡献,而且培养了若干卓越的人才,这一点说明在战争时期继续办这样的大学十分必要。

一到长沙我就住在临时大学的学生宿舍里。大学党支部书记是清华同学,我们是熟人,见面后谈了许多。但是我还是很快去找省委,我带去长江局的信是给省委的。当时省委书记是高文华。那次没有见到。我见到的是王凌波。他是湖南省委的主要领导人之一,有一个八路军驻湘通讯处主任的公开名义,实际上做省委的工作。王凌波的外貌既不像一个知识分子,也不像革命军人,比较土。在我同他讨论问题时却马上感到他是很有经验的党的工作者。他完全同意长江局的意见。我们研究了如何落实的办法。他对临大的党员和非党积极分子的工作安排提出了意见,希望给湖南留一些党员和民先队员。我记得清华大学化学系的胡光世分配到桃源的学兵队,就是王凌波提出,我们一起定下来的。最后他正式介绍我和临时大学党支部,让他们同我发生正式的组织关系。当时我们在组织关系问题上很严格。我和临时大学党支部的同志中有的人很熟,彼此也知道大家都是党员,但是直到王凌波介绍之后,我才正式向他们传达长江局的看法,王凌波的介绍使我在临时大学的工作具有正式的性质。

那一次我工作得很顺利。在那两天我了解到积极主张抵制内迁的党员只有很少几个。他们都是好同志。讲清楚了利害得失,也就不再坚持原来的看法。与临时大学党员支部一起讨论问题也很顺利。在临大我没有召开党员大会而是召开了一个民先队员的大会，讲了讲当前的形势和任务，把我们对内迁的考虑也适当地讲了进去。所有学生党员都同时是民先队员，在这个会上我事实上也带有同全体党员见面的性质。

临时大学在长沙的哪一个地方，我怎么也回忆不起来了。在临时大学呆过的人，我记得大都不在人世了。不过健在的人也还有，只是多数失去了联系，不知道有谁还能回忆起当时临大的情况，我希望得到他们的帮助。

（编者：当时"临大"的地址在韭菜园圣经学院。）

杨振声：北大在长沙

战争当是文化的转换点，它毁灭了旧的，同时也就给了一种创新的机会。这只看你能不能利用那机会；机会稍纵即逝，而创新又常是一件艰辛的工作。

在七七事变以后，北大、清华、南开三大学，离开了晴空丽日的北方与平津的优越环境，赤手空拳的跑到卑湿的长沙去办临时大学。这是一个剧变，一个试验，试验他们能不能适应新环境与创造新纪录。

合北大、清华、南开三校在长沙设立临时大学，七七事变后，此议即酝酿于南京，二十六年八月间在南京成立临时大学筹备委员会。除三校校长为当然委员外，每校各加一人，北大为胡适，清华顾毓琇，南开何廉。此外有傅斯年、皮宗石（当时湖南大学校长）、朱经农（当时湖南教育厅长）为委员。又以教育部部长王世杰为主任委员，教育部次长周炳琳为主任秘书。我是事变后八月二十六日到的南京。因为周炳琳先生当时不得脱身去长沙，我与清华北大都有渊源，南开也多朋友，才把我代替了他。于是我以筹备委员的资格于九月初与梅月涵先生到了长沙，我们也是最初负筹备责任的人。

二十六年九月十三日筹委员在长沙举行第一次会议，许多委员仍未能到会。九月二十左右蒋梦麟先生与三校同人陆续到达。筹备的工作渐渐开展。九月二十八日开始启用国立长沙临时大学关防。校务也由三校校长及主任秘书所组织之常务委员会负责。

当时最巧的是长沙圣经书院（湖南圣经学院）停办，我们就租借了那整个的学校，教室、宿舍、家具俱全，还有一个大礼堂的地下室，就是我们临时的防空洞。

我们都各得其所的恢复了学生生活，住在每人一间小房的学生宿舍里，天冷后大家还围着长沙特有小火缸煮茶谈天。到时围住大饭桌吃包饭，大家都欣赏长沙的肥青菜，嫩豆腐，四角一个的大角鱼、一毛多一斤的肥猪肉。

大家自动的要求吃苦，要求缩减。于是在一次常委会中，决议薪水打七折支给。又公推蒋梦麟先生兼总务长，梅贻琦先生兼教务长，张伯苓先生兼建设长。后来蒋先生成天算账，累出胃病来，才让旁人帮他的忙。

至于课程方面亦多整理。三校院系颇多，加以归并者：如历史社会学合为一系，哲学心理教育合为一系，地理气象亦合为一系。共设四院（文、理、工、法商）十七系。

最困难的是图书仪器的设备。图书方面适逢中央研究院史语所的书籍迁长沙，我们便把地下室借让他们藏书，同时便与之订立图书借用办法。北平图书馆也迁来长沙，我们便把办公室让出一间作他们的办公室，也与之订立图书合作办法。又于十月十八日议决在邻近的孤儿院与涵德女中的空地上，建筑化学实验室及物理修械室。又买了几套中央研究院物理研究所造的仪器。这些简单的仪器却救了一时之急，其后至昆明联大时，也还在用。

十月十八日开始学生报到。到的学生多来自战区，生活无办法。即于十月十九日常委会中议决：由学校经常费中节省五千元作为贷金，救济困苦学生。此后救济贷金，虽有种种名称，而长沙临大，实开其端。

先生学生到的渐渐多起来，长沙临时校址容纳不下，遂将文学院迁于南岳。

十一月一日，二十六年度开始上课。虽比平时校历晚了一个多月，然在敌人不断的空袭中，学校到底开了课，大家这才松了一口气。

在那时大家很自然的看重国防问题。学校组织国防技艺服务委员会及介绍委员会。又注重军事训练，曾于十二月十日布告学生，凡服务与国防有关机关者，得请保留学籍，并得由学校介绍。这也是后来西南联大学生参军的先声。至军事训练方面，曾经推定张伯苓先生为军训队队长兼学生战时后方服务队队长。此时学生宿舍方面，也完全用军事管理。女生则兼习看护。

这个在播迁中的临时大学，设备虽极简陋，大家却那末富有朝气。而生活愈简单，做事的效率便愈高，纠纷也愈少。我那时还常在想：这正是三校反省的机会了。重要不在留恋过去的光荣，而在如何创造一个崭新的将来。三校比较之下，各校的短长互见。既可取长补短；而人才集中，也为任何一校所不及。

当时一位清华的朋友对我说："从来学校的人才没有这样盛，个人的朋友也没有这样多，我们为什么不可以永久合作呢？"这也可见三校的融洽无间了。

二十六年底，战事风声渐紧，至二十七年一月十九日长沙临时大学始决议迁住昆明。一方面派人到昆明布置校舍，添置设备。一方面于一月二十四日办理第一学期考试。一月二十七日学生开始填写入滇志愿书。至二月十日，总计欲赴滇就学学生八百二十人。此次学校再迁，大家不但不感颓丧，精神反更振作起来。

最值得大书特书的，是自长沙徒步至昆明的旅行团了。除女生及身体不适于长途旅行的男生外，学生愿意参加者共有二百四十四人（应为二百八十四人）。教员方面参加者也有黄钰生、李继侗、闻一多、曾昭抡、袁复礼诸先生。

二月中一个早晨，阴沉的初春天气，两部大卡车，满载着二百多人的行李，先行出动。大队渐渐集中，我们在骄傲眼光中看着他们出发时的热情与勇敢。从此他们深入民间，亲身接触各地的风土民情，亲眼看见各地的民生疾苦，亲手采集各处的科学标本。他们在路上共行一千六百七十一公里，为时七十三日。于四月二十七日（应为二十八日）到达昆明。我们在昆明拓东路又以骄傲的眼光去迎接他们。他们都晒得黑光光的，腿肚走粗了，脚皮磨厚了；同时人生的经验增加了，吃苦的本领加大了，精神也更饱满了。就这样的他们步入了历史的新页。

同时，在他们到的二十五天（应为二十六天）前，二十七年四月二日长沙临时大学正式改为国立西南联合大学。

选自《国立北京大学五十周年纪念特刊》，一九四八年北京大学出版部印行

魏东明：南岳脚下

衡山是湖南一个小县，靠粤汉路，据说每年有二十万旅客来到，都是来朝山登岳的。虽然南岳离县城还有三十里，但衡山县的地位名望，是全仗这山的。抗战爆发之后，这里并没有很快地引起变动，只是县里成立了人民抗敌后援会，成绩没有甚么表现，各中学情绪和要求很大，工作也逐渐萌生。

随着战局的展开，在退出上海，国府迁渝的时候，衡山县起了很大的变动。许多军事机关搬来了，南岳镇有宪兵向乡民指导"新生活"了，壮丁训练加紧了，白墙都涂黑，高射炮装好，飞机也在山头巡回，房子涨到十八块钱一间的月租，市镇上满处是兵，兵，兵，和外来的军官家属。

本地居民，可是恐怕敌人飞机跟来轰炸，搬走了不少。

小学都搬到了乡间，中等学校只有乡村师范和岳云农职两家，这里中学生是最热烈的抗敌工作者。

乡师的校所，已经让给了军委会，他们全校连师长带同学带工友，都分散在四乡工作。他们跟地方当局跟定县平教会都有联络，在各乡干的是组训工作：训练壮丁，辅助乡村小学实施国防教育，帮同组织当地民众救亡团体。这个学校平日宗旨就是造就乡村工作人才的，所以这局面不只使他们发挥能力，也正是实际学习。他们的工作极其严肃努力，有周密的计划，师长们也都是专长的指导员，所以成绩很好。比较不够之处，第一是跟民众不能打成一片，太着重形式的领导，第二是跟外面联络不够，对大局动向不敏感，第三是工作还太经常的，不能抓定环境的推移，加强政治工作，准备游击战争。

岳云中学在抗战以来作了许多次的下乡宣传，成绩虽然还不算好，同学的情绪却都很高。就以寒假毕业这班来讲，有的跑到陕北公学去锻炼，有的去考航空机械生，剩下的也很少回家，要留在学校工作。他们提前了年考，现在已经放假。校所也曾经军委会指要，但现在还没到必须搬走时候。近来南京两广中学也搬去了合并一起，由学校发起了寒假抗敌工作训练班，由本校及乡师教员及临时大学同学担任训练，有国际情势、民众运动、游击战术等课目，话剧歌咏讲演等团体活动。以后预备到乡村宣传，校址被借则像乡师那样在乡作组训工作，衡山危急则组织游击队。

另外应该提到，十一月搬到南岳去的国立长沙临时大学文学院，这一批人的认识和才能，不见得比中学生高明，可是热情和勇气，却还不及中学生。许多救亡青年，过去在北大清华干的，现在已到前线或是民间实际工作，到这里来的是苟安的，不肯干"小"事的，混文凭的，想读死书的。自然也有情绪高，想工作的，但大多数是光说不干，眼高手低。学校里也组织了学生会，歌咏团，话剧社，文艺社，但大多很沉闷松散，没有很好的成绩。而且随着时局的紧张、生活逼迫和工作要求，使这里人逐渐又走出来，于是校内更松散苦闷了。这里校所也一度经军委会需索，学校接洽迁桂林，但因为那里没有适当地方，于是迁移之说暂时搁置，仍旧照常上课，但同学更浮动徬徨了。

在衡山地位转成重要时，这里三个学校发起了联合抗敌后援会，临大担任总务，岳中任宣传，乡师任民训。这组织一方面可以跟上层联络，另方面也结合了三个学校的工作，使得这里可以跟外面联系，也可以有效地进行当地抗敌工作。联合抗敌后缓会已经筹备了在南岳镇设一处战时民教馆。另外，临时大学女同学会所募款自制的棉背心，也交给了联合会来分配。这是衡山最有力有人有工作的民众救亡团体。

此外在衡山的卫生院和平教会里，有多努力的女子，在干着妇女运动和文化工作。衡山是定县平教会的实验县。笔者希望团结了大部知识青年的衡山中等以上学校联合抗敌后援会，能积极联络起当地救亡同伴，密切地跟外面联系，努力担负起衡山的救亡工作的中心任务来。

二十六年十二月二十九日在汉口。

选自《战时青年》一九三八年第一期

豆 三：记长沙临时大学

往事不堪回首

秋风吹起征愁，细雨连绵，泛滥着一片哀情别绪。天边几行雁阵，吐着凄怆而幽咽的音调，掠着云影，飞返他们的故乡。他们一定预感严冬的来临，不顾受残酷的磨难；但可曾料到人间也有成群的秋雁，鼓着他们受过创伤的翅翼，同样为了避免北地的残酷，流离颠沛，投到南国的怀抱之中！不过秋雁的来往无碍，流浪的学子，却不知归去何年，世事沧桑，那能意料；即如当初，虽深晓平津不是久居之地，但谁又曾想到，国破家亡的时节，会聚首在这千里以外的长沙？当临时大学开课的消息传出后，各人幽郁的心里，放了一线曙光，十月底以前都纷纷到了目的地。乱离之后，幸得重逢；大家相见，悲怆之中，又惊又喜，连忙握手互道问讯，争询别后情景。闻得各人幸而无恙，都感到欣悦，闻得旧友不明下落，又都怀着隐忧。在百感交炽之中，各人心里，却都怀着一种痛惜的情绪："往事不堪回首！"

这次南开、北大、清华三校，在长沙成立联合的临时大学，完全是重起炉灶。整个南开已化作一片瓦砾，自不必说；便是北大与清华，搬到南方的图书仪器也寥寥无几。说起三个学校的全部损失，自然无从估计，而且也不必估计，正因为土地已经沦陷，纵使保全一校两校，也是枉然的。其实北平若在久占之下，这些校舍与图书，索性倒不如南开那样付之一炬的好。可叹现在那些宏伟的建筑都被敌人利用，斋舍住了兵，教室沦为马厩，将来种种的图书什志，还不是拉杂抢烧了么？虽则北大与清华无法运出的文件与图书等，都已组织保管委员会加以封存。然而这已无异鸷鹰口里的牺牲，吞与不吞，只看他们的好恶罢了！

重新创造

现在最聪明的办法只有"忘记过去的一切，努力创造将来"。且说各处学

318

生纷纷集中在长沙以后，一霎时这不大的省会便突然活跃；旅馆与小店，都挤满了客人，大街僻巷，也充满了观光之士。各学校的教授职员都纷纷莅止，大家抖擞精神，预备再创造一个"北平第二"。不过仓猝布置，房舍与用具，都感到十分困难。恰好离车站不远，便有个湖南圣经学院。这学院乃是英国人所办，性质近乎专门学校，不过停办已久，如今便由临时大学租赁下来，作为临时大学的校址。这学院居然也是宫殿式，入门一片大草坪，两旁四起小的楼房拱卫着正中一座紫红色的建筑，形式相当美观，质料也算坚固，加以路旁很有规律地种了许多树木与花卉，令人颇生美感。尤其是斜风细雨的时节，从似雾的雨丝之中远望，那半红的枫树与大厦合看，竟颇有"烟雨楼台"的风味。这样的房屋，便是在湖南全省之中，自然也要算数一数二，不过现在流亡的学界所求已不是美感与舒适，只要校舍能敷教学之用，已觉十分满意。如今那四座小楼房已住满了教授与职员，中间那所建筑，名为"司丢儿"大楼，从前摆在那里，毫无用处；现在它的效率，却达到极点：所有的教室、办公室及图书馆都挤在这里，每日肩摩踵接，几乎不曾把这三层楼挤破。其实现在学生人数合计还不到千人，教授与职员约有二百左右。学生之中，以清华的五百余人为最多（原有一千余人），南开的一百多人为最少，北大的学生也只到原有的四分之一，约有二百余人。这是因为北大与南开的学生，多是北方籍贯，或因环境特殊，或因经济不裕，不能南下。这些人的失学倒的确值得忧虑；不过无论如何，学生人数，较之从前已大为减少。无奈三校原有的规模太大，纵然减之又减，这圣经学校的房屋，仍是不敷分配；用具也异常缺乏，甚至听讲没有椅子，粉笔拿得来又少了黑板！因为这种情形，所以学校当局已决定把文学院迁往衡山，借那边的圣经学院校址上课。此外还有工学院的一部，因了实验机械的缺乏，不得不与其他学校合作。譬如机械系一部分学生往南昌，电机系一部学生则往湖南大学借读。这样分散之后，本校只余法理与工学院的一部，虽则拥挤之状未减，不过总算是勉强够用了。

军营生活

教室既然不敷，学生的宿舍自然更感困难。所以现在也有暂住亲友家中的，也有租民房的，还有住旅馆的，每日三餐连住宿在内，只要四毛钱，可谓便宜之至。不过这只限于少数学生，至于学校指定的宿舍却是称为四十九标的兵营。这里距学校颇远，走路很费些时间，尤其这里面军营的特色，若与从前安逸舒适的生活比，不啻有云泥之别。实际说起来，从前学生的生活水准，失之过高，造就出来的青年不能符合中国经济的状况，徒然是教育的失败。如今的军营生活，倒的确是国难严重之际，每个青年应受的磨炼！目前这四十九标，仍有军队驻扎，出入有卫兵把守，警戒森严。所有学生，都分住在几座半新不旧的楼内。这楼说也可怜，走起路来地板与楼梯都是颤巍巍地乱抖。每座楼上有两间大屋，每间屋内的地板上，都栉次鳞比的铺着草垫，每个草垫上铺着各人的被褥。室的中央与四周留着走道，这样的一间大屋，便是六十个学生的寝室。现在各人都做了两套制服，而且要受军事管理，将来过惯了军营生活，走出去一定是道地的丘八风味呢！

将来希望

"战争是进步之母"，这句话虽则因了廿世纪兵器的残酷而引起怀疑，但在今日的中国却获得确切的实证。许多无辜的生命，许多前人遗留或最近完成的物质建设，无疑地是被摧毁牺牲了。然而蕴藏在人们心里的复兴精神却未曾摧毁；不但未曾摧毁，而且正蓬勃地在滋长萌芽。不见近时，各地的教育机关都纷纷迁到后方，将来文化低落之区，都会逐渐地发达，便是荒僻不毛之地，也会变作繁华的都市。现今文化界的人们，应当了解他们所负的神圣使命：不但要努力培植自己，而且要努力于启蒙愚昧，训练民众的工作，庶几这些暴风雨下散播到各地的种子，不久便能生出亿万的光明灿烂之花！

选自《宇宙风（十日刊）》一九三七年第五十四期

陈一沛：长沙临时大学见闻

长沙临大是由五四运动的开山祖北大，一二·九运动的倡导者清华以及校舍给敌人炸得粉碎的南开大学三校合组而成的，十一月初开学，到校的同学共一千二百多人。

我们借着美国圣经学校的房子上课，因为国难当头，求学问的精神都非常之好，可是也正因为国难当头，有些情形就和平常大不相同，很愿意报告一点给外地的同学们知道。

刚开学，学校决定实施军事管理，借了四十九标兵营的一部作为男生宿舍，除特殊情形外，所有学生得一般住"标"。那时长沙接连有几天空袭警报，上海战事尚未失利，市内迁出者多，搬入的少，房租顿时便宜，同学们趁这机会就四处佃屋居住，甚至已经搬入宿舍的都纷纷搬出，一时住在标里的只三百来人，不及全数三分之一。不愿受管理的同学自然多半是少爷，受不了睡地铺的苦，但也有一部分人却以为管理不够军事化，而且学校不供给膳食，标里吃饭并不便宜，与其不伦不类，还是佃个民房痛快。这么一来，教官头大，注册组叫苦：注册主任潘光旦先生的桌前老围着一大堆"特别情形"的同学，声请准免住标。起初有些人胡乱要一张中医的"阴阳不调"之类的药方拿去请求，没核准，说是非西药不可。于是长沙市的公私立医院就挤满了假病人了，买卖最好的要推吉庆街的三湘医院，那医生只要察言观色，收下一块法币，就能断定你患肺结核或慢性肺炎，而且给一张有四五颗戳子的证明书。

既然有了教官，总得有些花样，成绩可也并不大妙。原因倒并非教官们的不尽力，主要还由于校当局筹施之未妥，同学们惰性的没有根绝，亡家的哀痛无处发泄。编队编了四五次，才稍稍有点头绪。最近住标同学又得令全体腾出标外让抗日负伤的同志们居住，队伍又一团糟了，不知何日再整顿得清楚。升旗礼规定是除女同学外，一律须到场参加的，九次不到就得开除学籍，可是那可怕的"开除"两字好像对我们没多大效力，喊报数之后，有几队竟阒然无声，谁也没有到。

读了约莫三星期太平书，有一天，我们正在"欧洲经济史"班上，埋头写笔记的当儿，忽然天外飞来"轰！轰！"的两响，震天动地，玻璃窗丁零当啷，人们给吓得血都凝结不动了，一定神，全本能地抢着往楼下走，桌椅凌乱，纸片横飞，一位同学给挤得眼镜掉下来粉碎，腿部受伤，另一位女同学吓昏了，拼命往那钻不进的讲台里爬……

之后才知道是敌机在学校附近丢的炸弹，因为防护团疏忽，没有放警报，死伤平民二百来人。敌机这番得了甜头，就天天来，一连来了四五回，虽然中国飞机翱翔迎战，敌人终于不敢飞入长沙上空，虽然警报一响，我们学校的屋顶上就扯起美国旗来，但整日提心吊胆，埋头苦读是不成的了。大家叹气，不论学生或教授。

于是，随着东战场的失利，无家可归的同学的日益增多，关于学校的本身就私下议论纷纷，从说话人的态度看，大抵有三种不同的意见：一是主张继续用功，直到"最后一课"，仿欧战时各国大学的样子，飞机么？不理它；那是勇敢而且好学的人们说的，然而据一位参加过欧战的历史教授说，欧战时飞机似乎不像现今那么可怕，而况人类的神经构造大致仿佛，刺激一来，总有反应的，所以这派人的勇敢多数人的批评是不切实。第二种主张是搬家，以为不妨孟母三迁，在深山里练好本领，再来为国家效力，打倒日本帝国主义不迟。可是第三类人又反对这种主张，以为即使十迁也无所谓，问题的焦点却在吃饭，家没得了，那儿去找那六块钱伙食？

岳麓山清华的新校舍正在日夜加工，据说明年春天我们就可全部过湘江上课了，不过有些人作杞人之忧，以为到那其间有了安全（？）的房子也许没人去住。话虽过火，但不无几分中肯，因为大江以南同学最多，他们渐渐变成穷光蛋，文凭、异性、好差使，都不在他们考虑之列了，学校不能给他们解决生活问题，他们非另谋生路不可；即使有志而且有钱读书的少数同学也不能不对学校感到深深的失望，因为念文法科的乏参考的书籍，攻理工科的无必要的仪器。人心究竟是肉做的，目睹祖国河山破碎，杀敌健儿视死如归，躲在象牙塔里啃讲义实在于心不忍，总不能安于"长此以往"的日子了。

今天说是要搬到我们文学院的所在地衡山，明天又传也许随中央研究院迁往桂林了，同学之间谣诼纷纭。我们的校长（即教育部长）的谈话近乎官话，《大公报》以及其他文化人"战时教育"的建议又未为当局所接受，国家，学校，家庭，个人的前途天天在脑子里打滚，谁能安心？谁不苦闷？

有人贴个布告，提议拍个电报请示最高领袖蒋委员长，他要我们怎么样就怎么样。很多人签了名，回电现在还没来。不过假如他老人家的答覆也是"安心念书"，而很多人没钱念了，那又怎样呢？

武汉大学散伙的消息传到了长沙，今天就有人写了张"警告师长"的布告，大意是"决不散伙"。消息不灵通的人看来仿佛这儿的师长也未免在动摇了。

这儿学生会最近成立，除推选了一些代表之外却尚无具体的工作。江浙流亡同学会也在组织中，能否积极解决同学的生活问题，尚不可知。比较切实一点的则是男同学的志愿军训团，女同学会的棉衣运动。

最近有人发起山东同学还乡参战运动，更有人征求去西北战场当游击队的同志，加入者相当踊跃。这是同学自己找出路去积极保卫祖国的先声，此后当局如果仍无使我们满意的措施，这类同学势必一天天地有增无已的。十四军在长沙招政治工作人员，据说报名的也不少。

普遍的烦恼！个人问题太严重了，很少人能够觉察自己的力量，能够自觉到是新中国的主人。"中国必亡——君不见埃及，罗马……？历史是没有怜悯的。"说完话搓搓手，好像在学术上有了重要的发明，这是一类。

喝酒，竭力不谈国事，也不念书，拿甜蜜的琐屑的回忆来弥补新来的巨大的创伤，那是一类。

浑浑噩噩，跟着别人恐怖，愤怒，高兴，这又是一类。

大多数同学则一方面抱住讲义，可是不太"爱"著讲义；一方面对战局略有关心，可是并不"非常"关心！一方面做梦太平日子的到来，可以按步就班地飞黄腾达，同时却又愿意舍身报国，死而无怨。在这军事第一的大时代，他们无可奈何，犹豫，矛盾，而苦闷了，有点儿可怜……

十二月八日于长沙

选自《战时青年》一九三八年第一期，又刊于战时青年社一九三八年出版、

读书生活出版社印行的《在祖国的原野上》

缺　名：三月来的长沙临大

长沙临时大学开学之时，正是东战场我军开始失利退出淞沪之时。虽然如此，学生初到长沙，还是颇有太平景象，读书空气。熙熙攘攘地为注册，选课，买书而奔走。如往年开学时的种种兴奋，忙碌，希望，打算等，还是一样。仿佛由平津而长沙，除了从高楼大厦而入标（兵营）睡地铺，以及其他物质享受方面的降低而外，其他也没有什么不同。固然，每个人心上都添了些心事，囊中都少了些货币，但大多数人还觉得可以继续求学问，而读书是天经地义。

故书籍仪器之缺少似乎是当时唯一的问题。怀念着母校的图书馆实验室工场，怀念着各人丢在宿舍里不曾带回的书物，而对于长沙书业之不振表示失望。少数教科书被抢也似的一售而空，后来者则忙着预定，价值虽然高得多了，书还是不能不要。而钱也似乎还不大成问题，谁也没想到不久就临到有书不愿买，已买了的也要出让的时候。

这变化自然是慢慢来的，随了拥着挤着看报的人的表情的越来越恶，读书一事也就越来越被淡视而至于怀疑。淞沪陷后，一位同学敢打赌三个月后苏州仍在我军手中；无锡武进陷后，最悲观的人仍相信打到南京还要个把月。到我军退出南京的消息载于报端，这一下打击实在太大了，每个人心理上都起了大变化，不得不承认往昔所不愿信其可能的事竟成了事实，往昔所不愿信其将至的事竟必然要来临了。有的人甚至自承，他向来是逗战派却再也没料到真干起来会落得个这等局面，倘早知有此，往日恐不敢高呼口号了。不管这种心理是否要得，但这种心理的存在却是事实。而青年中，大学生中，热血的，乐观的，勇毅的，果然很多；但冷静的，悲观的，犹疑的，也决非没有。似乎热血青年四字，不足以包括一切。

事实上，临时大学在某一段时期内，确是因幻灭矛盾而动摇，甚至说一度有岌岌不可终日之势，亦不为过。南京陷后，相距千余里的长沙，仿佛亦已朝不保夕。加以几位教授的返乡与送眷，以及其言论中所流露的悲观调子，使离散逃亡的心理日形高涨。大家似乎眼睁睁看着长沙就要被轰炸甚至被占领，而校当局与教授们似乎都只顾独善其身，因而临大似乎不久就要无善后地解散了。即是教授们自己被问及时也只如此云："我想这学期总该还能维持吧"，毫无自信的样子。

于是，怎么办呢？学生开始觉得学校不是个安身所在，不是个可以食焉宿焉，可以替学生解决一切的所在，非自找出路不可了。这时有若干人联名出了一张大布告，指摘逃亡心理，要求最后一课，虽然看着颇堂皇，大家都知道只是一纸空文而已，于是，有家可归的，立刻想到了可爱的家，果然有若干人告休学卷铺盖走了。这自然牺牲了学业，且在学籍上吃了亏，但这时早顾不得这些了。学业呢，还有什么用处？资格呢，谁知道还有没有算账的一天？他们去了，使无家可归的更发了急，赶快去找工作，混口饭！混口饭？这显得太寒碜，然而是事实。当然，决心为报国而去找工作的也有，但大多数人恐怕是先想到了自己将来的生活。但何处有工作呢？一切机关都裁员，只有与军事有关的才要人：训练民众，军队的政治工作，到前线服务，加入第八路军，以及正式入伍而为各种专门兵等，俱是。想弄弄无线电的很多，因而设了讲习班，每天听电码。徐特立先生来校提倡之后，加入游击队之说也甚嚣尘上了。

这些地方，除了游击队没听见说起外，其余的果然都有人去了。布告栏上，不断地有招集，欢送，以至出发的告白，也同时不断地有出卖书籍衣物的广告。校门口不时有大批箱子铺盖运出去，到山东的，到河南的，到津浦前线的，到陕北的，到临汾的，一批一批的去了。有许多是并未办理离校手续的，故到后来校方已不复知学生人数，因而发了在校学生证明单。

填了这在校单的，大概还有原有人数之半。原来在许多人忙着离开学校抛掉书本的当儿，图书阅览室内还是充满着人：做习题，抄笔记，温课本，拉算尺，不减当年"开矿"气象。这些人中，一大半是抱着"做一日和尚撞一日钟"的态度，一小半是信仰读书救国或志愿献身学问的，还有些是聊以自遣的。

教授们的态度呢，一上课先讨论时事以至把书讲糊涂了的有，不讲时事却说这年头读书没有什么意思不过消遣消遣的有，催着缴题目且责备学生不大起劲的也有，而不作任何表示的自然最多。

至于课程呢，确实没有什么战时或非常的气味。除了某几系间或有一二新课程，如国防化学，现代日本外，差不多还是一切如常。到某将领来校演讲后，校长且公开阐明了教育无所谓非常之义。冷讽派则谓倘要实行非常教育，则许多教授都将无事可干。实际上许多课程确无法使之与国防发生关系，故欲在传统教学范围中求其非常化战时化，恐怕不免流于肤浅——譬如微分方程班上，算一二道飞机掷弹的问题之类。

体育方面倒有爬墙钻洞等训练；军事管理方面，丘八式的黑棉大衣单布黄制服倒差不多能普遍，得到了张治中主席"不像个大学生，倒像个丘八——哈哈，很好"的赞许。但其实那次听他演讲时，还有不少不曾戴帽的混在里面。服务精神方面，伤兵服务团曾出过一张布告说，报名的很多，真正按时去服务的却只有一个。但后来似乎好些了。剧团公演了两次，卖得了数十百元捐助伤兵。纪律方面，虽然那次在无警报中，骤闻日机在学校附近所掷弹之砰然巨声时，那样的全场大乱，争先恐后，挤入地下室的秩序不佳可以原谅；但其后每次警报中，却总有一大堆人聚立廊前探望指点，躲入地下室的则喧哗有如茶楼，反不如他处市民在防空壕内的服从指挥，实在是说不过去。其原因是误解和误用了自由。

经过了一段动摇时期，陆续走散了好些人。后来因为战事稍稍停滞，警报虽闻，飞机不来，南京失陷前后的一般歇斯底里症渐渐的复元，看看长沙一时还不会有什么，自然而然安静下来了。而且，学期行将结束，大考也将举行，虽然较往年草率一点，想必也马虎一点，但考试总还是考试，这两个字究竟足以震动大多数学生的心。说也奇怪，已经离校的人有些又回来了，再捧起书本，还是丢不了学籍。

也有因他故回来的。譬如，有加入军队工作，不数日后自知不能胜任而回了；有受了训练民众的训练，待要派到一偏僻地方去时，却因言语不通而不去了；有想到陕北或四川去而到汉口就被阻而回了。更有出发去前线服务，到了某处各自回乡而散的；也有虽未回来而写信来说，对工作不感兴趣，不久即归的——这些事实即使都是例外，也说明了参加工作之前，有从长计较的必要。

最近，临大忽然决定迁移昆明了。以前的传说是以不迁移为原则的，突有此变，内幕如何，不得而知，也许早有此议亦说不定。现在，一方面当局已明令迁移，而且公布办法了，一方面学生全体大会也于事前通过不讨论原则，仅作实施办法上的要求——一言以蔽之，即要学校给与最大便利最大保障是。

"昆明去不去？"已成校中的流行招呼语。其回答虽然多数是未定，问其理由，却只是钱的问题。详言之，即旅费与将来生活问题。因此，除了少数已有其出路的外，大多数人似乎都在想法张罗一些款子。而张罗之一法，自然是要求学校增加津贴（原定廿元），因此有人把打听得来的到昆明必需费用公布了，指摘校方以多报少。也有出布告劝大家三思而行的。而且，居然有人把粤汉路历来轰炸的记录公布来示警的，被人批着：怕死之徒！也有人回驳：到昆明去就是怕死！

最近的最近，又有被阻不能迁移之说了。同时，第一日办理赴昆明手续的，据说已在二百号以上。

（一月廿七日）

补记：经过了一度若有其事的签名运动和推选代表赴汉，向当局请求停止迁校的波折，迁校局势至今日终于大定。在校方公布了志愿赴滇的显然多数的人数后，并且有指摘学生会不合法行动的布告出现了。被指摘的那一方，尽管辩护着，但也已声明将不再有所举动。于是，所余下来的，只有局外人的诧异，因为连大报上也已登载过临大不迁的消息了。

（二月十五日）

选自《宇宙风（十日刊）》一九三八年第六十五期

向斯达：报告一些临大的消息

一、一个星期以前梅贻琦先生和我们的秘书长曾有桂林之行，当时"临大决定迁移"的谣言便浮嚣起来，后来梅先生带回来"桂林没有地方"的消息，谣言便转成了"临大就要解散"，但是事实并不如此，临大不搬已接得当局的命令，不过在可能局势下仍将撑力支持，非在万不得已（例如长沙每天有好几次空袭或者日本军队已经进迫到江西湖南的边界）绝不解散。有人说临大经费已发生问题，亦与事实不符。只要学校能维持一天，经费也一定可以发放一天。

二、学生因为在临大读书不太切实际，有些不耐烦的已经走了不少，他们离开学校并不是回家，确是已经找到了适当的工作，（有湖南省民众训练班，战地服务团，航空机械班，十三十四军政训工作……）学校很鼓励他们去参加这种活动，并在可能范围里代他们接洽，并且他们的走都得到了校方的允许。这一部分离校的同学先后已近二百余人。南开同学约占十分之一。

三、"校"里的情形，学生现在都已经挪出来了，原因是伤兵要用那几所房子，房子既然是军事当局的，学校自然也没有办法。现在除了原来住在校外者不算，其余全已搬到淑德女学和文艺中学。这两处比校里舒服多了，并且每人有一个床。这里的中学都结束了，大部中学生都参加湖南省民众训练班，大概受完两个星期训，便分发到各县去服务。

四、衡山文学院的地址因为军事委员会要用所以有把那一部分移回长沙来的意思，不过现在还没有决定，报上说移校桂林，非事实。

五、南开同学在湘者已有很好的组织，共分十三队，每队有一队长负责。每星期在韭园的 ClubHouse 有一师生谈话会，分批请同学们去谈谈，并且不时地把学校的正确消息告诉他们，以免他们误信谣言。这种会已经举行过三次，我相信对于南开团结更有大帮忙。不是我们夸嘴，临大的三校确以南开的精神为最好。万一临大迫于时势不得已解散时，南开这个小团体 move 起来也许还容易些。

因为忙迫过重，只拉杂地报告过这一点，有工夫再写，望校友们多多原谅。电工系四年级学生刘伦，因患肋膜炎昨晚在湘雅病故，伯藩兄因受刘伦叔父刘际平之托现正替他办理善后，国难如此严重，刘君这样悄悄死去，我们不能不为之一叹。在湘同人都好，生活还和从前一样地安定。

选自《南开校友》一九三八年第三卷第三期

陈达：从清华园到长沙临大

（甲）告别清华园

民国二十六年七月二十七日午饭后，余照常往清华大学图书馆地下层个人书房工作。四时接内人电话，促即归家。余时方起草英文新书，名曰 Emigrant Communities in South China，正拟稿至第五章"妇女的社会地位节"忽听电话，搁笔，匆匆回家。内人曰："西园今日下午有三辆汽车入城，二大一小，大半的邻居都搬入北平去了。听说今日的风声甚紧。"余曰："你们如觉得胆小，我们也不妨进城去。"说着收拾行李，置于两手提皮箱之内，预备雇小汽车，无应者。五时半，有一熟车从北平返校，经西园门口，余等一跃登车。即余夫妇、旭人、旭都、旭清及傅妈，留赵妈在西园三五号寓所看家。本晚宿北平骑河楼三九号清华同学会宿舍。

二十八日清晨三时惊醒，闻炮声，自北平西南角近郊传来。校工老槐来报信："听说敌人要放毒气，快用酸醋洗鼻孔。"余等睡梦半醒，听此言似乎将信将疑，亦未深究。天明即起床，进早点后，余步行至米市大街青年会，预备坐公共汽车返清华，继续撰述前书。但西直门已闭，公共汽车业已禁止通行。

二十八日晨五时许，敌机炸北平西直门外西苑兵营，此兵营靠近颐和园，离燕京大学约二里，离清华西园约二里半。炸弹下来时，燕南园与清华西园住宅的玻璃窗俱震动。留在清华的同人们，照预定计划分别在图书馆，大礼堂及科学馆的地下室暂避，妇孺们受惊后有啼哭者。

北平天空可以看见敌机，北平市内随时可闻枪声与炮声。二十八日下午，有敌机一架低飞向西，过景山时用机枪扫射，但未伤人。

谣言甚多，人心惶惶。清华同学会内充满了由清华园搬来的同学们。游艺室与会客室几做临时寝室，饭桌和台球桌作为卧床。敌人的便衣队，偶尔入内打听动静。

余夫妇觉得同学会秩序渐乱，于七月三十一日迁入西长安街中央饭店。八月三日，敌军整队开入北平市，自西长安街至东长安街，沿街布满骑兵步兵坦克车各种炮及机枪等。司令官以日语演说，余立在中央饭店二层楼看台，呆若木鸡，心中若有所思，若无所思。街上满站日本兵，演说者即在东交民巷出口的空地，余虽未能听清演语，但眼看敌人占领故都，自然心乱如麻，有哭笑不得的情景。

听说中央饭店是法人（天主教）的产业，系中国人的营业，未有日籍房客。隔别长安饭店却有日人住客二十余人，南河沿有一公寓，日籍房客约占四分之一。卢沟桥事变前两星期即是如此。

熊迪之夫人住于北京饭店（法人替业），即在中央饭店近旁。一日约余等同往清华园，乃西直门开放的第二日。燕京大学门口有日兵，搜检行人。清华园大门口有日军官来搜校警所用的来福枪，并搜同仁等私有猎枪（包括鸟枪与来福枪）。余夫妇至西园寓所一看。因日军官不许运行李，未携物即返北平。

八月十四日迁东总布胡同草厂小门九号，因房东吸食鸦片。我们感觉不便，于九月十日迁大方家胡同芳嘉园火神庙九号，由同级友凌幼华兄之介绍，租得此宅。余等才由清华园搬运家具杂物至此。有人劝我们不必搬物，因秩序已乱，人心不宁，家具及家用物品卖价甚低，但运费甚高：人力车每辆自清华园至西直门五元，驴车每辆自十五元至二十元。旭都入育英中学初中一年级，校址在灯市口，每日早出晚归。旭人在燕京大学借读，入经济系二年级，住于燕大宿舍，入城时坐燕大公共汽车。旭人已在南开大学经济系修满一年，南开校舍被敌人炸毁，继之以焚烧。旭人所有书籍及行李衣服，存校者俱付一炬。

日复一日，昏沉的度过去。战事的消息，大半于我国不利。敌人攻下一大市后，辄在北平报纸上宣传，并强迫中学生及小学生结队庆祝敌人的胜利。余心中懊丧、忧惧、愤慨，终日无所动作。既不想作事，亦不能作事。觉得坐立不安，情绪万端而已。

（乙）《南洋华侨与闽粤社会》

《南洋华侨与闽粤社会》一书已于五月一日脱稿，其一部分连同目录，寄上海商务印书馆审查。六月初商务与余签定承印合同，并嘱将稿交北平京华书局排印。卢沟桥事变起后，时局不靖，生意冷淡，该局裁汰员工，将印刷事搁起，十月末，秩序渐复，余一日路过虎坊桥，往访经理张雄飞先生，蒙允即日排印，制纸版，余允加紧校对。是时余家已迁住火神庙九号，余继续起草英文稿本，于空闲校对中文稿，稿子随到随校，从无耽误，印书局方面，亦集中排印工人，加紧工作；全书三二三面，于十三日内排完。余将稿中重要错误更正，文字亦略加润饰。关于精详的校对，托付老友吴文藻兄（燕大社会系教授）及老同事倪因心兄（清华社会系助教）。倪君是本研究得力助手之一，于本书内容知之最谛。余于十一月十日离北平，前一日将全书排好的初稿阅读一遍。

十一月九日因心兄来寓，襄助校对中文稿毕，把我的行李分送到东交民巷某洋行（那里面有书籍及稿件，不愿受日人检查者）及铁路局并买好火车票。晚饭后余夫妇到凌幼华兄住所告辞。明日余上火车时并未通知亲友，仅因心兄在火车上略谈辞去。车即开行。

余于宣统三年考入清华学校之后（当时称为游美预备学校），在清华肄业约五年。民国五年毕业，即赴美游学，民国十二年返园，即应清华之聘，任教社会学，乃于是年九月由杭携眷往北平，中间余虽数次暂离北平，但眷属却在北平常住。此次余个人离平，距家眷来时十四年又两个月。

（丙）《南华迁民社区》

《南洋华侨与闽粤社会》一书脱稿后，余即继续撰著英文书，此书的内容与组织，并未完全与前书相似，后书即称《南华迁民社区》（Emigrant Communities in South China, Shanghai, kelly and Walsh, 1939 New York, 1940），自民国二十六年六月一日起，余即忙里偷闲，在清华图书馆地下层个人书房起稿。按多年的习惯，余的夏季工作时间，为自晨七时至下午六时，中间须除午餐及餐后小睡，偶尔有运动如游泳之类。日日如此，虽遇星期日，亦工作不断。余撰此书时每隔十日钓鱼一次，每次约三小时，此外甚少其他消遣。七月二十七日下午因卢沟桥情形紧张，携家入北平，停笔。八月末，北平火神庙寓所租定，余亦心神渐安。某日往清华图书馆书房探望。稿在案头，笔在架上，正如四星期前余搁笔时情形。乃将全稿带回北平，自九月中旬起，继续拟稿。约因心兄及姚寿春君相助。因心组织及分析一部分的调查材料，姚君任打字员。余延长工作时间，每晚约加工作三小时，至十一月五日，初稿完成。太平洋学会研究干事荷兰德先生（William Holland）时客北平已将一月，余将打好的稿件，按日陆续交给其书记。余十一月十日离平时，英文全稿已交去，但有些部分尚未修改，有些材料尚未加入。

（丁）由北平到长沙

由北平至天津的火车，其快车平常须用二小时半，此次约行四小时半（十一月十日下午四时半开，八时二十分到），因兵车甚多，沿途停车。天津租界内人满为患，邻近乡村的殷富住户相竞迁来避难。旅馆、饭铺及娱乐场，生意特好。十一月十二日下午四时，由津乘拖轮至塘沽上轮船，夜十二时到。此短距离行李运费每件国币一元，比平时约高一倍余。太古盛京轮船客满，票价自津至申房舱四五元，比平时贵一倍半。十三日下午四时轮开，十四日晨六时半到烟台，下午二时到威海，十五日晨六时至青岛。青岛表面看不出紧张的情形，以往三星期内并无日本飞机闯入市空，市内中山路一带的日本商店，俱闭门，并贴有市政府日领馆共署名的封条。至青岛时余有六件行李托旅行社运至长沙。同仁有在青岛起岸者，准备由陇海路往汉口转长沙。青岛生意平淡，人心不宁。我国驻军与警察，防卫颇严。轮船于十六日晨六时驶出口外，见日本军舰二艘，停泊海中。是日下午五时三刻余站在甲板上，时此轮已入黑水洋，天雨，忽来一大浪，湿透余的帽袜鞋及西装大衣的一部。在余旅行津申的经验中，以此次风浪为最大。

十七日下午二时船到达上海，码头上人山人海，有些是挑夫，但大部分是望眼欲穿来接船上客人的亲友。内弟姚钫珊，因得余津电来接。余于人群中挤出，失去钱囊一，并钞银三十元。上岸后余至中国旅行社探听消息，据说明晚尚有一轮，开往南通州。余改变旅行计划，放弃由申乘轮至香港，由港坐飞机至长沙的办法。十八日晚即在该轮守候。上轮送行者有朱仲梁向明思及姚钫珊。上海租界内人口拥挤，物价昂贵，每人每次限买米一元，肉每元可买一斤四两，青菜每斤价九百六十文（每元三千文）。十九日清晨旅客尚蜂拥而来，是时轮上已无隙地。前夜在街上行走，见有若干处废垣靳瓦，浦江东岸，有数处尚在燃燃中。新北京轮于十九日晨十时开出。在恒丰、永安、大中华纱厂的房屋上，可见弹痕。日本邮船会社亦一部分被毁。轮过狼山福山，见日本军舰及运输舰七八十艘。六小时后即与我方岸上陆军开火。十九日下午五时轮抵通州天生港，用拖轮搬行李，天黑时改用大号货船，满载千余人（是日到埠共四轮，约七千人），在小港中行三里。上岸雇汽车二，由同行者六人分乘之。到唐家闸，旅馆俱告客满，在乡人家住宿，有床，但需自备被褥，每人付一元五角，二人同床。第二日有小轮一艘，驶往镇江。余得信，晨五时起，见天生港边候轮人及难民，排列至五里以外，乃改变方针，同行者知怡和公司英职员有小汽船往口岸，并有装行李的二拖船同行。余等与船夫私约，每人付拾元，在拖船内，借一席地，当私货运走。船未开时，船夫叮嘱大家，切勿漏头，免被英籍主人责难或阻挠。船开后，我们偶尔伸首出船篷吸新鲜空气。小汽船在小河及运河驶行。河身有时与岸平，有时较低，不能见河面。岸旁即菜园豆麦田与桑地。远望帆船迎面来时，如航行在菜园及桑地中。二十日晚八时半到海安，宿于有斐旅馆。二十一日晨七时三刻开船，距口岸尚有一半路程计一五六里，经泰州，于下午六时到口岸，即上太古黄浦轮，晚八时开。十一月二十日晨七时半到镇江，余上岸买些食物，划子摆一渡每人收费二元五角。街上行人甚少，店铺闭门者十分之八。余问店伙"何故"？答曰："有警报。"自卢沟桥事变以来，余尚未听过警报。

335

上海开战以后，自口岸至汉口，上驶的轮船，仅余黄浦轮一艘，余等由小船舶上此轮，离开行时仅二小时。好在余只有手提皮箱二件，实系预备坐飞机的行李。船上舱位全无，同行者有一苏州人，认识一茶房，系在官舱供职者，急趋前认同乡。此人与余同睡一长椅，每人出三十元。二十三日下午一时黄浦轮离镇江，晚七时半到南京，由南京至汉口水路一六站，每站九〇里。南京下水五〇里，在江面南岸有龙潭，是江面最狭处，宽约仅二五〇码。听说政府预备在此地沉船封锁。江南岸近边即有绵延的山脉。但俱不甚高。

二十四日晨八时到芜湖，为避免旅客上船，轮不开门，但上船者人数尚不少。男女旅客或攀绳或绕竹竿而下。芜湖的草橘一角可买四个，咸鸭蛋一角三个，夜一时到安庆，轮未开门。

二十五日晨八时过小孤山，此地可遥望及大孤山，江面宽约一英里。晨十时到湖口，距九江仅六五里，夜二时轮抵黄岗。

二十六日晨十时到汉口余与同行者三人寻旅馆，半小时内到六家询问，俱报人满。同日到埠的轮船，俱由上海或南京上驶，共载旅客及难民一万余人，据说近一星期来每日如此。余自购军用床一，即住于吴至信君的办公室中。

二十七日余住汉口旅行社定车票往长沙，因军事的需要，火车仅足运兵及军用品，四日以来未卖客票。欧亚飞机亦于一个月后才有座位。发北平家中电一通，报平安，由天津清华同学会转交（后知家中未接此电）。

二十八日在路上遇见刘驭万兄，告以政府有公务员专车往长沙，蒙介绍乘此车，余入车长办公车，见其内挤满车人，政府官员的家属，难民及行李，车内无立足之地。下午二时车开，全系铁篷车，无座位，余用手提皮箱当凳，但亦不敢长坐，因这是余前数年在巴黎买的纸皮箱。车行二十一小时（平常约十三小时）到长沙，时为二十九日晨十一时。当车抵蒲芹时，饥甚，在站买热馄饨一碗，方吃完六个，汽笛即长鸣。立刻跳上火车。

圣经学校离火车站不到半里，余因不认识路，下火车后，却步行五里到北门麻园岭清华办事处访潘仲昂兄，买物后到圣经学校（二楼二十九号）自己卧室。行李甫安置妥帖，友好即约余沿车站散步，并述两日前敌机轰炸车站事，某君曰："当时敌机下弹两枚，我见黑物，慢慢自机身下坠。站边有一家正办喜事，新郎新娘俱被炸死。"车站未被炸，但近旁民房中弹者甚多。余见一坑，深约一丈，圆径逾二丈，是余第一次看见炸弹的破坏工作。圣经学校某友的寝室，窗中有玻璃两块被震下。

（戊）长沙临时大学

北京大学南开与清华，奉教育部命令组临时大学，在长沙上课，以圣经学校为校址。余于十一月三十日到长沙，十二月二日起上课，授劳工及人口两门。余到校较晚，离开学已一月有余。有少数教师与学生，尚有后余而至者。书籍与科学设备俱感缺乏，但教师与学生精神焕发。以人数论，清华的教师最多，全校教职员的三分之二已到长沙，学生近七百人。北大教职员到者一半，学生约四百人，南开最少，有教职员十余，学生约一百人。

一般学生在校内公共食堂用餐，每人每月九元，荤素各菜比较丰富，胜于北平清华园的包饭。教师们或与学生同餐，或组饭团。每人每月用到十五圆，算是最多的了。

长沙多雨，因此菜类容易生长，菜园甚多，路旁篱笆内常见绿荫遍地，所栽植者系各项蔬菜。水果种类多而价廉，橘子多核而味甘。湘江鱼虾极富，鱼店及鱼摊售卖大小鱼类多种，往往是活的。我们用饭时，几乎每餐多有鲜鱼。

长沙的人力车夫，拉车时一步一步的踯躅而行。不慌不忙的走去，我们有时替他耽忧，恐他永久不能到达目的地。慢行的车夫，于交通虽不利，于健康的维持却毫无问题了。

长沙有许多街名，饶有诗意，不知是何人命名的？例如菜根香，又一村，百花深处，平地一声雷是。名雅而实不符，因市上马路甚少，街道大致狭隘，且多污秽。虽与民国十四年余初次到长沙时相比，有些街道业已加宽，但一般说来，尚欠平坦。普通的街道用石板砌成。每石长约四尺宽二尺，用来横铺，这些是较好的街，如八角亭一带。冷静处与僻巷，或用碎石铺路，或是泥路。

本地人说，冬天雨少，因为不是雨季。但我们所得的印象是：三日到有两日雨。温度并非太低，不过因有高度的湿气，使人感觉寒冷刺骨。余卧室中用炭缸一，缸用窑泥做成，圆径二尺，深三尺，缸的外周以蓝色油涂之，缸底先垫稻草灰，上烧木炭。热度颇高，但炭养二（二氧化碳）往往可以充满室内，如不开窗，容易使人窒息。友人中有因此患头痛或呕吐者。居民在雨天，常在室中，少外出，少见阳光，对于身体的发育，难免受着不良的影响。

出长沙城渡湘江可至岳麓山，湖南大学所在地，校址与旧岳麓书院相近。过小山二，到清华农业研究所，所址三面环山，一面是湘江，江离所约有三里。四屋已成，惜皆在山脚，不透风。疑在盛夏时，因水风吹不到，气候又潮湿，决难居住。

岳麓山古迹，前人已有记述，兹不赘。有一事因与近年我国社会运动有关，略述于下：当共产党逼近长沙时，驻军在山旁布置战垒与岗位，其余迹的一部，今尚可见。

过长沙浏阳门时，心中有所感触：民国十一年长沙华实公司工人罢工，领袖黄爱，庞人铨被斩于浏阳门外。此次罢工，为我国工人们有组织的开端，目前国内工人纪念五一节时，有许多工会往往追述黄庞的惨事。

长沙的农夫和工人，甚少看见穿破衣服者，假如拿此来做区别贫富的标准之一，我们似乎可以说，湖南是比较富庶的省份。

前线战事仿佛于我国不利，伤兵到长沙者渐多。一日在湘雅医院后首坟地边遇一两手受伤之兵求余援助，余取钱袋中所有的毫洋尽与之。伤兵似尚嫌不够，自言自语以去。

张治中主席一日到大学演讲云："我个人有守土之责，坚决的要维持长沙。假如有人感觉生命危险，要想找一条安全之路，我将对他说：'最安全之路莫如跳入湘江！'"

警报常有，但因长沙时常阴雨，敌机未来。每遇警报，教师与学生避于圣经学校地下室。平人心骚乱，特别是雨天，一人困守卧室中，百无聊赖。有时忧现局，有时思家。一日余接北转来一电报（由美领事署转来），说内人盼望于余到长沙后拍电回家。实际余到汉口时已电北平，此电发出后一月又六日，家人尚未接电，后知此电业已遗失。

余自青岛托旅行社运行李六件至长沙，已六星期尚未到，遂亲到汉口去查。是时火车不分等级，亦无饭车，车上并无茶房，旅客尽作三等客，余在长沙上车后，经二十七小时才到汉口。

前线逃出的难民，述敌人残暴有足记者：（1）无锡有日兵一名到某米店买米五斗，付日币一枚。店伙以示经理知为日币五分。经理往告日司令部。日军官曰："破坏皇军名誉，打军棍二十下。"（2）南京有母女二人，逃入乡村，不得食已一日。女十四岁，在路旁采菜，日兵三人遇见，拥之以去。母跪求，被刺死。

（己）由长沙到昆明

学校当局觉得长沙不稳，决定迁昆明，与铁路局商包专车。余坐粤汉路通车以后第一次的二等专车，同行有眷属者约有十家及单身者三十人，余等四人同房，内有马约翰先生，王化成先生。一月二十七日离长沙。粤汉路新通车，自长沙至广州，约须四十小时。三等车亦有卧车，价廉而相当安适，二等车的设备胜于津浦路的蓝钢车，风景最佳处在湖南与广东边界，沿砰石（坪石）乐山的一段约一百公里，此处火车沿山及河而行。无高山，但山上俱有树，河水青绿，并弯曲，火车行时，车上的人看不到前面是河还是平地。砰石（坪石）相传为太平天国石达开扎营之处，离站近处，有小山，地势崎岖。余等入内游玩，心境甚乐。

抵广州站，方值警报，匆忙中往爱群酒店。举首四望，见有许多高楼，多以篾篷围之。篾篷置于房的最高层，是否借此避轰炸？殊难索解。多处有高射炮，敌机飞过市空时，可闻炮声，有时可见火光。一日内常有警报几次，居民已渐惯常，警报解除后，商店照常营业。时值旧历年节，某夜，余等经过旧十三行街。余买得送灶用神及花纸，插于呢帽上，带帽行街中，环观者甚众。有些少年跟我走。一本地人用广州语曰："此人莫非疯了罢！"

友人杨润玉和我同乘汽车往岭南大学，驱车过珠江桥。余上次到广州时，此桥尚未完成。惜岭南二友俱已迁往香港，不遇而归。余因《南洋华侨与闽粤社会》书中，关于食品名称尚须有补充的材料，故往访之。第二日又游中山大学新校址。校内已无教师及学生，因校舍近飞机场，敌机已来炸四次，但校舍未受重大损失。

广州人心虽现不安，但商业与金融尚照常。国币一元，兑换毫洋一元四角四分（钞银）。余到香港后住六国饭店，等汉口寄来的护照，才能买船票至海防。香港各事如平常，惟有人满之患，旅馆房价约高三分之一。港币一元可换国币一元零六分。西贡纸一元可换国币一元零三分。

余将书箱三件，寄存香港大学许地山兄处，在港第七日购得法国轮广东号二等船票一张，同行者约十余人。蒋梦麟先生因旅馆伙计误将行李送到太古轮广东号，到船开时，尚无行李。船将开时水上警察来查行李，其目的是查鸦片或军器。旅客为贪方便，有时给予酒钱免验。这些酒钱视同贿赂，华人与英人分润。查毕，英籍警察照例来问旅客："各事如意，没有人生气吗？"余对自己云："可惜没有人掏腰包，因我们的行李，可以尽量的让你们查验呢！"

广东轮甚小，过琼州海峡时风浪颇大，茶房多呕吐，约翰先生亦吐。在二等舱的朋友，只有徐锡良兄与余饮食如常。到海防时，法国海关职员，因我们是大学教师，对于检查行李很轻松的放过。天然客栈的跑外说："坐在人力车上，要把帽子拿在手里，防土人来抢走呵！"海防是一个海口，生意很清淡，客亦不多。广州人在此地经商者较多，连土人亦会说几句广州语。

滇越铁路称为世界名胜铁路之一，法属部分长四百公里，云南部分长四百六十五公里。风景在自河口至开远中间。自河口往北，地势渐高，山岭层叠。自河口至昆明共有山洞二五七个，共长一五英里。全线工程始于一九〇〇

340

年，一〇年后才完成。云南因有高原与平原，气候不一，各种果木与花草俱易滋生，据说欧洲全洲的树果与花草，云南都有。河口海拔约二〇〇米突，昆明则为一八九六米突，铁路所经的区域，从前可说是不毛之地，目前尚属人烟稀少。有些地方分明是夷人的居处，这由车站的定名，可以看出来的，例如腊哈底，糯珠，獭迷珠等。

滇越车上所见的汉文告示，足以代表三十年前洋式的中文。当时的政府学校及商号，大致以重价物色通洋文的人才。识洋文者，亦仅恃粗通洋文，即能谋事，不必研究中文，因此一般的译文（西译中或中译西），非特文字欠清顺，有时连意义都十分难懂。滇越客车中的汉文告示，是法文的译文，有些文句不似汉文，摘录如下：

通告赶车客人，所有禁止各条如下：（一）没有客票禁止上车，又禁止坐车高于票上所定等级，不能躐等。又他人业已指定之座位亦禁止争坐。（二）禁止由他处上车或下车，除非由办公执事人上下之一面方可。（三）禁止过由此车到彼车内，除非由一定的过道。禁止坐在上车之脚梯凳上，及脚伸出车子外头。禁止坐在不准客人坐之位，并禁止在所有格外用处之车格内坐。（四）禁止上车或下车，如车未曾停止。（五）禁止饮酒已醉之人赶车。（六）禁止在车上呼吸鸦片烟。（七）禁止上车若携带装有码子之军火枪械。（八）禁止抛掷在铁路上玻璃瓶子及各样能阻碍铁路上行走公司人之物件均禁止抛掷。

凡客人坐车若公司人员询问必须呈票与查验。又凡关系客车并车站安妥及巡警之事客人等应当以公司人员之命令为遵从（滇越铁路法国公司告白）。

选自《浪迹十年》，陈达著，商务印书馆一九四六年十月版

吴征镒："长征"日记——由长沙到昆明

1937年12月13日南京沦陷，长沙成为后防重镇，开始闻到更多的火药气。当时还叫长沙临时大学的联大从此上课不能安稳，尤其在小东门车站被炸之后。于是学校当局便请准了教育部作迁滇之计。酝酿复酝酿，大约一月底便决定了。随着就有一些教授先行赴滇。有一大批同学从了军，或去战地服务，也有到西北去学习的。剩下要继续念书的分做两群，一群是女生和体格不合格或不愿步行的，概经粤汉路至广州，转香港、海防，由滇越路入滇。其余约有二百余人则组织成为湘黔滇旅行团。旅行团采用军事管理，分两个大队三个中队，由黄子坚先生负责领导，湘省省主席张治中先生特派黄师岳中将担任团长，三位教官以毛鸿先生为首，分别担任三个中队的中队长，小队长概由同学担任，团部尚有同学一小队，事务员一人，医官徐行敏等三人。同行教师共十一人，为闻一多、许骏斋、李嘉言、李继侗、袁希渊、王钟山、曾昭抡、毛应斗、郭海峰、黄子坚诸先生和我，组成辅导团。

大队于1938年2月15（应为20）日出发，由五条民船装载在夜间启程，下湘江入洞庭。我同郭君因押运行李汽车，23日才起程直至益阳。一路行丘陵地中，松杉成林，又多油茶，这是湘中标准景色。过益阳二十余里遇李（继侗）师，便开始加入步行。晚宿军山铺。头一天只走了四十里。

24日 行五十里，宿太子庙。

次日入常德境，宿石门桥，全程五十里。本日为全程中最感疲乏与脚痛的一天，很多同学脚上都磨起了泡。三日来所见乡农都极纯朴，抗日情绪高涨，衣饰渐多古气，言语近于湖北。

26日 行三十里渡沅水至常德，见到"防共"调堡，宿县立中学。

27日 仍宿常德。市上见槟榔摊甚多，当是五溪蛮习俗的遗留。

28日 大队同学因第二次注射伤寒预防针多起反应，乃于空袭警报中雇船去桃源。余同李师、毛应斗先生于晨曦中步行。红梅初放，绿柳吐芽，菜花蚕豆亦满田灿烂。路旁多杉皮小屋。约五十里至桃源。附郭滨江，风景极美，人家多有阁楼翘起。因到的较晚，街上纹石便宜的多已为人购去。夜借宿桃源女中。

3月1日 8时出发，四十里至桃花源，有桃花观，观内有古桃花潭，潭水甚浅，潭后为秦人古洞，洞深丈余，前后发亮这无疑问是假托的，中国人好古往往如此。又三十里到郑家驿宿。

2日 雨中行，如在米南宫水墨画中。沅水渐急，梯田渐多，利用水利灌溉磨木浆造纸的，常可以看到。

3日 雨不止，过太平铺入沅陵境。杉林茶山渐盛。男女老幼皆以布包头。宿小村张山冲，阴雨地湿。人挤，宿营甚苦。

4日 渐入深山，山回路转，路间见煤、银、铁诸矿，杉林甚多，且多较大者。村女装束古旧，但甚美观，时有长大脖子的。晚宿黄公坪一小村。本日行八十里，疲甚。

5日 昨夜云有匪万余渡河来犯，同学多半未睡。今日李师押车，余等迟行。过文昌坪时人家多闭户，从小路上坡后并闻枪声一响。夜宿凉水井，正街均为步行西去之军校学生千余人所占。余等宿山边小村，行李车来得很迟，恐匪惊动，禁用手电，黑路走细田埂三里多，来回扛行李，甚苦。

6日 于连宵风雨中出发，二十里至沅陵，宿辰阳驿，见马伏波祠。

7日 暴风雨后继之以雪，乃渡沅江游沅陵。橘柚甚多。妇女任劳苦，善负重，多以竹篮负物，急行山路，男子不及。

8日至11日 阻雪沅陵。中间曾舟游西水，山城雪霁，景色绝佳。

12日 大队乘公路局汽车出发晃县。余所乘车中途抛锚，修理甚久，雪地足冷异常，修好后勉强开至辰谿（今辰溪）。辰谿在两江合流处。渡口极美。在此候公路局车甚久，晚抵芷江，借宿车内。

13日 车坏，候车至11时启行，下午抵晃县，大队已先一晚抵此。晃县旧治毁于匪，新址移至溪口。有贵州街为贵州飞地，实在是封建的乡土观念所造成的陋规。城跨江上，有两大旅舍亦为娼寮匪窟。禹王官内尚有电影场正映放《荒江女侠》，内供他处不经见之巫神多尊，并有皇帝万岁牌。辰谿昨仍大雪，闻沅陵马底驿间雪深二尺。

14日　闻团长车抛锚辰谿，我们便去耍旧城。晚有月色，游风林寺，内有小学校，实系私塾变相，小学生还念四书、五经。

15日　今日赶场，侗人甚多。晚在沙滩上举行营火会，闻先生为我们讲古神话。

16日　袁先生等去参观汞矿，云系用土法炼朱砂。我们入山至神岗溪访侗家村落。

17日　微雨中经酒店塘，由保安队护送出境，三十里至鲇鱼铺湘黔交界处。距长沙六百三十五点五公里，距贵阳三百七十二公里。沿途多平顶山，已入贵州之 Dissected Plateau,河流均为小溪急流。又三十八里抵玉屏，县内备极欢迎。全体宿县衙门内，并开联欢大会，曾昭抢先生向小学生演讲。县内产石竹，以制玉屏箫及竹杖，团内几［乎］每人购一根。入黔后多荒山，草坡杂生毛栗，松林及柏林偶见。市上尚可见鸦片铺。

18日　五十里至青溪，黔省最小县也。店门均有书字方灯一张。女子甚清秀。烟害颇深。

19日　由小道行九十里至镇远。道路泥泞，行走维艰，有数同学病，坐滑竿随行。溪边有自生桃、李、枇杷，南天竺尤多。枫林及常绿栎林亦甚常见。冒雨晚七时始抵宿两路口。

20日　余勇可贾，折经公路登盘山，天已晴朗，升十二公里至拔海九百五十公尺。盘山跨三德、镇远间，为黔东险要，公路盘折甚险；岭上遇闻先生等自三穗来，乃共折返两路口。又二十里至镇远，宿府城县立第一女小。

21日　镇远背山临水，因为是湘黔孔道，所以屡遭兵灾。咸、同"苗乱"之后，至今尚未恢复。今日有同学往访湧溪大土寨青苗。

22日　由镇远至施秉凡八十里。道经文德关、镇雄关，形势甚为险扼，鹅翅膀工程亦甚奇特。午后由岔路游诸葛洞，颇为幽邃奇丽。遇赶场，青苗甚多。

23日 沿路景色单调，童山甚多，常有哨兵，遇马帮数次，都是往来于贵阳、镇远之间的。三十里至飞云岩，有飞云洞号称黔南第一洞天。黄平古苗杂处，青苗外尚有仡兜也称侗家。

24日 三十里至重安，经观音山拔海一千五百公尺，为湘黔线最高点。重安为大镇，跨江上有铁索桥，有多种苗人杂处。又四十里为云溪洞（大风洞），再十里为炉山。县境有苗人七种，占人口百分之七十五。晚因行李未到，宿火铺，被子均"多年冷似铁"，且上下左右不能兼顾。

25日 访苗寨，苗民生活极简朴，均自耕自织。村中妇女见我们来多远避，足见以前汉官之鱼肉苗民。

26日 开汉苗联欢会，因时间匆促，仅到仡兜族长一人率四少女、七少年。表演节目有苗民吹芦笙跳舞，同学唱歌。又引起李先生和徐医官的舞兴，跳了一曲华尔滋。曾先生同苗民喝酒，被灌大醉，黄团长也舞了手杖。

27日 天高气畅，过井子哨，闻枭鸣空谷。经枭阳桥渡河至羊老，为驿路大站，多江西人。又十五里为甘巴哨新街，东南行为黔桂路。又十五里抵宿马场坪。今日为场期，着花布短裙之苗胞甚多。

28日 昨夜大雨，路极泥泞。过黄丝上江西坡，凡行七十里入贵定。贵定瀕清水江上流，南有云雾山，旧称苗岭主峰，为乌、沅、盘三江分水脊。

29日 二十里为牟珠洞。洞口石笋一株，高二丈，径二尺余，距底三分之一高处有裂痕。传是吴三桂要锯下运滇，触神怒未果留下的遗迹。洞顶亦当时被雷震开一穴，洞底甚深，水如匹练而出。逾沿山堡后又有青山洞，颇深大，"苗乱"时汉人曾避居其中，其一半为水帘洞。本日行五十里达龙里，县城极萧条，人民多食包谷。

30日 麦已秀矣。观音山下坡以后，民家多以板岩代砖盖房。附近有石油矿，但未开采。入贵阳县境至图云关，有模范林场，鹅耳枥、楸树成林。前此诸县，每县近公路边均有农场招牌，内则空无所有，这已经好得多了。又十五里入贵阳大南门，过大十字，宿大西门外金锁桥边之三元宫中。阴雨中整队入城，草鞋带起泥巴不少，甚为狼狈，曾先生之半截泥巴破大褂尤引路人注目。

31日 游甲秀楼及公园，有周西成铜像，周，黔省军阀也。清华老校长周诒春现任黔省建设厅长，晚宴辅导团，饮茅台。

4月1日 晚，大夏大学邀宴。

2日 阴雨中游黔灵山及麒麟洞，一部同学游东山阳明先生祠，祠中有日人所立碑。

3日 雨阻家中。

4日 雨中离贵阳，路殊平坦，溪山交错，峦头悉是尖形，风景甚类桂林阳朔之间。此后多是石灰岩区的Karst地形。清镇南郊中山公园中有高大的"剿匪"阵亡将士纪念碑。十年内战的结果是一堆白骨。

5日 三十里过西成桥，此间荒旷异常，水流鸟鸣，异常悦耳，道左远嶂排列而来。又游洞三四。凡二十公里到平坝，今日逢场，见苗人甚多。苗有青苗、黑苗，包头有别。

6日 离平坝西南行三十余里。右侧有天台山，山形如印。峭壁间有五龙寺，寺内有吴三桂腰刀及朝笏各一。又二十余里有粮仓洞，传是孟获囤粮之处，洞内广深，有人家居住。十五里至安顺。安顺为黔西重镇，有东西南北四大街，以鼓楼为中心，市面繁荣整洁。苗人有七八种，占全县人口二十余万的四分之一，文化亦较发达。

7日 今日游南郊华严洞，甚宽大。

8日 六十二里平路抵镇宁，田中罂粟已开放。出东门外两里多有火牛洞，洞深仅六七丈，钟乳硕大异常，由狭可容身之新凿小门入内后，迂回百余步入一大室。室中有高大石柱多根，后有一大石壁，以烛照之，奇妙之极。钟乳上下直贯，纤细洁白，若水帘之垂，若雪松之蟠，亦若璎珞，亦若冕旒。其中则有数丈数十级之老干数株，若浮屠，若旌节。绝壁下坡亦石乳所成。新生者若菌苗，若螺盘，均滑不留足。绕壁而行经其后，过一深潭，复下，达另一大厅，作歌其中，四壁共振，发种种微妙之音如大合唱。我们首批十余人游后回城，

346

大肆宣传，结果全团连伙伕都去了，甚至有去两三遍或第二天早晨临走之前又去玩的。

9日　出镇宁，安庄坡以下桐树均盛开，又时见罂粟田于谷地。白水街有白水河大瀑布，高约二十公尺，宽约三十公尺，势如万马奔腾。自此下约六里，为黄果树大瀑布；崖若三折，瀑布高七十五公尺，宽约二十余，水自上下坠入潭，飞雾高起数丈，潭中大石罗列，白水纷流。过此后上山有奇峰特起，曰鸡公背，乃周西成与滇军交战负伤而死处。下坡又复上坡，便到了大坡顶。迎面一岭连绵数十里，气象雄伟，是为关索岭。右手对岸，有飞泉三折下坠谷中，但见一水蜿蜒，梯田层起。公路于此作一大"之"字折，所传红岩碑、关索洞均在附近。红岩碑传是殷高宗伐鬼方纪功所刻，本地人又呼诸葛碑，说是诸葛平蛮所建，看起来实是顺着石纹附会而成。也是岣嵝禹碑一类的伪装品。下七里为灞陵桥，桥上有许多苗女摆的甘蔗摊，行人多买来解渴，同学尤多。上坡时遇赶场而回的苗家少女，长裙曳地，白地蓝花，头上盘大辫，辫下覆以包头数页，颇有风致。岭腰有双泉寺，为跑马泉，传是关索刺枪而得。泉上的神树，高五丈，围三抱，乃乌杨（重阳木）也。另一泉为哑泉，今已不流。再上五里为关岭场，有关索洞。我们宿大觉寺。晚有月色，夜间大雨。

10日　四五里至观音洞，洞口极大，佛殿据之，左侧另有一洞，均钻之。出洞后迷路，行红果刺林中，丛林中见骷髅一个，阴雨之下森森逼人。全日行五十里，不见人烟，公路盘山渐上。晚宿永宁，见贵阳8日报载台儿庄大捷。

11日　阴而不雨，路滑难行。荒坡草高如人。新烧之后时发焦香。陆续下行，十二时至盘江，铁索桥康熙时落成。京滇路通即用之。今春3月间断坏，汽车一辆堕江中，乘客四十余人中仅二十二人得救。今只能用小划渡江。小划狭窄仅容五六人，头尖尾截。桨长柄铲形，两人前后划之。乘客都顺蹲坐舟中，两手紧紧扶舷，不得起立乱动。舟先慢行沿岸上溯，近桥时突然一转，船顺流而下势如飞鸟。将到岸时，又拨转上溯。船在中流时，最险亦最有趣，胆小者多不敢抬头。二十五里至哈马庄，本拟宿营于此，但山顶小村，水菜无着，时已五点，临时议宿安南。于是又走了十八里，到了小城街上，卖炒米糖泡开水的小贩被抢购一空，后来的只好枵腹就寝。晚间因铺盖、炊具多耽搁在盘江东岸，同学一大群如逃荒者，饥寒疲惫（本日行九十五里），在县政府大堂上挨坐了一夜。辅导团诸公曾、李、闻诸先生也陪坐了，并替两位黄团长挨了骂。半夜里，有人同黄子坚先生侄公子口头冲突，几乎动武，县太爷披衣起来拉架。旅行"乐"事、"趣"事，于此叹为观止。

12日 休息一日，晚举行庆祝台儿庄胜利游行大会，小小县城全惊动了。

13日 休息于安南。安南之穷与清溪相仿。

14日 行五里为二十四湾。二十五里至沙子岭，产煤。渡小盘江上江西坡。坡顶正在赶场，传闻鸡蛋有麻风病，水可引起肚胀，但我们都吃了，并且留下了照片。又二十里经芭蕉阁，风景可观。复十五里上坡到普安县。全日行约三十五公里。午后2时便到了，路上同学大肆竞走。

15日 休息。

16日 西行 经九峰山，红土层初见。并有罗汉松大树，即滇省油衫也。抵盘县，县内小学生齐来迎接。盘县称小安顺，尚属繁盛。

17日 游碧云山下水洞，有两出门，可涉河而出。

18日 行九十六里，宿亦资孔分县，渐多云南景色。山势平衍，偶见小海子。路上颇荒凉，仍有罂粟田。

19日 晴。二十五里至平彝所，四五里上坡为胜境关，一路各色杜鹃盛开，气象与黔省迥然不同。又十五里抵平彝。此去距昆明尚有二百三十一公里，县境内有大锑矿。

20日 平彝街期，入滇以后不叫赶场，而叫赶街。患大脖子病的很多。中午古县长招待全团，下午游青溪洞。

21日 全日多行石灰岩小山间。路极平衍。果松林不断，凡六十五里至白水。

22日 晴而多风。入滇以后均如此。过公路里程碑一百八十二公里处有正在建筑的沾（益）宣（威）路。凡四十五里至沾益，豁然开朗，有一大平原，其中阡陌纵横，麦浪已黄，油菜、蚕豆将熟，为常德以来所仅见。饭于沾益，地保敲锣，嘱店家勿高抬物价。又三十里至曲靖。

23日 曲靖城周六里，甚坚固。石子街道宽阔，铺面古老整齐，有北平风，惟屋矮小。出南门，沿曲（靖）陆（良）公路南行三十里，有温泉，水温甚高。

24日 昨夜大风雨，气温大降。行七十五里至马龙，松林多毁于畜牧及纵火，西门外有象冢及忠勇异象牌坊。

25日 九十二里至易隆，过岳灵山，镇上有中阿小学，曲靖有伊斯兰礼拜堂。滇省回人，实元、明二代陆续移来。

26日 七十里至杨林。快干了的杨林海盆地颇大，也肥。镇属嵩明大镇，产肥酒，绿色。

27日 由杨林经长坡入昆明境，遇大雨，全日行六十里抵宿大板桥。为昆明东乡大镇。下午游龙泉寺及花果山水帘洞。闻、李一老均已胡须留得很长。为共摄一影，二老相约抗战胜利后再剃掉。但李师"晚节"不终，到昆明不久就剃掉了。

28日至板桥行四十里抵昆明。休息于状元楼外四公里之贤园，主人以茶点欢迎。午后整队出发，经拓东路，梅校长及校中首脑均来欢迎，并有人献花，曾夫子大为酬应。过金碧路入近日楼，军容甚整，前面正好碰上大出丧，只好慢行。雨中聆训，留有全体摄影。

此后数日，黄团长于海棠春大宴全团。当时，数十桌酒将全团摆下，只费了五千元老滇票。醉者几乎有一半。后又在大观楼开了一次茶话会，闻、李二老均到场，在唐继尧铜像下话旧。全团各人所拍照片，全部展览了一下。

全行程计长沙至晃县六百三十五点五公里，晃县至贵阳三百七十二公里，贵阳至盘县四百一十二点三公里，盘县至昆明二百四十三点八公里，共一千六百六十三点六公里，号称三千五百华里。然除去乘船乘车外，实在步行距离，无确切记录。大约二千六百华里而已。自2月20日晨至4月28日下午，共行六十八天。中间乘船乘车或休息或阻滞外，实走了四十天，每天平均约六十五里。正合一个马站。曾昭抡先生走路一步不苟，每上下坡必沿公路走之字折，大约为全团走路最多的。其余辅导团诸先生亦多不比同学差。因同学每人必有担任宿营、购置、押运等职而坐一天或一天以上的汽车的。

团内记日记的甚多，各有【自】着眼不同。团本部的专人记载，记得负责人为丁则良先生，可惜该项日记因为送香港准备印行，在港乱中毁去。据我所知，日记已发表者有钱能欣先生之《西南三千五百里》，商务印书馆二十八年六月初版。

（摘自 1946 年西南联大学生自治会编印的《联大八年》一书）

金 五：从长沙徒步到昆明的日记

长沙临时大学奉教育部令迁往昆明，迁移的方法，首先是预备全体师生皆出海道至滇者，后教育部以此有碍观瞻，于是学校方面乃变更办法，分两道走。体格强健而能徒步者，则循京滇公路徒步至滇，路中一切费用，全由校方担负。体质欠强者，则由海道赴滇，路中费用除学校每人津贴二十元外，其余费用，须由自己担负。本来游历各地是我的奇嗜，香港，安南，广州等地我没有去过，湘西，贵州等地我也没有去过，我到底先游内地呢？还是先游香港安南呢？不过我想：湘西贵州匪氛甚炽，个人旅行为事实上所不允许。这次学校方面预备以行军的形式，徒步旅行赴滇，机会当然可谓空前未有，加以就现阶段讲，中国是一个弱国，弱国的人民旅行于帝国主义的领土内，我觉得不大好。因了这几个缘故，加以经济的关系，所以我毅然决然地预备徒步了。

二月十三日　星期日

上午到学校里看学校公布的准许赴滇就学学生名单，名单上有我的名字，我非常快慰。因为这个名单是根据上学期的成绩的。设若成绩没有及格的话，学校里是不津贴路费的。

看完了榜。到注册组去办理加入徒步团的手续。照格式填好了表，到旅行团团部去报到，报到号数是261。

从学校归家，顺便到青年会听郭沫若先生演讲。听郭先生演讲的人数很多，会堂都挤满。郭先生是一个诗人，他讲话的气概，正像他的诗一样，非常豪迈，讲话的声音很大，也很有节奏，一种略带四川音调的声音飞散着，热情而中肯的爱国情绪，扣紧了个人的心弦；有时当他的右手臂用力地举起时，像冲锋的号音杀进一群战士的耳朵似的，立刻会使各人的筋肉紧张起来。

听众都希望郭先生能够多讲一会，可是郭先生并不这样，不到两个钟头，就讲完了。我随着鼓掌声踱出大门口，门口外立着一个布告，布告上写的是明日十时临大学生自治会与湖南文抗会恭请郭先生在银宫影院演讲，希望各界民众前往听讲。

十四日　晴

上午送不能随身携带的行李到学校里，再由学校由香港运至昆明，每个人的行李不准超过 25 公斤，幸好我的行李没有超过这个限度。

十时左右，我们这个旅行团的团长黄师岳先生在圣经学校前面大操坪训话，黄先生是湘省府参议，曾做过国军中将师长，这次奉湘省府命令送我们到昆明去。他年纪很老，但说话的声音却很宏大。他说话的内容分两方面，一方面说临大旅行团步行入滇就学是富有历史性的，中国历史上长途旅行共有四次，第一次是张骞之使西域，第二次为唐僧之赴印取经，第三次为郑和之下西洋，第四次就是本团的这次旅行了。其他一方面：本团此次旅行将经过湘西贵州等地，湘西贵州苗民甚多，考苗民与汉族接触时间甚早，可是因过去为政者未尝注意的原故，苗族同胞仍是过着原始的生活，此次本团同学经过斯地，亲眼考察对苗族同胞生活怎样改良，怎样使其教育普及，必有很伟大的贡献。

最后，黄团长告诉我们一些关于徒步旅行的经验，他说，走路以后，洗脚要用冷水洗，并且走路的时候要打裹腿，在未吃早饭以前，饮开水一杯，可一天不口渴。

黄团长演说以后接着就是编队，临大同学参加徒步的约二百余人（走海道者五百余人）分为两大队，一大队分为三中队，一中队又分为三分队，每一分队十五个，分队长，中队长，由同学选任，大队长由学校派军训教官兼理。本团单位除两大队外，又有团本部与辅导委员会，团本部设有副官与医务二处，副官处有会计二人，医务处有大夫三人，此外每一分队每一星期轮派一同学到团部服务，服务的范围分参谋主任，宣传参谋，设营副官，与采买副官等，此属于临时选派性质者。此外又有几位在团本部永久服务的同学，他们服务的性质是保管旅行图书，写作旅行日记，司听广播无线电等。辅导委员会他的职权是指导学生如何考察与研究。有时候他也可以代表学校当局，是由几位教授（黄子坚先生，李继侗先生，曾昭抡先生，袁复礼先生，闻一多先生）及几位教员组织而成的。此外又有一位汉口《大公报》记者齐长城君随我们旅行。

关于同学伙食方面以大队为单位，由各分队每星期轮派一同学组织一经济委员会办理之，经济来源是学校发给，每一同学每天共四毫，此外每一同学每天学校发给杂费二毫，以作购买草鞋等件之用。

十六日

昨晚到木牌楼毛云福栈看父亲，他老是那样诚恳的叮咛着我注意旅途的卫生，并且要我沿途作日记，将来到昆明后再邮寄他老一阅。

上午十时到学校里 307 教室听徐大夫讲旅行卫生，徐大夫曾服务湘雅医院很久，此次将随我们徒步到昆明，抵滇后，或就任临大校医云：他说贵州为瘴气之地，瘴气为疟疾的一种，预防的方法在吃金鸡纳霜丸，他又说旅行时所最易犯而最危险的病是伤寒与肺炎，幸好大多数的同学都打了伤寒预防针。没有打的同学最好是赶快去打。

徐大夫讲完了以后，毛参谋长洪讲解队形的变换与集合。因为我们这次旅行团的组织，是完全军事化的原故。

晚上彭君来访，彭君为我中学同学，一别两年，忽然相见，甚为欣慰。

十七日

十点赶至学校补打伤寒预防针，因为昨天校医是那样的叮咛着我们注意伤寒的缘故，打完预防针正预备归家，碰了粟君，他约我一同到湖大去辞别几位同学，我同意了，于是一同出发，将近过河的时候，空袭警报响了，接着紧急警报又响了，我们不能不稍稍躲避。长沙自从张主席治中主政后，虽然有了高射炮等的防空设备，但是公共建筑的防空壕却不多见，我们既没有防空壕可躲，只好借重于民房了。紧急情报响后不到十分钟，日本飞机来了，一时敌机掷弹轰炸声与高射炮射击声齐鸣，诚壮观也。敌机轰炸长沙这是第三次，第一次轰炸火车东站，敌人炸弹投完了，我贤明的防空情报所方放警报。第二次我正在返省途中，没有亲见敌机的肆虐，今日的轰炸，虽使我饱受惊恐，但是从此以后，知道敌人的飞机并不怎样可怕，只要我们有相当防空设备的话。

下午从湖大访友归来，路人谣传今日敌机被我击落二架，晚上《商事日报》因此事而发有号外云！一架落于春华山，一架落于浏阳县某处，市民皆鼓掌称庆。

十九日

学校里原定昨天用轮船送我们到常德，再由常德开始步行的，可是因了种种事情没有筹备好的关系，只好改到今天上船，明天五时开船。

大约是下午三点吧，拜别了父亲，坐车到圣经学校，去听省府秘书长陶履谦先生的训话，刚走到校门口，只见操坪里站满了背着张主席送我们的干粮袋与水瓶的同学们，他们多英武啊，是那样雄赳赳的。我不禁也把我的粮袋水瓶背上起来加入他们的队伍，静听陶先生的演说，陶先生说前清时代知道分子未闻有失业者，迄至教育制度改变以后各学生的毕业即是失业，这种现象的最大原因是由于知道分子的集中都市不肯下乡工作的缘故，临大旅行团同学徒步到昆明去就学的最大价值即在此点云。

陶秘书长讲完以后，我们各自的上船，上船的地方是洪家码头。

二十日

昨晚挤得要命，睡了一晚，脚简直没有伸直过，好在时节还是春初，不然的话，今天或许热得没有人了。

天刚亮，希望开船的汽笛声叫着，可是因了某种关系，船迟至下午七点始开。开船的时候，对于我久居的长沙不禁有点依然了。

长沙——我的第二故乡，不，我的第一故乡——真使我留恋不舍，它有高耸的岳麓山供我们漫游,有古老的天心阁供我们瞻仰,有伟大的英雄墓供我们凭吊与景慕,它简直使我留恋到留下泪来。

天渐渐黑了,船慢慢的走着,不油然地使我回想到昨晚拥挤的情景来,我预备搬到船边去睡,一方面自己免得挤到睡不了觉,他方面,可以减少他人的拥挤,但是,刚一搬到船边,猛烈的寒风把我吓怔了,无法,只好搬到原地方来。可是,因搬走的关系,原先小小的一块地方,又被睡在旁边的同学无意的占去了一大半,因为这位同学睡熟了,不好意思叫醒他来,只好坐起来,写日记,想消磨这一夜的时光。

二十一日

我们的轮船走得很慢,走了一天及半晚的时光,还仅走到八字义。

在过去的旅行,舟车慢速率的进行,是使我感觉相当烦闷的;但这次却不然了,不独不使我感觉烦闷反而增加我的兴趣,因为这样长距离的旅行,并有这么多的旅伴,一生能有几回呢?又安得不使我们希望这个旅行的时间多多的延续呢?

白布缠头异样装,

一般风味说三湘,

轻舟破浪来何急,

叫卖殷勤客事旁!

路上有许多村女驾着小舟做着各种各样的小生意,她们有时候也做做渡划生意的。

这班村女们在和暖的日光下,平静的湖港间,驾着一叶扁舟,虽天上的神仙也没有她们快乐呢?

可是事情真出乎意料之外,当我与她们闲谈的时候,她们无不充满了悲伤的怨声,她们怨伤的凝结,多半是吃饭问题的不得解决,家庭负担的过重。

晚上,团本部公布此次旅行的计划,规定一天至少走二十公里但不得超过三十五公里，预计从常德到昆明须走七十一天，共经二十六个县城每个城市休息一天，（贵阳休息三天）所以实际只步行只有四十三天。共一六七〇·七六公里。

二十二日

上午十时，船到了干溪港，水浅了，船不能到常德，我们只好折回益阳，再由益阳开始步行。

在长沙出发的时候，我们都每一个人打一个行李，重量学校里规定我们不得超过十公斤，可是同学们都没有遵照这个规定，所以团长命令每两个人合打一个行李，将途中不须用的物件两人另合打一包，由原有轮船运至常德并每一分队派一人照管之。

大约是下午四点吧，船到了离益阳县城三里的清水潭，水是这样的浅，我们连益阳县城都不能坐船到达了。

同学们吃晚饭后，都三五成群的到县城去参观，与我同去的有季齐诸君。

益阳县城交通很便利，陆路有汽车路到长沙、沅陵等地，街道多半沿江成直线形，分头堡，二堡，三堡，头二堡尚热闹，三堡较冷落，长约五六里。水路水盛时小汽轮可达离县城九十里的桃花江，在平常普通汽轮亦可直达益阳县城。河流则属资江，河过不甚宽广，河水清澈呈碧绿色，四围山景，更玲珑可爱，山水留恋不忍舍去。

此外教育亦颇发达，对河桃花岭，以前办有一信义大学，后以经费困难改办中学（闻是校之初中与高中主办人各异，一为挪威人，一为瑞典人云）除信义中学以外尚有一龙州师范学校（学生毕业后，多从事县中小学教育）后因国难关系，自他地搬来之兽医学校与涵德、尉南等校。

益阳因商业发达的关系，曾放过几次防空警报。他们放警报的方法是鸣锣。

游罢归到清水潭，时候已是十点，今晚一部分同学宿在原有的船上，一部分住在岸上的民房中。

356

二十三日

天下雨了，我们仍得动身，从清水潭到益阳汽车站约有七华里的样子，我们于十时许即到达了。因等车运行李的关系，至十二时始向军山铺出发，军山铺离益阳县车站约四十华里。四十华里在一群初徒步的我们要在一下午的工夫走到，本来是一件吃力的事情，何况今天下着濛濛的雨儿呢？所以我们的队伍走不了十又几里路就零散了。

到达军山铺时，同学们的脚都起泡了，这怎么办呢？只走得一天，脚就起泡了。

等校医到了以后，同学们请其医脚泡者如山阴道上之多，校医一一将泡弄破，再用消毒药品消毒，并且解释脚起泡是徒步常有的事，以后走惯了，自然不会起的。

晚餐吃得很迟，睡的地方又如此的拥挤，我不得不愁念着今晚的睡眠。

二十四日　晴

果然，昨晚几乎没有睡觉，所以今天精神极不舒服。

早饭后，黄团长训话，他要我们行动须严守时间，前进须整齐队伍。'

团长训话后整队出发，昨天第一大队走先，今天该第二大队走先了，因为黄团长说：集体行军的时候走先的比较有力而利益须平均享受的缘故，不独大队如此，中队也一样昨天是按着第一，二，三中队行进的，今天则照第二第三第一的序列行进，到了明天则照第三第一第二的序列行进。

今天宿营的地方在太子庙，太子庙离军山铺约五十华里，因时间较昨天长的缘故，所以走起来，比较舒适。

到达宿营地后，坐在溪边洗脚，一老者很诚恳的告诉我，要我不要用溪水洗脚，因为用溪水洗脚是要害病的，我谢谢了他，并且解释用热水洗脚为事实上所不允许，老人听了我的话以后，不做声的走了。

二十五日

旅行的生活渐渐地有纪律了，当天还没有亮，我们已经洗好了脸。

出发的时候是八点十分，下午三点即到达了宿营地——常德石门桥，但是我们的行李是不是像昨天一样先我们而到呢？在昨天运行李的汽车有两辆，今天可不同了，因为我们的汽车夫偷了停放在路旁一架破汽车的零件，事情被旁的汽车夫发现了，我们的一架汽车的零件反被他们抢去了，所以今天只有一架汽车搬运行李，其他一辆须待配好零件后，方能行走。

今天天气间晴间雨，这不是春到了的象征吗？我们真快活旅行在这美丽的春天的怀抱中。

路旁有许多妇孺提着小篮，小篮里装了一些零星的食品，她们一言不语的站在那里静待着过路人的购买。她们不像旁处小贩一样的叫喊喧嚣，她们幽默，她们自然，她们确实增加了这副春的图画的美丽不少。

写到这里，不禁记起了昨天离开军山铺的一件事来。

前晚，我们到达军山铺的时候，疲惫极了，不管谁家的门口，就席地坐起来，一群刚从山里工作完了归家的小孩好像有什么引力似的，马上围了我们起来，他们可爱，他们没有城市小孩那样恶习，他们天真，他们的体格，真的强壮，他们确实是未来中华民族勇敢的战士。我们不知不觉的感觉到：我们应该趁此机会灌输他们以爱国的观念，一会儿，我们当起他们的音乐教师来了，说也奇怪，他们的智力并不比城市中的小孩来得差，不到半小时的工夫，他们也能唱起"同胞们，向前走，……"等救亡歌曲了。

大概是我们对他们的印象太好了的缘故吧，第二天当我们动身的时候，十数个活泼的小孩，排着队伍放着鞭爆，在那里欢送我们，我真的兴奋极了，不知不觉的套着冰心的老调，默念着"金五何福"呢。

二十六日

今天比昨天起得更早了，我觉得这次长期的旅行，一定能够养成我们早起的习惯。

从石门桥到常德县城据邹大队长报告说仅十八华里的路程，所以我们都鼓舞着前进，以为不到两个钟头就可到常德城了，但事实并不这样，走了两个钟头，三个钟头仍旧没有到达常德城。我们怀疑，一小时的速度为甚么这样慢，后来问问老百姓，才知道从石门桥到常德有三十多里路远呢！

十一点多钟到达常德汽车站，团长集合我们训话，长者之言，实在有使人注意的必要。

车站两旁新造成之西式三层楼旅馆甚多，惟自上至下，都是木料，旅客到此住夜，二层楼房间，每夜四角，三层楼房间，每夜五角，铺被尚清洁，如自带行李，则每间并不限制人数，吃饭如在楼下则每客两角。人数较多，尚可用经济办法，假使有八人吃饭，可嘱开客饭五客，计价一元，再开光饭三客，每客五分，共一元一角五分，否则要一元六角。避难的或行远的旅客，自不得不打打算盘。假使长住，尚可购买柴米自烧则每天两角左右也很可维持了。

常德城在沅江对岸，须过河，河道很宽，可与湘江相伯仲，故此地水道交通甚便，水盛时，汽轮可上溯桃源而至黔东，下通荆汉，衔接长江。

常德市街广大，其中以中山西路，中山东路临沅街等处为最热闹，各店家晚上关门都很早，且内容亦不见得怎样充实，想是受了战争影响的关系。

市面货币与长沙相差不远，外省纸币如湖北银行等币都可通用，所不同者，市上铜元以价值五十文之川币为最多，是项铜币曾以零找困难关系，作八折使用过，现在则已恢复原状云。

此地教育也很发达，中学有省立三中、县立常德中学与女子职业学校等，私立有隽文渔父等中学，其他有精勤敬业等补习学校，此外更有国医学校一所。我们今天所宿营的地方，即在县立常德中学，此校设备虽比不上长沙之中学，但县立中学能够如此，也很不错了。各学校大概还没有开学，因为街上来往的学生很少看见的缘故。

晚上，我们有一个由娱乐委员会组织的演讲会，参加的人很多，演讲的有黄团长与黄子坚先生的报告，袁复礼先生的旅行回忆，李继侗先生的从湖南到贵州的森林概况。

二十七日　晴　休息

今天起身较迟，大概是上午七时吧，太阳已出来多时了。

洗脸后，到县立卫生院去打第二次预防针，因为此地及沅陵等地霍乱病甚为流行，我们虽然在长沙出发以前打了一次，可是据校医说预防针是要打三次的，假若打了第一次，而不继续打第二次，三次的话，第一次可以说是等于空打的，所以我也只好去打了，因为此地医院设备多不大好的关系，针头很粗，所以打的时候，较第一次痛多了。

此地名胜有春申君墓，屈原庄，玄都观，沈约台等处，惜以时间不够，不克往游，甚为憾事也。又据同学们说，此地有俘虏若干人，亦以时间关系，未克往观焉。

晚上，口甚渴，约数同学赴茶馆喝茶。此地茶肆甚多，茶价亦甚便宜，通常各茶肆只卖茶，而不卖食品，此点颇与长沙不相同，与武昌各茶肆则甚相似。

二十八日

常德的肥鸭很有名，今天早晨我们的唯一美味就是斯菜。

因为昨天打了预防针的关系，同学们都不能走路，所以团本部决定今天坐小汽轮到桃源。

船开的时候，大约是九点钟，不到四个钟头，船即到了离桃源八里的童黄州，因为水浅的缘故，所以船不能直到桃源，我们只好由此处登陆步行到桃源，打了预防针，真不舒服，短短的八里路，好像行几十里路一样的吃力。

桃源县治在汽车站对岸，街道也还宽广，和常德益阳一样，也有电灯的设备，生活程度极低，每月六七元，即够维持了。

此地桃源石和浏阳的菊花石一样，很负盛名，制成的玩具图章，都很玲珑可爱，街上有专门卖这种石头的铺子，我和几位同学各买了几颗图章石以作此行的纪念。

将回家的时候，顺便到茶馆坐了一会，同坐的有一位战区逃难的同胞，他对我说：他很希望他能够在这里找到一件能维持生活的工作做做。

我们今晚的宿营地离桃源汽车南站不远，晚上与一位年约八岁的小孩闲谈，这位小孩很聪明，体格很强壮，可惜他纯洁的脑海里充满了"恐日"的思想。我内心在推断，此地一定有汉奸在活动着，不然的话，思想纯洁的小孩决不会如此的，敌人的特务组织真利害，连这样小小的一个地方，他们都注意到了。

三月一日

据说，从此以上，渐渐的有土匪了，我们不免有点胆寒心慄，为的是我们这五尺有用之躯，应该留作战死沙场上用的，假若不幸，这样无辜的死于绿林朋友手中，我觉得未免太可惜了呢！

天气很热，也许不久将会下雨了，不然的话，此地的气候，一定较常德以下各地方热多了，这也许真的，因为这里的杨柳较我们经过的常德，益阳等地的杨柳青多了呢。

路上很多的农民穿着红色的上衣，这或许是本地的特殊风习吧。

是十一点钟的时光，我们到达了桃花洞，说起桃花洞，谁也会回想到陶潜先生的《桃花源记》来，桃花洞离桃源县城约三十里，正在公路旁边，里面有碑林，有寺宇，有老潭，有寺树，风景之佳，真够人消受了。

今天在离桃花洞三里的秦家驿打尖、郑家驿宿营，照旅行的计划，明天该在杨溪桥进午点，毛家驿住宿了。

三月三日

天果然应着昨日的预征，下着毛毛的雨儿了，我们冒雨而进着，到达宿营地张家冲的时候，是下午四点。

本来，我们今天预备宿营离张家冲五里名叫官庄的，因为官庄，中央军校十四期学生住在那里，（中央军校同我们一样，步行入川，我们可一直同路到沅陵，到沅陵以后，才再分路）我们只好改变计划，宿营此地了。

同学们都在传说：此地土匪预备与军校开火，我又惊又喜，惊的是今晚生命难保，喜的是，我们今晚或许可亲临战场了。

我们虽然受着惊骇，惊骇着土匪的到临，同时也挨忍着寒冷，因为我们的行李是到得很慢，行李到的时候，天将近黄昏了，今天打开行李一看，这却使我们难受了，不独被窝都湿透了，连棉大衣也湿得不能再穿，这怎么办呢？到民家去烤烤吗？天又这样晚了，今晚不睡？明天又要走路，我们无法，只好和衣睡着，生病与不生病，是无法顾及的了。

三月四日

离官庄不到三里地，山路渐渐纡曲难行，听说从此地到沅陵须经过四大岭云。

下午五时许即到达宿营地，因路险难行，运行李的车辆又少之故，我们的行李到十时廿分方到，同学们大都疲倦极了，而又得不到休息，故皆叫苦连天，我们这一分队还好，因为我们这一分队所住房间的房东待我们还不坏，给我们以柴烧，围炉杂谈，亦颇有味道。

行李到后，同学们都预备睡觉，邹大队长忽低声的报告说：今天有土匪三千已于上午十时过河，目的不知在我们，还在军校，设若在我们的话，我们只好抱定不抗抵主义，他们要甚么，我们给他甚么好了。

同学们听完了这个报告，表面上似乎很镇静，骨子里恐怕谁都充满了惊恐呢！

我除母亲给我作为学费的两个金戒指及法币三十元外，身无余物，故除将两个戒指置于充满茶水之水壶，以防免万一外，余都处之泰然。

谈到土匪，我认为是现阶段抗战期中的一个最严重的问题，因为土匪是风吹两边倒的，我们势强的话，他们可以服从我们，如势弱的话，他们可以帮助日本来打我们自己的。

三月五日

幸而昨晚土匪没有光顾我们，然而我们也够惊惶了，黄团长因为要借军校同学保护我们的缘故，不顾我们的睡眠充足不充足，命令我们起得很早，跟军校同学一块走，我们当然只有遵命。

今晚的宿营地是在凉水井，但军校的宿营地也在凉水井，所以沿公路的民房都被他们占去了，我们只好住在离公路二里许的村庄中。

因为行李要自己搬二三里路的关系，同学们有些主张今晚继续前进，到达沅陵再宿营，可是因了某种关系的缘故，今天仍旧宿营此地。

今天所走的路，更高峻纡曲了，但因了纡曲的缘故，所以从昨晚宿营地到达沅陵，若走小路时，可近二十多里。

三月六日

凉水井到沅陵县只有二十里，所以我们不到三个钟头就到了。

此地风习不甚开通，妇女多重贞节。据一位老者谈及，离此地不远，近数日曾发生一命案。发生此命案的原因，为甲族的某少年与乙族的某少女发生苟合的事情，于是甲乙两族群将此对青年男女置于死地云。

又据云此地少女，大都不准出闺门，街上男女并肩而行者，视为奇事，然自战事发生远地摩登男女来此避难者甚多，青年男女并肩而行者益日渐增加，民气因之稍稍开通。

但此地妇女们体格却很强壮，她们能够担负一百多斤，但她们担的方法与旁的地方的担法不同。她们是以一个有绳的竹篮背在背上，然后以欲载之物置于篮上。篮有时虽比欲载之物小，但欲载之物她们不一定把它放在篮内面可以放在篮上背运的。这虽然与女人的健康有相当妨碍，但为着便利计，也是无可如何的事情。她们也能耕田，耕田的时候，一路背着小孩，一路在田里工作。她们生活很苦，有时候她们担上四五十斤炭，走了五六十里路，也卖不了五六毛钱，汽车站的挑夫都是她们充任，一肩行李不论行程的远近，都是一毛钱。

至于她们的丈夫呢？他们多半抽鸦片烟。他们不能自己生活，须得依赖他们的妻子，当然也有例外，不过这种情形，占大多数罢了。

三月七日

此晚沅陵水警局曾被劫，枪声一夜未曾停止。沅陵为湘西重镇，尤其在抗战期间所居地位，尤为重要，而匪氛如此猖獗，不免为湘西前途悲。

据云：此地土匪不独只是贫贱无归者的职业，连富裕者流亦有操之者，他们认为这是升官的捷径，发财的机会。

听说，湘省政府有收编他们的意思，我想这是急不容缓的一件事。

为着防免万一计，将母亲给我的法币三十元，付邮至昆明，汇费共八毛七。

此地街道不及常德益阳热闹，没有电灯的设备，可是市面金融却很活泼。记得在长沙，自从法币通行以后，我们口袋中没有百枚以上的铜元存放过。当你想用五分或一角的法币去买三分或四分钱的物品时，非使你向卖主说尽了好话不可。可是到了沅陵事实就不同了，当你渡江时，一角钱也好，五角钱也好，他总有法找零钱给你，并且所找的不是常德所用的川币，也不是到处皆有的纸币，而是乡里老百姓最爱使用的铜元。

下午到卫生院去打第三次伤寒防御针，据该院的医生说，沅陵副业虽不甚发达，可是娼妓却相当的多，计登记者有二百余人，其他未登记者约三百余人云。

十二日

连落了四天雪的天，今天忽然晴了，我们以路上匪氛甚炽的关系，预备坐汽车到晃县。上午五时即起床，迟至十时半始开车，车到辰溪，忽然坏了，只好暂时休息以待他车来换，可是等了好久，还不见再来。今天大概是不能到晃县了，我是这样的想着。

下午到邮政局去送信，见两老者在那里谈话，有一老者说："我们每一月只赚三元钱，除了自己衣食以外，又要扶养三个人，现在又要什么壮丁费一二角，征工费四角呀，真难受了。"我听了十分诧异，跑到他们跟前去问，他们似乎有点害怕，不作声的走了，后来听见人家说，芷江预备修什么工事，所以要征数千工人，现在征到辰溪来了，计每家一人，不出工的可以用四角钱去代替。

此地的煤矿公司有两个，一个是惠民公司，一个是合组公司。首先去参观的是惠民公司，惠民公司是股东制，所占煤田共4705公亩，资本很少，只三千元，每日出煤20吨，开煤工人只有四十二人，运输的方法全靠水力，春夏水涨时，五天可以到常德，运费从二角四五到三角；但到水落时，则要八天，运费则自三毫至三毫八。但惠民的煤是售给合组的，合组也是股东制，于民国十五年才开办，因为当年湘西发生饥荒，政府开设此公司以救万一，是公司煤田共四二〇〇公亩，实本较惠民大多了，共十万多元，每日产煤约二十多吨。运路多由水路，大概由此地运至常德，每公斤五元，成本约每公斤七元，但是因为滩多水急，船每易翻落，大概有十分之四的确率。

十三日

今天我们继续乘车出发，上午十点钟的左右，我们到达了晃县。晃县为湘黔交界之县分，宋置州，清置晃州，直隶府，民国改县，县治原在兴街对河，汽车东站附近，后于民十七年搬至离车站三里之龙溪口。龙溪口商业虽较旧城热闹，但仍敌不过我乡一大市镇，街上洋货特别贵，且有时候，简直买不到洋货。土货则甚便宜，钱币以川币为主，每元可换钜元七串五百文。贸易采集市制，集市的日期为阴历初四，初九，十四，十九，七四，廿九。集市的时候，各地乡民以他们所有的土产物携至市上去贩卖，贩卖的东西最多的是桐油，桐油每担约廿五元左右，运到常德可卖到廿七元几，但此地的秤较常德大几两，所以从表面上看来，做桐油的商人们似乎没有赚钱，实际上，他们是有相当赢利的。

十七日　阴雨

因为要等第二大队的关系（我们是乘汽车到晃县的），我们在晃县休息了四天，昨天第二大队的同学都到齐了，我们今天预备继续动身。

本来，由玉屏到黄平匪氛之盛，较由沅陵至晃县更为利害，所以团本部的意思，是预备这一段路乘坐汽车的，可是因了非常时期汽车缺乏的缘故，我们只好继续徒步。

从晃县沿汽车路走，抵鲇鱼铺。鲇鱼铺为湘黔交界地，距长沙633.5公里，距贵阳372公里，分界地竖有分界碑一，其对湖南的那一面里写着"湘黔交界处"，对贵州的那一面写着"黔湘交界处"。鲇鱼铺户口数十家，街市在贵州省境。

下午抵玉屏县，离晃县34公里，四面皆山，中成盆地，街市分从东到西及从南到北的两条街，东街较热闹，南街多富家，北街多贫民，西街甚冷淡，学校及机关多在两街交叉点处。街上除卖箫者外，只有烟民的卖烟了。此地的箫甚有名，"分雌雄二种，价目自数角至十五元不等"，卖箫的市铺听说以郑芝山为最好。

此地的县长，对旅行学生比较欢迎，当我们到达此地时，玉屏县立小学的学生，即站立路旁欢迎我们，并且各处店均挂着国旗迎接我们呢。

晚上，我们即与此地的小学生开了一个联欢会。

十八日

六时即起床，县府升旗，我们也参加了。

昨天到街上买箫，因为是晚上，所以县府所贴的关于欢迎我们的布告，无法看清，今天吃完了早饭，特地跑到街上去看了一回。布告是这样写的：

"查临时大学，近由长沙迁昆明，各大学生徒步前往，今日可抵本县住宿，本县无大旅店，兹指定城厢内外，各商店住宅统为各大学生住宿之所，且值此国难严重，对此复兴民族之领导者，各大学生，当倍加爱护，将房屋打扫清洁，欢迎入内，并予以种种之便利，特此布告商民一体遵照为要。此布，县长刘汉彝。"

我真惭愧，看了这一张布告以后。

从玉屏到清溪有二十五公里，下午五点即到了，宿于万寿官。据说清溪县为贵州最小的县份，长只有三十里，宽不过二十八里。此县产铁颇富，据老百姓说，沅水两岸二十里，都是产铁的地方，可惜交通不便，没有开采呢。

十九日　雨

从清溪到镇远有两条路可走，一是走小路到镇远共九十里，一是走公路经过三穗而至镇远，但是走这条路时，要远五十里，所以我们今天决定走小路了。

小路是从前的驿道，路也还可以走，来往的旅客比公路上多，这因为小路旁边住民比较多的缘故。

今天宿营的地方是"两路口"，从清溪走公路，经三穗至镇远，或是由清溪走小路而至镇远，均在此汇合，故名两路口。两路口住民约百户，离镇远仅十五里，故明天我们不要两小时就可到镇远了。

选自《见闻》一九三八年九月五日第三期、九月二十日第四期、十月五日第五期

（关于日期，编者根据文意略作修改）

赵悦霖：自长沙到昆明

一、离别长沙

教育是国家的生命，文化是民族生存的基础，弦歌之声，任何时候都不应间断，御侮抗战固须加紧，建国事业也不能放松，学校基于这种认识，便决定迁滇了。三百多体格强健的同学，欲趁机考察西南，访问农村，更愿把中国的钱用在中国，这样，湘黔滇旅行团便成立了。"生活即教育"，"社会即学校"，只要肯下功夫，随时随地都是在学校里受教育，一般人认为在学校里才能受教育，拿起课本来才算读书，实是错误的见解！我们知教育上新三R之一就是Road，读书五到之一就是"足到"，平常教育工具中最少用的要算Road，读书五到中最不常到的要算是"足"了。长途旅行正是补教过去缺陷的好机会，也是今后教育改进的先声，各个人都这样的期待着。

随着全面抗战的开展，民族自信心提高，长沙的人们已经"动"起来了，抗建团体纷纷成立，救亡刊物如雨后春笋，有钱的出钱，有力的出力，有知识的贡献知识，到处充满了紧张，严肃，悲壮，活泼的空气。敌机虽时常来袭，不但未曾动摇人心，反而使同胞更认识敌人的残酷，加强了民族意识壁垒！"愈战愈强，越打越起劲"，不但表现于前方的军队，在后方民众日常生活上，也显明的看出来。现代战争中飞机有威力是事实，谁也不曾否认，但防空完善，措施得宜，并不怎样可怕，离开长沙的前五天，敌机又袭湘垣，作者在某处地下室内，目睹我方高射炮猛烈射击，敌机左冲右突，惶惶然如惊弓之鸟，投下轰弹多不中标的，故长沙虽数遭空袭，仍繁荣如初，保持着它的常态！

三百多团员登上轮舟了，行李炉灶食粮都搬运上去，开始营水上生活，江边帆樯林立，喧声嘈杂，大批材货正在集散。太阳沉下去了，月儿尚未升起，繁星闪灼，夜色笼罩住大地，汽笛鸣后，船便乘风破浪向北开行了。浪烟遍地，烽火满天，不禁慷慨悲歌，"中流击楫"！但想到自己不是走向斗争的前线，而是到遥远的后方，又坐下来，黯然若失了。

368

二、沅江下游的常德

湘江流域土壤肥沃，谷物繁茂，为湖南富庶的所在！"湖广熟天下足。"虽不免近乎夸张，然米粮的生产，确是可观。是湖南在长期抗战中，不仅为军事政治中心，亦且是经济根据地了。益阳附近水势低落，不能续航，乃舍舟步行。益阳位资江西岸，为长常公路的中心，市肆栉比，商业颇盛。打过午尖后，兼程西进，各人情绪兴奋，精神焕发，准备考察研究，欣赏农村风光了，长常公路穿行丘陵地，路基忽高忽低成法纹状，坡间"杂花生树，群莺乱飞"。真是一幅美丽画图，此江南之所以为江南了。

一年约十三四岁的孩子踉跄走来，想向我们求助，但话将出口时，又觉得不好意思，俯首走过，我们深为感动，趋前询问，他家住芷江，地方征调乃兄从军，因兄嗜食鸦片，手无缚鸡力，命由伊顶替。在益阳点验，因体格太差，年龄不够，遣回缓役，手中分文无有，"日暮家乡何处是"！乃呜呜地哭了起来。我们不禁流同情之泪，凑了点钱，送给这位不知名姓的小同胞。现行征役办法确有待改进处，负责人员更应严密监督呀！

常德为古武陵蛮地，位沅江下游，距洞庭湖百余里，与长沙岳阳汉口等处，均有小汽轮往来，为湘西第一都会。贵州与湘西之木材桐油，均由此出口，外来货物亦先至此，再分发各地，抗战发生后，人口激增，机关加多，市况呈现变态繁荣。各家书铺里更挤满了群众，随走随入，很少间断，抗战丛书销售最广，有供不应求势！书贾们都发了财，在挤着眼儿笑，各级学校正在放假，许多青年下乡工作去了，据说进行顺利，已收初步成效。次日，照原定计划休息。晌午时分，警报突鸣，敌机三架侵入市空，民众防空知识不够，公共防空壕又未完成，惊扰仓惶，秩序大乱，敌机幸未投弹，不然，损失之重，要难以想象了。后方各地对于防空，多取观望态度，以为敌机或不致于……，实是绝大错误，与其"亡羊补牢"，曷如"未雨绸缪"呢！

三、湘西重心的沅陵

自常德登舟上驶，沅江两岸多山，山光秀丽，水色清绿，江面宽狭不一，忽而峭壁耸起，如行谷中；忽而一片沃野，豁然开朗；风景比湘资好得多了！至桃源北十余里地方，沙滩横出江心，舟不能进，乃登岸步行，冈峦起伏，田园碧绿，满山遍野的蚕豆油菜，在小学读自然时，听先生讲油菜，如听大鼓本一样，今始了然。桃源位沅江西岸，以产玩石著名，居民敦厚朴实，尚存古风。桃花源在桃源县南三十里，附近桃树成行，芳草迷离，令人有足履"世外"之感！围墙内石壁闲书"秦人古洞""古桃花潭"等字，攀登而上，洞长两丈许，出洞虽"豁然开朗"，但为崎岖不平山地，已无鸡犬之声。旁有陶靖节先生词，壁上有孟浩然，黄庭坚，王守仁诸人题句，是该处久以"清高"闻世，为文人墨客访问地了。

过桃源后，渐入所谓匪区的湘西，所经大抵田地荒芜，蓬生蔓草，断井颓垣，十室九空，充分表现劫后景象！一次我们住宿五里山，（沅陵北百余里）睡梦中闻匪徒至，惊惶失色，莫知所措，既无武器抵抗，只好听天由命，幸匪徒转向他去，得免无事。一个老丈说："此地匪徒行踪飘忽，出没无常，对穷人尚无大害，他们分子虽甚复杂，然大部是为饥寒所迫，铤而走险的。只要生活有办法，仍可改邪归正。"自是白天行走，各人都防宵小暗算，不敢脱离大队了。

沅陵旧名辰州，因汽轮不能达城下。故市况未盛，附近产朱砂（琉化水银）颇多，退迩驰名，江东有马伏波祠，祠宇伟大，神像尊严，不禁肃然起敬！千数门年前伏波将军征武陵蛮，死今沅陵北壶头山，后人慕其忠贞，建祠纪念，今鼙鼓动地，杀声震天了，正是大丈夫报国的好机会。起来，中华的男儿！继续着伏波将军"马革裹尸"的精神，杀上前去！本地报纸有大道小型报一家，新闻除录自收音机外，多转载武汉各报消息，日售千余份。在沅陵最使人惊异的，要算妓女了，多得出人想象以外，据说已登记的妓院，有四百八十家，暗娼为数尤夥，旅馆茶社都是卖弄风情招蜂引蝶的所在。妨碍治安，破坏风俗，为害申大，当局已在设法取缔了。

过去湘西为匪徒逋逃渊薮，失意军阀政客更插足其间，诱惑煽动，致问题趋于复杂，星星之火有燎原势！湘省府乃设湘西绥靖处（今改为湖南省政府湘西办事处）于沅陵，由陈渠珍氏主持，剿抚并进颇收成效。暴敌进迫堂奥了，湖南已变为"后方的前方"，我们希望陈氏更进一步努力，救济农村，安抚流亡，把湘西从恶魔手里解放出来，直接造福湘西父老，间接便是巩固国家抗战的基础！

四、湘黔交界的晃县

学校运输汽车开到沅陵，我们又向公路局订包了几辆。这样，沅晃段便以汽车代步了，湘黔铁路进展迅速，株新段（自株州到新化）试行通车，材料工程处已推进到芷江，这种伟大的建设，实是我们敌人的赐予，要不是这次抗战，实际开发西南，恐怕还要在十数年后吧？湘西同胞生活固然苦，然爱国情绪异常旺盛，X县正在建筑大规模的XXX，数百里外的农民都来助工，他们一方在汗流浃背的工作，一方在哼哼着本地的小调，这种"见义勇为"的精神，实是"敌忾同仇"的表现！

晃县是湘黔交界的一县，县治原在潕水北岸，今移龙溪口，无城垣，有人家数百户，赶场日市况颇盛，一处僧舍门首悬"XX私立小学"的木牌，里面却是道地的私塾，学生十余人，读的是《三字经》《千字文》《大学》《礼记》等，颜色憔悴，面容枯槁，生命力消失殆尽！教师在板着面孔看奇门遁甲，旁有马鞭戒尺各一，这自然是鞭笞门徒的，爱伦凯早就说过，"二十世纪，是儿童的世纪"。新中国建设的完成，又赖小天使们的努力，今日还有些小孩子，受中古时代的教育，往坟墓里跑，能不令人痛心太息吗？今后负责教育行政的人们，不要敷衍门面，自欺欺人，要拿出良心来做点事情。

晃县地方贫瘠，文化落后，但民训工作做得很起劲，几位负责人员都能咬定牙根苦干，现全县受训壮丁达八千余人，他们虽枪支不齐，服装不整，但精神焕发，如生龙活虎一般，且数度请缨杀敌，要和日本鬼子拼命。可见慷慨悲歌之士，并不限黄河流域，西南山中还大有人在哩！

五、黔东门户的镇远

自晃县起，我们开始步行，湘西的情形是"民不聊生"，贵州给人的印象，便是"地瘠民贫"了。贵州地势高峻，田亩在坡间成阶梯形，故名"梯田"，土层甚浅，有的地方仅及一寸，故谷物不易生长，居民多带菜色。"地无三尺平，人无三分银"。为农村良好写照！玉屏洞箫驰名全国，各人预备"吹散倭奴子弟军"，愤愤争购，忙煞了箫肆老板，但钞票一批一批的塞进口袋里，面庞上又露出得意的微笑！

镇远是黔东的门户，当沅江上游，民船可溯航至此，再上便沙滩重重，无法通行了。城在镇阳江北岸，街道狭隘，房屋破旧。然在黔东说，算是天字第一号的城镇！在全城巡礼一周后，到行政督察专员公署访问华专员，华专员报告黔东情况详而扼要。"黔东在贵州说，是比较贫瘠的地方，镇远市上富丽堂皇的商店，实收资本不过百元，税收稍重，便'关门大吉'，逃之夭夭。'外强中干'现象，最明显不过了！黔东农作物生长不易，宜种桐漆，x师长曾购地栽种，大发财源，俨然成为内地资本家，现在各县正进行宣传，预备推广民间，做复兴农村的基础。镇远一带青苗颇多，过去汉苗间裂痕甚大，今政治上对苗人采取启发政策，注重教养功夫，各县苗民促进会已经成立，负指导改进苗民责任。现远近均明政府意旨，'官民合作'虽未到理想境地，然较前大为进步！汉苗间仇视心理亦渐泯除，将来可由谅解而互助合作。只有国内各民族精诚团结一心一德后，才能发挥全民力量！"华专员"老当益壮"，越谈越起劲。太阳沉下去了，我们遂辞出。

镇雄关在镇远西三十里，悬崖峙立，峭壁兀起，公路盘旋而上，汽车开足最大马力，方蠕蠕爬上。俯视来路，云雾漫腾，如在谷中，地势之险，较诸幽谷虎牢，殆尤过之！更西十余里，有鹅翅膀，公路循坡而上，逐渐倾斜，峰回路转，砌桥而过。形如鹅翅，故名。各人走乏了，对此伟大工程出神，想到西南公路在抗战建国上的价值，不禁欣然色喜，争相庆祝，但忆及"前人种树，后人乘凉"的古句，又惶恐羞愧，沉默下来。

六、山国里的贵阳

大队在镇远休息时，个人考察兴浓，一度下乡但次日走起路来，两腿酸痛，位居殿军了。一老丈赶场归来，我们便打起乡谈来，他有两个儿子，一个在家种田，一外出从军。问"我们现在和什么人打仗？"他耸了耸肩膀说"小日本鬼子"。"令郎为什么从军打仗？""那还不是为国家出力！"我深为感动了，说说笑笑，竟忘了身体的疲乏。夜晚住宿施秉，一家只母女二人，询及男子操何职业，白发龙钟的老婆婆说："孩儿阿五抗日去了。"这是何等"警辟动人"的答语！她听到前方胜利的消息，眉飞色舞，喜不自胜，说"这就好了，打败日本大家就有饭吃，安安稳稳的过日子"，全国的同胞已经奋起了，贫富智愚一齐救国，男女老幼都来抗战，这是扫荡贼气的"法宝"也是人道正义的表现！

贵阳僻处西南山中，是全国省会中最小的一个，常人都以为它是一个污秽狭小，破烂不堪的城市，"事实胜于雄辩"，它是贵州政治经济的中心，已披上现代化的服装，成为西南都会了。全面抗战发生，国内人才经济移来后方，贵阳更欣欣向荣，透露出无限生机！贵阳的天气，颇使人讨厌，终日阴沉，细雨连绵，"天无三日晴"，一年中平均有一百八十天是落雨的日子，这是贵州近年植棉失败的原因！许多专家的意见，以为推行植棉，不如广种桐漆，来得可靠些。（盘江以西，日光煦和，雨量渐少，却是宜于棉植的所在）。

因欲调查贵州教育状况，便访问教育厅，接待我们的是一位科长，和一位督学，稍事寒暄后，便开始下面的谈话。"贵州僻处西南，教育落后，全省中学仅二十余处，亦和他省一样，多集中于省垣，分布于外县的屈指可数，过去中学师资（尤其是理化英算师资），是最感困难，而又无法解决的问题，倘某校教员学期中间他就或亡故，校当局请教育厅物色，教育厅向各大学接洽，辗转周折，往往费时数月，今战区教员纷纷来黔，该项问题已算解决，历届中学毕业生，多服务社会，升入大学或专门学校的百之一，二。一般人认中学为正统中等教育机关，漠视职业学校，明知将来出路困难，亦拼命的向这方面（中学）跑，这是国家整个教育问题，应谋合理解决！贵州人口约一千零五十万，苗人估五分之三而强，故教育事业亦需以苗人为主要对象，已往汉人教师在苗区执教，每以言语隔膜，收效低微，前为整顿苗区教育，预备实行'苗人教苗'，设立省立贵阳乡村师范，计划收容苗人优秀青年，施以师范训练，使充苗区教师。但苗人观望不前，结果汉籍学生做了主体。现教育厅计划延聘专家，设立苗语讲习所，招收青年教师，施以语文训练，再分发苗区，这样，教育效率可望提高，汉苗关系亦可切实改进。"谈得很久了，便起身告别。

пред定起程的前一日，接到吴主席通知，邀请扶风寺野餐，便决定暂缓出发了。扶风寺位贵阳东郊，距市三里许，茂林修竹，青葱可爱，忘却都市喧嚣之苦。吴主席态度和蔼，笑容可掬，谓"国家前途在最高统帅领导下，呈现光明朝气，抗战胜利绝对把握，只需要大家努力，奋斗，苦干！贵州的'穷'是表面的，伪装的，有如乡间守财奴，中强而外干，这个蕴藏丰富的宝库，正需要钥匙来开发"！吴主席在这种认识下，毅然以建设新贵州自任，这种砥砺奋发，开辟创造的精神，实是建国声中应有的表现！野餐每人发给纸包一个，内盛馒头，鸡蛋，牛肉，橘子，糖果等物，江南漂泊将近一年了，几忘却馒头滋味，立刻"红光满面"，张口大嚼起来。寺内有王阳明先生祠，塑像道貌岸然，严肃可亲，旁有石碑一，系清末日人访阳明洞所建，王学在日本影响之大，由此可见！国人常犯的错误，是"坐言起不行"。知识自知识，行为自行为，风马牛不相及。领导民众做救国运动的青年，过市场仍不免买仇货；高唱统一联合阵线的先生，做起事来依然坚持成见，自私自利，狂风暴雨迎面打来，不容我们滥发空头支票了，我们要继续王阳明先生"知行合一"的精神，在行动上报效国家，在日常生活上肩起复兴民族的重任！次日清早，工厂上工的汽笛还没有响，我们便踏上征途，向黔西进发了。

七、安顺见闻记

过贵阳后，田园风味渐渐不同，砖砌的房子出现了，田里的作物加多了，农村情形也较好些。清镇是临近黔垣的一县，一切建设均有进步。晚上访晤 X 县长，X 县长很客气，将县政大致报告后，便谈到实际困难问题，"过去军阀解甲归田了，但'余威犹存'，在乡间仍'南面而王'，有一部潜势力，和他们妥协，则不能推行新政；板起面孔去做，又牵涉甚多，处处棘才，地方官真如哑子吃黄连有'苦'说不出！现在法律少数条文，在内地社会有无法实行之苦，寡妇与人通奸，在法律上不构成犯罪条件，但如是判决，违背礼教，（饿死事小，失节事大），为社会所不许，家产女子继承权，载在法典，但依法处理，则群众哗然，为地方所不满"。这两件事问题太复杂，而又急需解决，现在提出来请政府与专家们予以注意！

安顺当入滇要冲，为黔西第一都会，自滇桂运来货物，先集此再分发各地，故商店林立，市况甚盛。近中国农民银行在安顺设立分行，准备向附近各县农村贷款，地方经济可望繁荣，农民高利贷痛苦，亦可减轻了。城内有男中女中各一，小学十余所，教育尚称发达。但书籍售价甚贵，在原价外尚须加一，贫寒学生苦之，将来县教育用品合作社成立，情形当可好些。

安顺汉苗杂处，在大街上随时可见到服饰互异的苗人。为了进一步的考察，便访问昔为苗王，今为苗民促进会会长的杨庆安先生了。杨先生谈吐文雅，态度端正，自宣统元年起，即从事苗民改进工作，三十年来苦口婆心，循循善诱，成绩已斐然可观。以下是杨先生的谈话："苗人性保守，以种田为业，除少数是自耕农或地主外，十之九都是佃农，收入甚微，复以土劣层层剥削，致水益深，火益热生活越感困难！苗民自身亦不长进，风俗淫秽，习惯奢靡，青年男女生废耕忘织，忙于'跳花'，这是进步停滞的大原因！欲矫此弊，须灌输人以'生命力'，使之有'奋斗'思想，与'进步'观念。这有赖于教育事业，过去中国教育畸形发展，学校集中城市，乡村成为无人过问的地方。许多苗人想送子弟到城市读书，以用费浩大，乃踌躇不前。今后教育发展应着重乡村，实行所谓生活教育，做工作不忘掉受教育，受教育不忘掉做工作。"这真是切中时弊，精辟透彻的议论！谈到这里，便兴辞出。

八、急流过盘江

旅行贵州终日在山的世界里，白天行走的是山径，夜晚住宿的是山村，耳旁听到的是山歌，沿途所见的名胜，亦大半是山洞。盘旋在脑子里，令人不能忘怀的，要算火牛洞了！火牛洞在镇宁东，距城二里许，入内，雄伟庄严，别有洞天；精致峭丽，如履仙境；堪称西南奇观！询诸土人洞名"火牛"的义意，均莫知。黄果树在镇宁南三十里，举世闻名的大瀑布，在村之东北，水自崖间流下，若万马奔腾，清似银练，鸣声如雷。南岳水帘洞，泰山黑龙潭，为游客津津乐道，然与此相比，却如小巫见大巫。大家看得出神，有的登高赋诗，仰天长啸！在"赤日熠熠似火烧"的当儿，抵达"黔南锁钥"的关索岭了，大家走得很乏，半天又没有水喝，都有点望岳兴叹，但"兵来将挡，水来土平"，遂分段而上，且行且息，嘴里虽在嚷着："跑！跑！跑！努力往上跑！"老是跑得不快。仰望山巅，仍高高在上，可望而不可即，游视融峰，造玉皇顶，虽也曾吃力，然与此相比"真如坐在咖啡店里喝香槟了。太阳西斜了，山坳里渐渐黑暗起来，我们越过山头，到了关岭场。附近某山洞有殷碑一，碑身尽甲骨文，为高宗代鬼方时遗物，考古兴浓，"跃跃欲试"了，终以"心有余而力不足"，又躺下来。

盘江穿行山峡中，江面甚狭，（约三丈许）。浑黄的水色，湍急的水流，都与黄河差不许多，中断后的铁索桥，正在修理，但工作人员态度悠闲，殊不起劲，不禁为国是焦急！盘江渡船甚小，只容五六人，波涛汹汹，风浪险恶，各人面色苍白，"生命完结的"念头，侵入意识领域，靠岸了，大家如释重负，欢欣的跳下船来，四五只扁舟，输送数百人的大团体，自需较长时间，傍晚，人到安南了，行李炊具等尚未过江，只得随便买些点心充饥，在茅屋的冷板凳上坐了一夜，心里也有点不高兴，但想到前方浴血抗战冷餐露宿的将士们，便安静下来。

九、踏进了云南

贵州为鸦片出产地，过去人民恃为生活，地方为资税收，闹得"乌烟瘴气"，成为地狱世界！现贵州禁烟工作，雷厉风行，但"积习难改"，今年黔西尚未禁绝，公路两旁随时可见到颜色鲜艳的罂粟花，——亡国灭种的根苗，外国人过境看到，要骂我们蛮风未退，林则徐地下有知，不知怎样痛哭流涕哩！胜境关位滇黔交界处，有居民数十户，村西有石狮四，两只向昆明，两只向贵阳，土人称为"黔南胜境"，但雕凿呆板，神气死沉，无艺术价值，真所谓"境而不胜"了。

过胜境关后，即入滇境，公路宽阔，谷物繁茂，烟苗绝迹，气象焕然一新！几个农夫在泥水里，汗流浃背的工作，忘掉上空里炎烈的日头，"锄禾日当午，汗滴禾下土，谁知盘中餐，粒粒皆辛苦"。今始体会真意，完全领悟了。前方将士拼命杀敌，后方民众努力生产，不禁增强"抗战必胜，建国必成"信念，为世界和平庆幸！四面虽在山色中，但小盆地慢慢出现，蔚蓝的天空笼罩住碧绿的原野，风吹草动，沙沙作响，充分地表现了北国风味。竟疑是接近家乡了，但理智立刻打断"白日梦"，这不是走向文化发祥地齐鲁，而是来到边境上的云南！

滇东生活程度很低，稻米蔬菜都很便宜，单人每月一块半钱（中央法币），便可解决了"食"的问题，在北方饭食无论若何"粗"，每月总要在三元以上，不禁有住家云南之想，但到处遇着喉瘤（瘿袋）的患者们，脖颈肿大，瘤肉下垂，又凛然而惧，愿早些离开了。曲靖在滇垣东北，扼川黔桂诸省要冲，西门外冈峦起伏，荒冢累累，为著名古战场，葬身山下健儿不知几千万人，行经其地，空气阴森，日光黯淡，不禁有"一将成名万骨枯"之感！城内曲靖师范学校内有晋碑一（即所谓小爨碑），书法劲秀，并为古代文献参考资料。聚城三十里许有温泉，泉为石灰质，水色清莹，热度宜人，原拟前往一浴，以事未果。

十、三千里终点的昆明

昆明为战国庄蹻故都，蹻自巴蜀黔中经略至此，潜号滇国，为云南简称之由来！隋置昆州，唐置昆州府，明清改称昆明府，地当云南盆地的中心，拔海一千九百八十二公尺，气候之佳，冠于全国。"四时无寒暑，一雨便成冬"，恰是最好的写照！下雨的机会虽然多，但"雨过天晴"，不似长沙贵阳那样讨厌，阴雨绵绵，令人窒息，沉闷，半天喘不过气来。云南南接安南，西邻缅甸，为西南国防第一线，数十年来国家多事，人们都焦虑边陲安全，以为X国政治经济势力要伸入云南，昆明市上怕X侨众多，佛郎充斥，染有巴黎气味了。现在证明事实超乎想象以上，昆明不是"九一八"前的沈阳，更不是"七七"前的天津，它是中华民国的净土，没有蒙上恶魔的灰尘，在这里我们知道，我们唯一的敌人是日本帝国主义，世界和平与人类正义都受到它的威胁，我们要负起神圣的使命，联合世界爱好和平的国家，以战争制止战争，把旧世界的强盗杀光！

云南民性敦朴直勇，当仁不让见义勇为的精神，在"讨袁""护国"诸役，以至最近滇军抗战上，都显明的看出来。但眼光短小，胸襟窄狭，缺乏进步观念，不易接受新文化，是其短处。自抗战发生各地文化交流后，此风已在改变了。在目前民族解放革命斗争中，西南诸省（川黔滇）已变为民族复兴根据地，诸省一方应动员所有人力，财力，物力，支持抗战，他方应趁全国人才经济集中西南的当儿，推进建设。云南在这方面做的虽然不够，然已在努力了。

敌人大举内侵了，云南的民众也和他省一样，被迫着发出最后的吼声！知识分子都能认识现实，把握现实，在自己岗位上努力。女儿们已自家庭走向社会，丢掉脂粉着上戎装，齐一着步伐，高唱着雄壮的进行曲，表现出大时代的新女性的姿态！妇女战地服务团出发前方去了，那种慷慨激昂悲壮热烈的精神，更能刺激大众的神经，唤醒睡梦中的人们，"西南重镇"的昆明，已在活跃了！

二七，十二，八于昆明

选自《再生》杂志一九三八年第十期

后　记

　　作为西南联合大学的前身，长沙临时大学在西南联大辉煌历史中占有不可或缺的篇章。然而，在西南联大历史的研究中，关于长沙临时大学的主要史实、重要地位、重大贡献没得到应有重视。

　　为弥补该遗憾，2022 年 9 月 8 日，湖南省委常委、长沙市委书记吴桂英在中国共产党长沙历史馆参观调研时明确指示："要把西南联大在长沙这段历史进行深入挖掘。"随即，长沙市委党史研究室安排专人，抓紧收集相关资料，梳理基本史实，着手"西南联大与长沙"课题研究。

　　2023 年初，长沙市委党史研究室拟制《弦歌不辍——长沙临时大学纪实》编撰计划，将其作为长沙市哲学社会科学规划课题"西南联大与长沙"研究成果，列入年度重点工作计划强力推进。课题组北上北大、清华、南开，南下云南昆明、蒙自，东到江苏南京，西至四川叙永，通过采访西南联大师生后人或见证者，掌握重要史料线索；通过相关档案馆、图书馆、资料室，共查阅有关文件、档案、报刊等资料上千卷（套），征集重要文献和相关史料上千万字；通过召开专家座谈会、评审会等，不断完善书稿内容，提高书稿质量。

　　《弦歌不辍——长沙临时大学纪实》以纪事本末体为体例，分四章，附以珍贵的文献资料、照片和图表，立足于深入发掘、全面梳理、系统总结长沙临时大学这段珍贵史实，更好地阐释长沙在中国教育史上的历史贡献，充分彰显长沙这座抗战文化名城的历史地位，全方位展示长沙这片沃土的红色底蕴。

该书的编撰工作得到长沙市委、市政府的高度重视，市委主要领导和分管领导分别予以批示，要求抓紧该课题的立项，认真做好深入系统研究和成果运用工作。湖南省委党史研究院将之纳入2023年度全省党史研究重点选题项目，给予精心的业务指导。北京大学、清华大学、南开大学、中南大学校史馆，中国第二历史档案馆，湖南省图书馆，西南联大博物馆，昆明市文史研究馆，昆明、蒙自、泸州、南岳等地的党史研究室，芙蓉区文艺路街道办事处等单位，以及陈先枢、易彬、黄珊琦等专家学者给予了大力支持和帮助。

在此，谨向所有关心、支持、帮助本书编撰工作顺利进行的单位及领导、专家、同仁一并致以诚挚的谢意。

囿于编撰者水平，加之资料所限、时间有限，书中疏漏、错误以及简繁失当等在所难免，敬请广大读者见谅并不吝赐教。

本书编辑部

2024 年 7 月

图书在版编目（CIP）数据

弦歌不辍 ：长沙临时大学纪实／中共长沙市委党史研究室主编． -- 长沙 ： 湖南人民出版社，2024.9

ISBN 978-7-5561-3538-7

Ⅰ．①弦… Ⅱ．①中… Ⅲ．①西南联合大学－校史－1937-1938 Ⅳ．① G649.287.41

中国国家版本馆 CIP 数据核字（2024）第 091440 号

XIANGE BUCHUO——CHANGSHA LINSHI DAXUE JISHI

弦歌不辍——长沙临时大学纪实

主　　编	中共长沙市委党史研究室	
责任编辑	吴向红	
编　　务	吴韫丽	
装帧设计	杨发凯	
责任印制	肖　晖	
责任校对	丁　雯	

出版发行　湖南人民出版社［http://www.hnppp.com］
地　　址　长沙市营盘东路 3 号
邮　　编　410005
经　　销　湖南省新华书店

印　　刷　长沙鸿发印务实业有限公司
版　　次　2024年9月第1版
印　　次　2024年9月第1次印刷
开　　本　710 mm×1000 mm　1/16
印　　张　24.5
字　　数　344千字
书　　号　ISBN 978-7-5561-3538-7
定　　价　88.00元

营销电话：0731-82221529（如发现印装质量问题请与出版社调换）